NOTICE BIOGRAPHIQUE

SUR LE

FRÈRE EXUPÉRIEN

ASSISTANT

(N° 8 DE LA COLLECTION)

PARIS

A LA MAISON MÈRE, 27, RUE OUDINOT

1903

J. M. J.
J.-B.

Paris, le 1er Août 1905.

Nos Très Chers Frères,

Que la grace et la paix de Notre-Seigneur Jésus-Christ soient toujours avec nous.

Le 31 janvier dernier, Dieu rappelait à lui le T. C. F. Exupérien, qui, depuis 1873, exerçait la charge d'Assistant. La perte était immense. Pour en mesurer l'étendue, nous n'avions qu'à nous rappeler une des paroles que le vénéré défunt aimait à redire : « Dans un Institut, les religieux valent par leur degré de détachement d'eux-mêmes et d'union à Dieu. » Détachement de lui-même, par une abnégation totale et une austère pénitence ; union à Dieu dans la prière et l'action : n'étaient-ce pas les caractères principaux de la perfection, qu'avec le secours de la grâce, avait su atteindre celui qui nous quittait pour se reposer dans la paix des élus ?

Dès le lendemain de cette mort, d'actives recherches ont été commencées dans le but de réunir les documents et témoignages qui permettront d'écrire, à son heure, une *Vie* de ce digne religieux. Ces recherches, qui forcément ont été longues, expliquent le retard apporté à la rédaction de la présente notice nécrologique.

Aussi fidèlement que le comporte le cadre restreint d'une première étude sur le F. Exupérien, on a voulu faire revivre l'homme, et caractériser son œuvre. *L'homme*, on l'a montré dans le récit succinct des événements dont l'ensemble forme la trame de sa vie, et plus encore dans les vertus par lesquelles il s'est peu à peu rapproché de notre saint Fondateur, notre modèle. *L'œuvre*, c'est son action sur les districts de Paris et du Puy : c'est aussi le développement des institutions diverses dont il fut l'initiateur providentiel.

L'existence du F. Exupérien a été celle d'un bon ouvrier du divin Père de famille : une courageuse activité en a occupé tous les instants ; un esprit de foi très élevé lui a fait chercher uniquement le royaume de Dieu et sa justice. Assistant de cinq Supérieurs généraux, il a été mêlé aux événements qui, tour à tour, ont consolé ou brisé leur cœur. Sous ce rapport, retracer sa vie, c'est apporter une contribution nécessaire à l'histoire de notre Institut, pendant les quarante dernières années du dix-neuvième siècle. Mais ce que nous avons voulu surtout vous offrir, N. T. C. F., par la présente notice, c'est le tableau des vertus de celui que notre commune vénération désignait sous le nom de « saint Frère Exupérien » ; c'est l'encourageant exemple de ses efforts pour se détacher, par degrés, de tout ce qui est humain, afin de ne plus agir que « par la conduite de Dieu, le mouvement de son esprit et en vue de lui plaire. »

Trois sortes de documents ont permis de faire œuvre vraie, en écrivant ces pages : les notes envoyées par ceux qui ont connu le F. Exupérien ; sa correspondance, dont une partie nous a été communiquée ; enfin ses autres écrits. L'abondance des notes que vous avez adressées, N. T. C. F., dit en quelle estime vous tenez le cher défunt, et quelle reconnaissance vous lui avez vouée pour son dévouement. Nous espérons que la lecture de cette Notice éveillera chez vous d'autres souvenirs encore ; nous vous prions de nous faire parvenir ces nouveaux témoignages, qui trouveront place dans une *Vie* détaillée.

Une partie des lettres du F. Exupérien a été détruite, il y a quelques mois, par ses correspondants ; ce que nous en avons pu recueillir renferme d'admirables conseils de spiritualité, auxquels ont été faits de larges emprunts.

Les autres écrits du F. Exupérien comprennent les brochures et feuilles dont il fut l'infatigable éditeur, et surtout ses notes intimes, trouvées après sa mort. En des pages connues de lui seul, le Frère Assistant conservait le souvenir de ses nombreuses retraites, des lumières spéciales qu'il avait reçues de Dieu, et des projets, qu'à diverses époques, il avait conçus et médités devant le saint Tabernacle. Ces recueils étaient comme le trésor, sans cesse accru dont il tirait les enseignements que nous lui avons entendu donner. Cent fois relues par leur auteur, ces notes disent les sentiments de cette âme si fervente, si entièrement livrée à Dieu, si passionnée pour sa gloire. Elles montrent, chez le F. Exupérien, une généreuse tendance au plus parfait, un courage constant dans la lutte contre les imperfections de sa nature, une charité ardente qui le voue à de douloureuses expiations pour ses Frères, une prière presque incessante pour toutes les œuvres dont s'occupe notre Institut. Elles révèlent la formation d'une âme d'élite, d'un saint, par l'action intérieure de la grâce et par les évenements providentiels. Sans que cette expression de *saint* ait, sous notre plume, d'autre valeur que celle d'un jugement humain, elle rend notre pensée et celle des Frères qui ont connu celui dont nous parlons.

Par ses vertus, ses exhortations et ses exemples, le F. Exupérien fut excellemment parmi nous, la bonne odeur de Jésus-Christ. En vous offrant ces pages, N. T. C. F., nous souhaitons que, par elles, il continue son apostolat.

Dans cet espoir, nous nous disons, avec la plus religieuse affection en Notre-Seigneur Jésus-Christ,

Nos Très Chers Frères,

Votre très humble et très dévoué serviteur,

F. GABRIEL-MARIE.

NOTICE BIOGRAPHIQUE

sur le

FRÈRE EXUPÉRIEN

ASSISTANT

CHAPITRE PREMIER.

Enfance et adolescence du F. Exupérien.

(1829-1847)

La famille Mas, à laquelle appartenait le Frère EXUPÉRIEN, est originaire d'Andabre (Hérault). Pendant les plus mauvais jours de la grande Révolution, Gervais Mas, aïeul de celui dont nous esquissons la biographie, vint se fixer à Combes, terre foraine du Poujol. Il y épousa la petite-nièce du saint curé de Taussac, guillotiné en haine de la foi, à Montpellier, le 20 avril 1794.

La persécution religieuse sévit avec une extrême violence, dans le département de l'Hérault, durant la Terreur et sous le Directoire. Des centaines de prêtres s'exilèrent ou furent déportés ; six montèrent sur l'échafaud ; des *intrus* usurpèrent les fonctions paroissiales, et, sur plusieurs points de l'ancien diocèse de Béziers, l'esprit chrétien sombra peu à peu, beaucoup moins dans la haine et l'impiété, que dans une déplorable indifférence. Toutefois, le besoin de Dieu tourmentait bien des âmes ; dès avant le Concordat, les églises s'étaient rouvertes, et les fidèles accouraient aux cérémonies saintes, depuis dix ans suspendues. Mais le clergé se trouvait notablement diminué : est-il donc étonnant que, malgré la liberté relative qu'avait retrouvée l'Église, la vie chrétienne ait langui longtemps encore ? Tel est le milieu moral où naquirent les parents du F. Exupérien.

En 1802, les Mas sont établis au Poujol, village du canton de Saint-Gervais-sur-Mare, à quarante kilomètres de Béziers. Ils y ont transporté leur industrie que l'extension des exploitations viticoles, dans la contrée, a rendue prospère. Le père de famille donne aux siens le fortifiant exemple d'une vie probe, active, économe et joyeuse ; ses enfants sont formés par lui à l'amour du travail, et tous ensemble, ils vivent heureux dans une parfaite union.

L'aîné des fils s'était marié, sans abandonner le Poujol. Le 7 juin 1829, lui naissait un enfant qui reçut au baptême les noms d'Adrien-Jean-Félix : Dieu l'avait prédestiné à fournir, dans l'Institut de saint Jean-Baptiste de la Salle, une longue et féconde carrière, sous le nom de Frère Exupérien.

Nous avons peu de détails sur les premières années d'Adrien Mas. Elevé avec une extrême sollicitude, il fait la joie de ses parents par sa grâce naturelle, sa vivacité joyeuse, son obéissance prompte et souriante. Il ne fréquente guère les autres enfants du Poujol : d'abord une réserve native, puis un goût précoce pour l'étude, le retiennent à la maison.

Jusqu'à l'âge de dix ans, il est assidu à l'école du village, où il conquiert et conserve la première place. Son intelligence est avide de connaissances, sa mémoire prompte ; la lecture a pour lui un attrait contre lequel on est obligé de lutter, dans l'intérêt même de sa santé. Plus spontané que réfléchi, sa sensibilité semble toujours en vibration, et ses rapides impressions se traduisent sur son visage, sans qu'il cherche à les contenir. Son imagination est exubérante ; il examine tout avec une curiosité inlassable, et il trouve, pour s'exprimer, des comparaisons enfantines qui, d'ordinaire, ont une surprenante justesse.

Adrien Mas est pieux. Chaque matin, il accompagne une de ses tantes à la sainte messe, et c'est de tout son cœur qu'il prie. Toutefois, rien ne révèle encore les desseins providentiels sur son âme ; mais le moment approche où Jésus-Christ va lui inspirer le goût persistant des choses divines.

Au cours de l'année 1840, les parents d'Adrien eurent à faire choix d'une maison d'éducation où il serait envoyé pour y continuer ses études. M. Mas inclinait pour le collège royal de Béziers ; l'intelligence de l'enfant et la situation de la famille semblaient autoriser les rêves de l'ambition paternelle. Sans connaître le Pensionnat des Frères de Béziers, Mme Mas demandait qu'on y plaçât son fils, parce que les études y étaient sérieuses. Puis, ne fallait-il pas le bien préparer à la première communion ? Le désir d'être tout à l'étude, sous la direction de maîtres instruits, transportait de joie le jeune Adrien : « Je voudrais, dit-il, aller au pensionnat de Béziers et y rester longtemps, parce qu'on y travaille beaucoup. » De son grand-père, qui le chérissait tendrement, il se fit un avocat pour vaincre l'opposition paternelle : au début de l'année scolaire 1840, il

était conduit au Pensionnat des **Frères de Béziers**
« pour y travailler beaucoup et y rester longtemps »,
plus longtemps qu'il ne le pensait lui-même.

En 1840, notre établissement de Béziers comptait
seulement neuf années d'existence, et déjà sa réputation lui attirait des élèves de toute la région, de
l'Espagne, de la Provence, du comté de Nice. Les
Frères Théotique et Libanos l'avaient quitté pour
fonder le pensionnat de Passy ; le F. Leufroy le dirigeait depuis 1834 ; le Frère Siméon, plus tard
Directeur du Collège français à Rome, les Frères
Exupère, Théoctène et Télesphore, professaient dans
les premières classes.

Le nouveau pensionnaire n'avait jamais vu de
Frères ; l'affabilité de ceux de Béziers le gagna tout
d'abord. Il se mit à l'étude avec une ardeur extraordinaire ; ses maîtres le prirent en affection, et il ne
connut pas un instant l'ennui. Son âme s'ouvrit
aux influences de la piété. Les allocutions quoti-
diennes faites dans les classes, les catéchismes préparatoires à la première communion, la direction
spirituelle de M. l'abbé Birouste, aumônier, sa
propre correspondance aux mouvements de la grâce,
tout dilatait son cœur en Dieu. Le 4 juin 1841, il
reçut pour la première fois Notre-Seigneur, avec des
témoignages de ferveur dont ses parents demeurèrent émus. « Quel avantage, dira-t-il lui-même
plus tard, ont les enfants qui se préparent dans l'innocence à leur première rencontre avec Notre-Seigneur ! Souvent il laisse dans leur cœur des impressions, un parfum de grâce, qui persistent à travers
toute la vie. » Le 16 août suivant, il fut confirmé

dans la chapelle du pensionnat par Mᵍʳ Thibaut, Évêque de Montpellier. L'un de ses compagnons au banquet eucharistique avait été Paul de Pellerin, plus tard magistrat et grand homme de bien, auquel il demeura toujours uni par une surnaturelle amitié.

A la distribution des prix, Adrien remporta plusieurs couronnes. Entre autres récompenses, il reçut un magnifique paroissien qui lui agréa fort. Un jour que, devenu Assistant du district de Paris, il recommandait de donner des prix qui fussent un moyen d'apostolat, on lui objecta que nombre d'élèves estiment peu les livres religieux : « A ma première distribution des prix, à Béziers, répondit-il, je reçus un paroissien ; aucun livre ne m'a été plus agréable et ne m'a servi davantage. »

Pendant l'année scolaire 1842, même bonne volonté soutenue et mêmes succès dans les études. « Adrien Mas, écrit l'un de ses condisciples d'alors, était un enfant charmant, doux de caractère, affable envers tous. Il ne se mêlait pas autant que d'autres aux jeux de ses camarades. A une piété vive et sincère, il joignait une ardeur infatigable au travail, et ses succès furent constants. »

Lorsqu'il fit partie de la première division du pensionnat, Adrien fut admis dans la Congrégation de la très sainte Vierge. Ce fut pour lui un jour d'inoubliable joie, dont il parlait plus tard avec émotion. Il s'était donné tout à Marie ; et cette tendre Mère, que saint Bernard appelle la « séductrice des cœurs innocents », avait excité dans l'âme de son enfant le désir de ne plus rien refuser à Jésus-Christ. A la fin de sa carrière, le F. Exupérien aimait à rappeler aux petits-novices de **Paris**, l'inscription qu'il avait souvent lue à la chapelle de la Congrégation : *Nul serviteur de Marie ne saurait périr.*

En 1844, le Frère Leufroy quittait le pensionnat de Béziers, pour aller prendre l'administration du district de Nantes. Il fut remplacé par le Frère Exupère, qui eut une grande influence sur Adrien Mas. Le jeune homme était alors dans la première classe. En 1845, il fut choisi par ses condisciples pour Préfet de la Congrégation. Dans les séances hebdomadaires, son rôle était de suppléer, lorsqu'il en était besoin, le Frère chargé de la pieuse association. Alors il exhortait ses camarades avec une chaleur de conviction, un enthousiasme tels, que l'écho de ces allocutions parvint aux professeurs du pensionnat. Plusieurs fois, des Frères voulurent entendre le zélé Préfet sans que celui-ci s'en aperçût, et ils se retirèrent édifiés d'une telle ardeur d'apostolat chez un adolescent. Adrien entourait les congréganistes d'une surnaturelle sollicitude, et souvent il leur donnait des conseils auxquels sa vertu assurait une grande autorité. « Toute la vie de M. Mas, disait l'un de ses professeurs, est orientée vers le bien ; son zèle est extraordinaire. »

Cette constante aspiration vers Dieu, le pieux étudiant la soutenait par la sainte communion, reçue chaque dimanche avec une foi profonde. Il était fidèle à cette pratique au Poujol, pendant les vacances, à la grande édification des paroissiens, « qui, nous dit un prêtre, son ami d'enfance, admiraient son ardente piété, sa parfaite tenue et son respect dans ses adorations devant le très saint Sacrement. » En apprenant la mort du Frère Exupérien, une dame du Poujol disait : « Je vois encore Adrien Mas allant à la sainte Table et en revenant, avec une telle piété, une telle foi, que je pensais voir un ange. » Initié sans doute à la méditation, il s'y adonnait pendant quelque temps chaque matin. Il confiait un jour à un Frère que sa pratique était de méditer sur des passages du livre de l'*Imitation*, et qu'il y trouvait force et lumière.

Une piété si intense — que plusieurs taxent d'excessive chez un écolier en vacances — n'enlève rien aux qualités aimables, à la gaieté d'Adrien. Docile à tout ce qu'on réclame de lui dans la famille, affectueux et prévenant, il est plus aimé que jamais. Et souvent ses parents ont la joie de s'entendre féliciter d'avoir un tel fils.

L'année 1846 devait marquer le terme de ses études à Béziers, et le fixer sur le choix d'une carrière. Nommé président de l'Académie littéraire du pensionnat, il donne largement son concours aux travaux de la société. Il n'écrit rien de banal : sa poésie est agréable ; sa prose, nourrie d'idées, est peu chargée d'ornements.

Mais que va devenir ce jeune homme, dont l'intelligence et les vertus ont fait un modèle parmi ses condisciples ? Quelle est sa vocation ? On se le demande autour de lui ; il y réfléchit devant Dieu. D'ordinaire, la grâce procède avec lenteur, quand elle détache une âme des richesses, des affections et des succès éphémères d'ici-bas. Pour le F. Exupérien, — ainsi qu'il s'en ouvrit à l'un de nos Frères Directeurs, — les hésitations ne furent pas longues : « C'était, dit-il, pendant l'exposition du très saint Sacrement pour les prières des Quarante-Heures. J'eus l'inspiration d'aller passer à la chapelle le temps de la récréation. Je m'y rendis, et ce fut au pied de l'autel que j'entendis l'appel divin à l'Institut des Frères des Ecoles chrétiennes. » Sa parole était donnée à Jésus-Christ ; il n'y avait plus, lui semblait-il, qu'à hâter l'exécution. Le jeune homme reçut du sage aumônier de prudents conseils : il devait beaucoup prier, réfléchir encore et attendre. Ce fut aussi la recommandation des Frères Exupère et Siméon, directeur et sous-directeur du pensionnat.

Au mois d'août, l'étudiant quittait Béziers. Il avait voué à la chère maison de son éducation une gratitude que les années ne devaient pas affaiblir. Bien longtemps après, — en février 1885, — le F. Exupérien y sera, pour la première fois, reçu solennellement comme Assistant. Aux félicitations de son successeur à l'Académie, il répondra par l'éloge de ses anciens maîtres et de l'aumônier d'alors ; puis, dans un élan de reconnaissance attendrie, il s'écriera : « Je dois tout à Béziers ! »

Rentré au Poujol, Adrien Mas s'explique à ses parents sur son dessein, et sollicite l'autorisation de se rendre au noviciat de Toulouse. L'opposition est absolue. Peut-être pour faire diversion à ses idées, on l'envoie à Nice : il y arrive pour voir mourir subitement l'ami dont la famille lui a offert l'hospitalité. Bouleversé, il retourne au Poujol, bien résolu à vaincre, par de respectueuses instances, tous les obstacles qu'on pourra lui opposer. Dieu ne vient-il pas de lui donner un solennel avertissement ? Comment sacrifier une vocation sainte à

cette minute de pauvres joies qu'on appelle la vie ?
On le supplie de renoncer à des fonctions aussi
modestes que celles de Frère enseignant. Qu'il choi-
sisse l'état ecclésiastique : on fera tous les sacrifices
nécessaires. Le jeune homme demeure inflexible.
Avec cette véhémence que nous avons bien connue,
il répond à une parente qui insiste : « Que vous
avez peu l'esprit de Dieu ! Je suis appelé à l'Institut
des Frères des Écoles chrétiennes et non au sacerdoce : je dois obéir à la voix du Ciel. »

Il consent toutefois à surseoir encore à l'exécution de son projet. Avec un cordial empressement,
il aide son père dans les affaires commerciales ;
mais il se réserve des loisirs pour préparer l'examen
du brevet supérieur, qu'il veut subir avant d'entrer
au noviciat.

Soudain M. Mas est frappé d'une implacable maladie ; il meurt après quelques mois de souffrances,
laissant à sa veuve trois jeunes enfants et une industrie qui va péricliter, si le fils aîné ne se met à la
tête de l'exploitation. Ce sont alors de nouveaux et
plus pressants appels à la tendresse filiale d'Adrien.
Qu'était-il besoin, pour servir Dieu, de quitter la
famille où de graves devoirs s'imposaient ? N'était-il
pas méritoire d'être la consolation de sa mère, de
servir de soutien à ses frères ? Que du moins il se
fasse prêtre, pour surveiller leur éducation.... Tout
est inutile, car il ne croit son salut en sûreté que
dans la vie religieuse. On revient à la charge ; il
termine toute discussion par ces mots : « Je dois
songer à mon salut, avant de m'occuper des avantages matériels des miens. »

On le laisse libre. Le 28 août 1847, il obtient à

Montpellier le brevet supérieur ; le 12 septembre, il quitte le Poujol après des scènes déchirantes, et le 14, accompagné du F. Exupère, il arrive au noviciat de Toulouse. Fortifié par Jésus-Christ, il avait triomphé de son propre cœur et du monde.

CHAPITRE II

Noviciat à Toulouse et Professorat à Béziers.

(*1847-1859*)

Il fallait à un jeune homme une force d'âme peu commune et un singulier abandon à la Providence, pour entrer au noviciat de Toulouse, en septembre 1847. Depuis plusieurs mois, le procès Léotade entretenait une agitation dont aujourd'hui nous aurions peine à nous faire une idée, si Dieu n'avait permis que, cinquante ans après, les angoisses d'une semblable épreuve se fussent renouvelées. En face du noviciat, le pensionnat, dont le Frère Irlide était directeur, se trouvait gardé militairement... Mais, ainsi que nous entendrons le F. Exupérien le redire souvent : « Quand tout semble compromis, c'est l'heure de Dieu et des grandes âmes. » Sans hésitation aucune, il entra.

Le F. Adaucte, directeur des novices, le reçut avec une grande cordialité. Informé de la valeur morale de son nouveau disciple, il lui tint de suite le haut langage de la foi : « Mon ami, vous nous arrivez à un bien mauvais moment ; mais c'est une bonne occasion de montrer à Dieu votre amour. C'est lorsque les serviteurs de Jésus-Christ sont humiliés, qu'il est meilleur encore de le suivre, en portant la croix avec lui. »

L'heure, en effet, était critique pour le noviciat de Toulouse. Le déchaînement inouï des préventions haineuses, des insinuations perfides, avait épouvanté les familles : il ne se passait guère de jours où quelque novice ne fût rappelé par ses parents. Si bien que le F. Adaucte gardât sa maison contre les bruits du dehors, l'angoisse étreignait les cœurs ; aussi l'arrivée d'Adrien Mas, la fermeté de sa conduite, firent-elles une très heureuse impression sur ses nouveaux confrères, dont beaucoup étaient plus jeunes que lui. La joie du postulant était profonde ; il allait donc n'avoir enfin d'autre sollicitude que d'aimer Dieu et de lui plaire ! Rien ne le rebuta : ni la sévérité des observances régulières, ni les occupations domestiques qui maintiennent les novices dans la simplicité, ni les épreuves par lesquelles le F. Directeur formait ses disciples à une solide vertu.

Toujours recueilli, très sobre de paroles, le F. Adaucte était vénéré par ses novices, comme une incarnation de l'esprit primitif de l'Institut. De 1819 à 1825, il avait connu, en Belgique, le F. Agapet, dont la profession remontait à 1771 ; et ce vénérable Ancien avait vécu, en France, avec des contemporains de saint Jean-Baptiste de la Salle.

Le 8 décembre 1847, Adrien Mas fut revêtu du saint habit. En souvenir du F. Directeur du Pensionnat de Béziers, il reçut le nom de Frère EXUPÉRIEN. Le F. Claude, Visiteur de Toulouse, avait présidé la cérémonie. « Je fus surtout impressionné,

racontait plus tard le F. Assistant, par la question :
« *Etes-vous convaincu que, dans l'état que vous
allez embrasser, on ne doit chercher que Dieu, l'abnégation de soi-même, la fuite de tous les vices,
son salut et celui des enfants ?* » Et pendant une
cérémonie de prise d'habit, au noviciat de Paris,
il dira : « Plus on creuse cette promesse d'abnégation totale, plus on comprend l'impuissance où l'on
est de la tenir. Mais si l'œuvre est difficile, Dieu
nous donne un associé, qui est son Fils ; il verse
dans l'association un capital infini, les mérites de
son Fils. Votre associé travaillera avec vous de tout
son pouvoir, c'est-à-dire autant que vous lui appor-
terez votre concours. S'il y a faillite, ce sera votre
faute ; mais il y aura des bénéfices, parce que vous
avez bonne volonté ».

Le F. Exupérien fut, à Toulouse, le novice selon
le cœur du F. Adaucte, c'est-à-dire, comme nous
l'apprennent les très rares survivants de cette époque, « parfaitement régulier, simple, sérieux, d'une
grande réserve et dignité ». A l'école d'un tel maître, il comprit et pour toujours que, selon ses propres
expressions, « Dieu ne nous appelle pas pour nous
traîner dans la médiocrité, mais pour marcher dans
les sentiers qui conduisent à la gloire, par la croix. »
Obéissant aux graves prescriptions comme aux
saintes minuties de la Règle, il parut exemplaire
dans un milieu où tous étaient fervents. Homme
d'une très austère mortification, le Directeur des
novices initiait ses disciples aux macérations corporelles : nous savons si le F. Exupérien goûta les
leçons de son formateur. On nous dit encore que la
dévotion du novice envers l'Eucharistie était intense,

et qu'au retour de la sainte Table, son visage rayonnait d'un éclat si particulier, que plusieurs le regardaient pour s'édifier.

Dans une lettre du 3 janvier 1850, le F. EXUPÉRIEN regrette « le temps, hélas ! trop court » de son postulat, et « les jours si beaux, si sereins » de son noviciat. « Dites-moi, écrit-il à Toulouse, s'il est au monde une position plus heureuse que celle d'un humble et fervent novice ? Que je voudrais être à votre place, dans une maison si sainte, si bien dirigée, où les bénédictions du Ciel tombent si abondantes ! » Il n'est pas inutile de le faire remarquer : si, pendant son noviciat, le F. EXUPÉRIEN avait joui d'une inaltérable sérénité, c'est qu'il s'était fait une solitude intérieure où ne pénétraient pas les agitations du dehors, du moins pour la troubler. L'année 1848 fut très pénible pour les Frères de Toulouse. Les événements de février avaient accru, contre eux, l'animosité des partis violents ; au mois de mars, la foule ameutée avait envahi le pensionnat et abattu un grand Christ, érigé dans le jardin. Quelques jours plus tard, cet établissement et le noviciat durent être protégés par la troupe.

La première année de probation étant terminée, le F. Claude, Visiteur, fit remettre au F. EXUPÉRIEN une obédience qui le renvoyait au pensionnat de Béziers. En lui faisant ses adieux, le F. Adaucte lui dit : « Mon cher Frère, vous avez un grand désir de sauver les âmes ; mais souvenez-vous bien que Dieu ne se servira de vous que si vous êtes régulier, et si vous savez prier, vous humilier et souffrir. » Le saint Directeur voyait, sans crainte, s'éloigner son fervent disciple ; il savait que Jésus-Christ s'était définitivement installé dans cette âme si droite et si pure, et que le divin Maître aurait toute liberté pour en régler, diriger, exciter ou mortifier les énergies.

De 1848 à 1859, le F. Exupérien professa dans trois des classes du Pensionnat de Béziers ; pendant six ans, les jeunes gens de la première lui furent confiés. Il eut l'avantage — dont il se félicitera toute sa vie — d'être guidé à ses débuts par le F. Leufroy, revenu à Béziers avec le titre de Directeur. La vie religieuse du jeune maître se fortifia si bien, pendant les premières années de son professorat, que la communauté admirait son zèle, sa générosité, sa ferveur. « Je fus d'abord placé, a-t-il dit, comme surveillant dans un dortoir où personne ne passait pendant les exercices du matin ; je mis alors une sorte d'amour-propre à m'appliquer d'autant mieux à l'oraison, que je savais n'être vu que de Notre-Seigneur et de mon Ange gardien. » Le F. Leufroy proposait comme exemple, aux autres jeunes religieux, ce débutant dont les progrès étaient si constants dans les voies spirituelles. « L'esprit de prière, la mortification, l'humilité, dira plus tard le F. Exupérien, sont des vertus de novices ; mais ils les pratiquent en novices. A mesure que nous avançons en âge, nous devons nous y rendre plus habiles, comme un artisan qui acquiert, avec les années, une plus parfaite connaissance de son métier. »

Au début de son professorat, le F. Exupérien connut les difficultés de toutes les initiations. Ne fallait-il pas qu'il apprît ainsi à compatir aux épreuves de ceux dont le zèle se heurte à des obstacles douloureux et persistants ? Mais sa joie n'en fut pas altérée ; moins encore son courage : « Je n'échangerais pas, écrit-il alors, ma robe et mes humbles fonctions contre toutes les joies et toutes les grandeurs de la terre. Donner aux enfants la notion, l'amour, l'habitude du devoir est chose si noble, que l'on peut bien souffrir un peu pour un tel résultat. »

A peine le jeune maître eut-il exercé pendant une année, qu'il fut atteint de rhumatismes, pour lesquels on dut l'envoyer en traitement aux eaux de Lamalou. Le Poujol n'étant qu'à deux kilomètres de cette station thermale, le malade reçut l'ordre de visiter sa famille. « Aux offices de la paroisse, écrit un prêtre qui le vit alors, il captiva tous les regards par sa démarche humble et grave. Le curé, qui s'était réjoui de sa vocation, admirait son recueillement auprès des saints autels, sa ferveur dans la réception des sacrements. Quand le jeune religieux se prosternait devant le Tabernacle, son respect était si grand, que ceux qui le voyaient en demeuraient saisis. Il charma tout le monde par ses bonnes grâces ; il édifia par son zèle et sa charité. »

Le zèle était déjà, comme il demeura toujours, l'une des vertus caractéristiques du F. Exupérien. *Malheur à moi si je n'évangélise pas !* disait saint Paul (I Cor., ix, 16) : lui aussi, il redoutait cette condamnation ; ou plutôt il s'était appliqué la recommandation de l'Apôtre : *Exhortez à temps et à contretemps.* (II Tim., iv, 2.) En classe, il s'ingéniait à faire naître les occasions de rappeler un devoir, de placer un conseil, de faire surgir une leçon morale. Que, par ces industries, il se soit toujours tenu dans les limites d'une habile modération, c'est ce qu'on n'oserait affirmer ; mais ses intentions étaient si droites ! Ses élèves admiraient son immense amour pour leurs âmes : « Les leçons du F. Exupérien étaient toutes intéressantes, disent-ils ; celle où il excellait, parce qu'il y mettait encore plus de cœur et d'entrain, était l'enseignement de la religion. Il entrait en des considérations qui nous intéressaient beaucoup. Les *Etudes philosophiques sur la Religion*, par Auguste Nicolas, dont la vogue était grande alors, semblaient l'avoir séduit : c'était pour lui comme une mine de démonstrations pour toute vérité, un arsenal d'arguments contre toute erreur... Nous l'estimions pour sa très grande piété, ses vertus et sa science. »

Peu après son arrivée au pensionnat, le F. Exupérien avait été chargé de la Congrégation des saints Anges ; en première classe, il dirigea celle de la très sainte Vierge. Les congréganistes étaient pour lui une phalange d'élite, qu'il devait conduire à Jésus-Christ, et dont il se tenait pour responsable. Découvrir et cultiver une vocation à la vie sacerdotale ou religieuse, était la grande joie de ce cœur d'apôtre. Que de prières et de sacrifices il fit, pour obtenir à ses jeunes gens d'entendre l'appel divin et d'y répondre avec fidélité ! « Il nous entourait de soins extraordinaires, dit l'un de ses anciens élèves ; il nous apprenait à sanctifier nos actions par la pureté de l'intention, à surveiller en nous les moindres mouvements de l'esprit mauvais, à multiplier les actes de sacrifice pour plaire à Notre-Seigneur. Sa sollicitude, un peu inquiète parfois, était admirable de délicatesse et de réserve ». « Je le vois encore, écrit-on, recueilli pendant les séances de la Congré-

gation, et nous parlant avec ardeur de la persévérance. Il avait parmi nous la réputation d'un saint. »
Un ancien congréganiste de cette époque, aujour-
d'hui Directeur général des Douanes d'Espagne,
ajoute : « J'ai toujours vénéré le F. EXUPÉRIEN, et
ses conseils ont eu une grande influence sur ma
vie. »

Ainsi, et pendant dix années, le F. EXUPÉRIEN
avait fait œuvre apostolique parmi ses élèves·
Certes, il s'était montré zélé pour leur instruction
profane ; mais il avait, selon son expression, regardé « les connaissances humaines comme l'aiguille
destinée à faire passer le fil d'or de la science divine. » Devenu Assistant, il sera doublement autorisé, par sa charge et son expérience personnelle,
à exhorter les Frères à se conduire en apôtres. Ne
se souvenait-il pas de ses constants efforts pour former la conscience des jeunes gens, lorsqu'il écrivait :

« En éducation, l'important est de former dans les
âmes la loi intérieure ; sans cela tout n'est rien. Que
c'est difficile ! On peut, par des moyens extérieurs, obtenir l'ordre, le travail, des pratiques pieuses ; mais
graver la loi intérieure, qui est la vraie formation de
l'âme, Dieu seul y réussit. Que nous pouvons peu sur
le fond de l'âme ! Si nous ne sommes pas intérieurs, et
par conséquent des hommes de sacrifice et de prière,
nous ne serons que des cymbales retentissantes... Une
éponge qui a été plongée dans l'eau laisse une trace
humide partout où on la pose ; ainsi l'homme vraiment
apostolique, dont l'âme est en quelque sorte imbibée
de l'esprit de Dieu, laisse Dieu à tous ceux qu'il appro
che. Ce qui manque le plus, ce sont les âmes imbibées
de Dieu. »

Le plan divin n'était pas que le F. Exupérien consumât sa vie dans les méritoires labeurs de l'éducation chrétienne. Pour l'incliner vers une mission qu'il lui cachait encore, Dieu excite en lui d'immenses désirs de zèle, qui, jusqu'alors, n'ont pas été pleinement satisfaits. Un de ses anciens compagnons de classe s'en explique ainsi : « Pendant les longues conversations que nous avions ensemble — et qu'avec persistance il maintenait sur des questions de spiritualité — il enviait la part réservée aux professeurs des noviciats. Fonceranes, où se trouvait la maison de formation, pour le district, lui semblait un paradis. »

Par une autre impulsion de ce zèle qui cherche sa voie, le F. Exupérien entreprend la composition d'un recueil de *Méditations à l'usage des Frères*. Sans négliger aucun devoir, il y consacre ses loisirs ; il s'en occupe surtout en de longues visites au saint Sacrement. « Pour la transcription de son manuscrit, dit l'un de nos chers Frères Visiteurs, le F. Exupérien eut l'heureuse pensée de solliciter le concours de trois jeunes Frères, dont j'étais. Quarante-sept années se sont écoulées depuis cette époque, et je n'ai pas oublié l'impression que je reçus alors de sa sainteté. Trois fois la semaine, il venait passer la soirée à Fonceranes, pour corriger son travail. Nous avions remarqué qu'il s'arrêtait parfois pour se recueillir profondément, comme pour demander et attendre quelque lumière du Ciel ; tout à coup, d'un mouvement résolu, il sortait, revenait, après quelques minutes, et nous le voyions alors écrire sans hésitation. Intrigués, et curieux comme on l'est au jeune âge, nous le suivons un jour sans qu'il s'en aperçoive : nous le trouvons à genoux sur le pavé de la chapelle, les bras croisés sur la poitrine, les yeux fixés sur le Tabernacle : il attendait une réponse... Le même fait s'est reproduit souvent, toujours avec la même foi de sa part, et la même édification pour nous. »

Aux vacances de 1858, le T. H. F. Philippe présida la retraite de Béziers. On lui parla des *Méditations* du F. EXUPÉRIEN ; il voulut connaître ce professeur que le F. Leufroy tenait en si haute estime. Quelques semaines après, le Supérieur Général, qui lui-même préparait les *Méditations* que nous avons encore, l'appelait à Paris : « Volontiers, écrit le F. Tempier qui l'accompagna dans ce voyage, il serait resté à la Maison-Mère ; il revint sans trouble, déjà habitué à considérer toutes choses dans leur rapport avec la volonté de Dieu. »

Les entretiens que le T. H. F. Philippe avait eus avec le F. EXUPÉRIEN le lui avaient fait apprécier ; au début de janvier 1859, une obédience l'enlevait définitivement à Béziers. Le F. Leufroy aurait voulu conserver au District un sujet de si rare mérite, et l'attacher au noviciat de Fonceranes ; mais l'ordre était formel. Faisant ses adieux à l'un de ses confrères, le F. EXUPÉRIEN lui dit : « Voilà dix-huit ans que je suis à Béziers ; c'est un grand déchirement pour moi de le quitter. J'ai fait la sainte communion pour demander à Dieu de vivre désormais dans un détachement complet ; j'espère que ce départ m'y aidera. »

Quelles occupations vont lui être confiées ? Il

n'en sait rien encore ; mais c'est une vie nouvelle qui commence pour lui. A Lyon, il se recommande avec ferveur à Notre-Dame de Fourvières ; puis il fait le pèlerinage d'Ars. La sainte carrière du B. Jean-Marie Vianney allait se terminer ; plus que jamais, les foules assaillaient l'homme de Dieu, pour lui demander des conseils, des consolations, des miracles. Le F. Exupérien sollicite une entrevue et l'obtient. Il expose au Bienheureux qu'il sent « un attrait puissant pour professer dans un noviciat, afin d'y travailler à fortifier les jeunes Frères dans la vie intérieure. Est-ce une illusion de l'esprit propre ? est-ce une indication de la volonté divine ? » Après quelques instants de réflexion, le saint Curé arrête sur le pèlerin un regard profond et lui dit : « Allez à Paris, vous y ferez un grand bien. »

CHAPITRE III

Le F. Exupérien, Directeur du Noviciat de Paris.

(1re période 1859-1870).

En arrivant à Paris — 15 janvier 1859 — le F. Exupérien fut placé à la communauté du Secrétariat général, que dirigeait le F. Léon. On l'a souvent entendu dire quelle édification il reçut à la Maison-Mère en venant y prendre place ; et jusqu'en ses dernières années il rappellera les noms des vénérables Anciens qu'alors il admira le plus : le

T. H. Frère Philippe, auquel le zèle et la simplicité ont fait une réputation universelle, et qui ne se distingue de ses Frères que par un plus parfait assujettissement aux saintes observances ; le F. Benoît, ancien Assistant devenu Procureur général, dont la mortification transforme la vie en un continuel holocauste à la divine justice ; le F. Léon, dont la connaissance de la sainte Ecriture est peu commune, et l'humilité si profonde, qu'à peine ose-t-il réciter certaines formules de nos prières, tant il voit, dans chaque parole, une condamnation de sa conduite pourtant si pieuse ; le F. Augustin, premier Novice de l'Institut en 1802, et, jusqu'à la plus extrême vieillesse, paternel à l'égard des jeunes Frères et saintement passionné pour le catéchisme ; le F. Prime, qui laissera une mémoire qu'embaument encore, parmi nous, ses exemples d'indéfectible régularité ; et tous semblent, aux yeux du F. Exupérien, perpétuer l'esprit primitif de l'Institut.

Peu à peu, le F. Exupérien est introduit au grand noviciat. Dans les premiers mois de son séjour à Paris, il collabore au *Manuel de Piété* du T. H. F. Philippe ; chaque jour il consacre aussi quelques heures aux novices les plus avancés. « Je me souviens, dit l'un de ceux qui le virent débuter dans ces fonctions, de nos impressions à son arrivée. Ses manières affables, son maintien grave, joint à un certain abandon très simple de toute sa personne, nous attirèrent à lui. » Le F. Bertin unissait alors les fonctions de Visiteur à la sollicitude de la direction générale du noviciat. La charge était écrasante. Le 19 décembre 1859, le T. H. F. Philippe installa le F. Exupérien en qualité de Pro-Directeur du noviciat, dont il devenait, le 21 avril 1860, seul Directeur. Ce sera, pendant treize années, le champ d'action de cet infatigable travailleur.

Quel idéal le nouveau Maître des novices s'est-il fait de ses fonctions ? Ses *Notes* spirituelles et son *Journal de Retraites* permettent de répondre avec précision :

« Qu'il le veuille ou non, écrit-il, le Directeur des novices est comme un cachet dont l'Institut marque les sujets en formation. Combien donc il est important qu'il soit rempli de l'esprit de Notre-Seigneur, et qu'il se rende fidèle imitateur du Fondateur de la Congrégation ! Le bon sens, les lumières naturelles, le dévouement, la vertu ordinaire, ne lui suffisent pas ; il lui faut vivre dans l'ordre surnaturel, l'union à Dieu, l'abandon à sa sainte volonté, le désir de sa plus grande gloire ; enfin, et surtout, il doit se couler lui-même dans le moule de la Règle. Dans l'exercice de cet emploi, il faut chercher Dieu, rien que Dieu, et mépriser tout le reste : celui qui estimerait autre chose serait comme un tailleur qui voudrait coudre dans le vide. Enseigner moins par la parole que par les œuvres : le moyen le plus sûr de persuader la pratique de la vertu est d'en offrir en soi-même le modèle. »

Le F. Exupérien s'effraie d'abord à la pensée de devenir, à Paris, le formateur des jeunes Frères. « Les noviciats, écrit-il, sont les premières écoles de l'Institut. Le plus souvent, l'imperfection des sujets vient de leur manque de bonnes dispositions ; mais elle peut tenir aussi à une formation défectueuse. On ne peut, sans trembler, penser à de si redoutables conséquences. » Alors il s'abîme dans le sentiment de ses misères, de son insuffisance, qu'il appelle son « incapacité radicale à tout bien ». Il écrit dans ses *Notes* : « Comment donc, Seigneur, pouvez-vous vous servir de moi ? Vous n'êtes vraiment pas difficile !... J'ai été si méchant ! Quel honneur et quel bonheur que vous daigniez me confier vos soldats d'élite ! O mon Dieu ! vous êtes incompréhensible dans vos miséricordes... Que ne puis-je croître sans cesse en amour et en générosité, afin d'arracher à Notre-Seigneur les grâces qui me sont nécessaires pour ma sanctification, et celle de mes Frères ! »

Le noviciat de Paris était composé d'environ cent vingt novices et postulants, répartis en quatre classes. Le Frère Directeur les réunissait chaque jour, pour la conférence. » Le F. Exupérien, dit l'un de ses collaborateurs d'alors, avait une merveilleuse facilité de parole. Ses conférences étaient très substantielles pour le fond, très agréables et parfois même brillantes dans la forme. Ses études littéraires lui fournissaient d'heureuses réminiscences, et son imagination féconde, d'abondantes comparaisons, remarquables de justesse. Son enseignement embrassait l'ensemble des sujets qui peuvent former un cours de vie ascétique ; mais sa tendance personnelle le portait de préférence vers les questions pratiques, et, quel que fût le sujet qu'il traitât, il se trouvait comme invinciblement ramené à ces idées qui formaient l'essentiel de sa doctrine spirituelle : le renoncement et l'esprit de foi. Aussi s'attachait-il avec force à ce que la morale évangélique a de plus élevé, de plus contraire aux penchants déréglés. »

Sans affadir en quoi que ce soit la doctrine — car il insistait même sur ce qu'elle a de plus austère — il répandait, sur tout, le charme de son esprit cultivé, de sa sensibilité vive et contenue, de son imagination alors dans toute sa fraîcheur. Malgré ce charme, un tel enseignement était-il toujours accessible à la totalité de l'auditoire ? On s'est posé cette question. Mais une compensation existait : sous forme de glose ou de commentaire familier, il expliquait chaque jour quelque point de la *Règle* ou du *Recueil*.

Le F. EXUPÉRIEN souhaitait que le *Recueil* fût « aussi cher aux Frères des Écoles chrétiennes que le *Livre des Exercices* l'est aux enfants de saint Ignace. » Il ne pouvait guère parler dix minutes, sans citer l'un ou l'autre des *Petits Traités*. Quant à la *Règle*, il y revenait sans cesse. « La meilleure manière de former les novices, écrit-il, est de les plier aux exigences de la *Règle*. La lettre contient l'esprit et y conduit : il faut donc y tenir vigoureusement. »

Parmi les conférences qui ont laissé de fortes impressions dans l'esprit de ses auditeurs, se rangent celles où il traitait des passions déréglées. « On n'avance dans la perfection, répète-t-il, que par l'empire que prend la grâce sur la nature. » Et il excite les novices à combattre « la mollesse, langueur traîtresse qui engourdit l'âme, l'asservit, et la fait prendre en dégoût par Dieu lui-même, qui hait l'œuvre faite avec négligence, c'est-à-dire mollement. » Pour animer ses disciples à combattre la gourmandise, il citait l'exemple du F. Irénée, « qui mangeait si peu que ses jeûnes étaient continuels, et qui répandait sur ses aliments de la cendre ou des poudres amères. » Il représentait avec force le danger du plaisir : « Dans la chair, disait-il, persiste la disposition à un soulèvement universel contre l'esprit ; aussi la mortification est-elle une libération. » Et scandant ses paroles de coups frappés sur le bureau, il concluait : « Un homme délicat, sensuel, n'est bon à rien. »

Les conférences du Frère Directeur étaient préparées à l'aide des meilleurs ouvrages, dont il avait une rare connaissance, mais plus encore dans la méditation ; et voilà pourquoi ses paroles, en certains jours surtout, avaient une véhémence qui remuait les cœurs. Lui, d'ordinaire, demeure parfaitement maître de lui-même, excepté toutefois dans certains entretiens sur la Passion et l'Eucharistie, où l'émotion le gagne sans qu'il la puisse dominer. Telle est l'ardeur de son zèle, qu'il arrive au F. Exupérien de dépasser le temps fixé pour les entretiens ; parfois aussi, il multiplie les conseils au gré de l'inspiration du moment. Il se le reproche : « Il importe, dit-il, de moins multiplier les instructions, et d'en mieux assurer les fruits pratiques. Dans l'abondance des paroles, il y a, au fond, trop de confiance en moi-même, une importance exagérée attachée à mon action personnelle. Quand Dieu est véritablement le Maître, on a bientôt appris ce qu'il enseigne. »

Pour un Directeur des novices, les conférences sont le moyen général d'imprimer à ses disciples une direction spirituelle. Quelles sont les grandes lignes du travail intérieur que le F. Exupérien propose à la bonne volonté de ceux qu'il forme ? « La direction du Frère Exupérien, nous écrit-on, était large, on pourrait dire impersonnelle, en ce sens que ce n'était pas sa doctrine qu'il présentait, mais celle dont le saint Fondateur a rempli le *Recueil*, particulièrement dans les *Moyens de devenir intérieur*, et les traités des vertus. Cette direction visait d'abord à la destruction du péché véniel délibéré, puis à celle des imperfections volontaires ; elle imposait le silence, le recueillement, et recommandait sans cesse la docilité à la grâce, pour arriver à l'imitation de Notre-Seigneur Jésus-Christ, et aux progrès dans la vie d'union avec lui,... Il disait souvent comment le Saint-Esprit établit son règne dans l'âme relativement libérée du poids de la corruption native, et comment il la prépare aux œuvres de zèle et de dévouement. Puis il insistait sur la prière, qui nous ouvre les trésors célestes, et sur la sainte communion, qui nous apporte une participation croissante aux fruits de la Passion. Et toujours il ramenait l'attention des novices sur le saint Fondateur, qui a prié, agi, souffert, comme doivent s'y exercer eux-mêmes ses enfants. »

De cette doctrine générale, le F. Exupérien faisait une application particulière et appropriée dans les entretiens intimes que, chaque semaine, il avait avec ses novices. Une citation nous révélera sa pensée sur ce point capital :

« Le Directeur des novices, écrit-il, est proprement dans la direction qu'il imprime à chacun d'eux. Il lui faut donc discerner les esprits, fortifier le côté faible par l'examen particulier, et corriger les travers de caractère. Pour guider les âmes, le Directeur doit vivre dans une constante docilité au Saint-Esprit, se faire en quelque sorte, s'il est possible, son porte-parole...

« L'Esprit-Saint, écrit le F. Exupérien à l'un de ses collègues, peut seul vous inspirer les meilleures mesures à prendre, pour la formation de vos novices. Attendez tout de lui ; il vous inspirera ce que vous avez à dire, à faire, à régler. La sagesse humaine est toujours courte, et les conseils que donnent les hommes, même les plus expérimentés, sont insuffisants... Le grand travail du Directeur est de décider le novice à écarter, par la purification du cœur, les obstacles à l'action du Saint-Esprit. Et parce que le royaume de Dieu ne consiste pas dans les paroles, mais dans les effets, il faut tenir tout d'abord à la régularité. Bien pratiquée, la Règle est aussi un excellent moyen de rendre l'autorité aimable et douce. »

Pas de mollesse, dans la direction imprimée par le F. Exupérien à ses novices. Ce qu'il leur propose, comme but de leurs efforts, c'est une vertu solide, fondée sur l'abnégation d'eux-mêmes, le combat sans trêve contre leur passion dominante, le désaveu de toute affection naturelle. Que de fois ne l'at-on pas entendu répéter : « Il faut se vaincre pour l'amour de Notre-Seigneur. »

L'amour de Notre-Seigneur est la voie où, sans cesse, doivent progresser les religieux. Mais la grâce a des attraits divers pour les y conduire, et les volontés n'ont pas toutes la même énergie pour coopérer aux invitations divines ; c'est ce qui rend

la direction particulièrement délicate. Lé F. Exu-
PÉRIEN ne l'ignorait pas. « Sa conviction, écrit l'un
des Frères qui ont vécu le plus longtemps auprès
de lui, était que le Directeur n'est que l'instrument,
l'auxiliaire, le coadjuteur du Saint-Esprit ; qu'il
doit lui prêter son concours, non le devancer ou se
substituer à lui. Il s'appliquait donc à observer atten-
tivement ce que le bon Dieu semblait demander de
chacun ; puis il secondait l'action de la grâce avec
une grande douceur et discrétion, mais aussi avec
une grande fermeté. Il s'abstenait de pousser trop
fort les commençants ou les âmes faibles. A mesure
que l'on s'affermissait dans la vertu, il donnait un
aliment plus fortifiant, et il lançait la volonté à
l'assaut des difficiles sacrifices. Enfin, croyait-il
avoir, dans une conférence où la véhémence de son
zèle l'avait emporté, fait naître quelque trouble en
de bonnes âmes, qui s'appliquaient sans raison des
remarques ou des reproches qui ne les visaient pas,
il savait remettre les choses au point. De ces entretiens, les novices sortaient joyeux et pacifiés. »

Le F. Exupérien considérait la direction personnelle comme l'un de ses principaux devoirs : aussi
les *Notes* de ses retraites sont explicites à ce sujet :

« Je dois me rappeler que je ne suis, dans ces entretiens, que l'ambassadeur de Jésus-Christ ; donc : bonté,
douceur, réserve, union à Dieu. Ne pas gronder, afin
que l'on vienne à moi avec confiance. Y suis-je obligé ?
le faire dans un autre moment. M'abandonner à l'Esprit de Dieu ; diriger, conseiller, non pousser. Découvrir les attraits spirituels des âmes, et ne pas les engager dans une voie contraire... J'adorerai Dieu dans
son action et sa volonté sur les âmes. Je ne dois être

que l'instrument du Saint-Esprit, qui est le vrai Directeur. Respecter les voies divines. Tout développement est lent : donc ne pas trop presser, si ce n'est en certains cas spéciaux. »

Oui, tout développement spirituel est lent ; souvent même, par faiblesse ou lâcheté, les âmes s'arrêtent sur le chemin de la perfection, ou s'engagent pour un temps dans une voie rétrograde. C'est ce qui rend pénible, angoissante même, toute direction.

L'amour tendre que le F. Exupérien avait pour Notre-Seigneur changeait pour lui en tourment la pensée des péchés du monde, et, plus encore peut-être, la constatation des indélicatesses de certaines âmes religieuses. Sa charité le faisait compatir aux négligences de ses Frères ; avec saint Paul, il pouvait dire : *Qui donc est faible, sans que je me sente moi-même défaillir ? Qui donc est scandalisé, sans que je brûle?* (II Cor. ; xi, 29). Toute défaillance, toute désertion le crucifiait, et lui était un motif d'ajouter à ses macérations ordinaires. Enfin l'échec partiel de ses efforts, auprès de ceux qu'il croyait appelés à une haute perfection, le blessait au cœur. A tel Frère, fort estimé d'ailleurs dans sa communauté, il dit un jour, avec une grande affection et un accent douloureux : « Je n'ai rien à vous reprocher, et pourtant vous m'êtes l'objet d'une cruelle déception ; j'espérais que vous deviendriez un saint. » Et il avait les yeux remplis de larmes.

Après avoir entouré ses novices d'une sollicitude toujours en éveil, le F. Exupérien les suivait avec

une paternelle vigilance dans les débuts de leur
vie active. On sait quelle en est l'importance. Souvent il arrive qu'une sorte d'oscillation se produit
en certaines âmes : telles des plantes délicates qui,
au sortir de la serre chaude où l'on avait dû les
tenir, donnent des inquiétudes au jardinier, jusqu'à
ce que se soit faite leur adaptation à des conditions
climatériques nouvelles. Le Frère Directeur du noviciat s'alarme de tout indice révélateur du malaise
de l'un de ses enfants. Il multiplie les lettres pressantes, donne les conseil., suggère les moyens qui
doivent enrayer la déchéance.

« Mon cher enfant, il y a peu de temps que vous
avez quitté le noviciat : commenceriez-vous à vous re-
lâcher ?... Attachez une très grande importance à l'o-
béissance et au recueillement. Faites chaque jour
quelques mortifications : rien n'éloigne la tiédeur et
n'allume le saint amour comme l'esprit de sacrifice.
Veillez à la garde de votre cœur, pour qu'il reste digne
de s'attacher à Jésus-Christ. Méditez ces paroles de
Mgr de Ségur, qui avait une si grande expérience des
âmes : *Les négligences sont souvent plus redoutables que
les péchés proprement dits ; elles blessent profondément, en
nous, la délicatesse divine de l'amour de Notre-Seigneur.* »

Pour le seconder dans son apostolat, le F. Exupérien a des collaborateurs qu'il s'efforce de conduire
à une haute perfection. Le F. Bérain-Denis et le F.
Alban-Joseph, — pour citer ceux-là seulement qui
l'ont précédé devant Dieu — sont les plus intimes.
« Quand je n'aurais à former, écrit-il dans ses *Notes*,
que le F. Alban-Joseph et le F. Bérain-Denis, ce
serait beaucoup. Ils sont mes yeux, ma main et

mon cœur. Je veux m'identifier à eux par une communauté de vues, d'efforts et de mérites. » Et il se prescrit des macérations quot'diennes à leur intention. Très diverses sont les aptitudes de ces deux auxiliaires ; plus différentes encore les vues de Dieu à leur égard. Le F. Bérain-Denis est une âme contemplative, inondée de lumière, élevée à une ineffable familiarité avec Notre-Seigneur, et uniquement soucieuse de ne pas perdre de vue le Bien-Aimé qui l'a ravie. Le F. Alban-Joseph, c'est l'apôtre dévoué jusqu'au sacrifice complet de soi ; c'est l'homme de sens pratique, dont toute la vie se dépensera dans une action incessante, et incessamment détrempée de prière.

Le perfectionnement spirituel du F. Alban est l'une des premières préoccupations de son Directeur. De cette belle nature, le F. Exupérien sait les ressources, et les espérances qu'elles font naître. Et parce que certaines aptitudes de son disciple lui semblent être le supplément de ce qu'il croit lui manquer à lui-même, il les développe comme s'il avait l'intuition de se préparer le plus utile et le plus dévoué de ses auxiliaires. A cette époque, la volonté du F. Alban est énergique et tenace ; mais elle manque encore d'une certaine souplesse. Qu'elle se pénètre de la très suave humilité du Cœur de Jésus, et voilà le futur Provincial de Paris préparé à sa très féconde mission de manieurs d'hommes. Le F. Exupérien se réjouit de la transformation qui peu à peu s'opère : « Il faut, écrit-il, que le F. Alban croisse, et que moi je diminue. »

L'estime attache le Directeur des novices au F. Alban ; la sympathie l'incline vers le F. Bérain-

Denis. Il n'avait sans doute pas encore rencontré d'âme aussi éprise du saint amour, aussi détachée de tout, aussi abandonnée à la grâce. Des épreuves spirituelles très pénibles font subir à cet angélique Frère le martyre mystique de la divine purification ; mais la tendresse réconfortante de son Directeur le soutient au milieu de ses angoisses : « J'ai en ce moment à diriger, écrit le F. Exupérien en 1868, une âme très avancée et à laquelle Dieu fait de très grandes grâces. Ses épreuves sont très violentes. Dieu veut, par ces tribulations cruelles à la nature, produire en cette âme *l'horreur* d'elle-même et de ses propres opérations ; mais au milieu des plus terribles orages, elle reste parfaitement calme, du moins quant à la partie supérieure. »

D'accord avec l'aumônier de la Maison-Mère, le F. Exupérien avait procuré au F. Bérain-Denis la direction régulière d'un religieux réputé pour sa connaissance des voies spirituelles, et que la profonde humilité du saint Frère fixa bientôt sur la nature des phénomènes qui se passaient en lui. Quant au F. Exupérien , il recevait avec reconnaissance les lumières, les avis, les reproches, que Notre-Seigneur lui transmettait par le F. Bérain : « Dieu, écrit-il, m'a fait une grande grâce en me mettant en rapport avec cette âme privilégiée ; elle me forme mieux que tous les livres spirituels. Plus elle avance, plus elle se simplifie... Plus rien d'elle-même ; tout par la conduite de Dieu et le mouvement de son esprit. »

Il s'en faut cependant que la direction du Noviciat de Paris absorbe l'activité du F. Exupérien.

Son propre zèle et la confiance du T. H. F. Philippe l'engagent en des œuvres diverses, dont il est nécessaire de parler, au moins brièvement.

De concert avec le F. Angelum, Visiteur, le Frère Directeur du noviciat procède au placement des sujets dont la première année de probation est terminée. Il sent la délicatesse de cette mission, et quel tact elle exige pour que soient conciliés les besoins administratifs, les aptitudes professionnelles des jeunes Frères et leurs dispositions morales. « Je dois, écrit-il, me livrer à l'Esprit de Dieu pour ces placements ; ne rien laisser à l'imprévu, à l'inclination naturelle. Dans ce but, je ferai une attention particulière à la récitation de ces paroles de l'Oraison dominicale : *Que votre volonté soit faite.* »

Une création du F. EXUPÉRIEN qui, à partir de 1864, lui coûta des prières prolongées et d'austères pénitences, est celle des *retraites du Jeudi*. Le district de Paris s'était considérablement étendu, et parfois, pour des raisons que nous n'avons pas à rappeler, cette extension entraînait des inconvénients divers. Puis la lutte pour les concours devenait si ardente dans nos écoles, — où bientôt elle s'imposa comme une question vitale — qu'elle tendait à dominer d'autres préoccupations d'un ordre supérieur. A ces causes d'affaiblissement, le T. H. F. Philippe résolut d'opposer, avec le concours du Frère Directeur du noviciat, des récollections périodiques auxquelles seraient convoquées des catégories spéciales de Frères. Le saint Fondateur n'en avait-il pas usé ainsi à Vaugirard ? Les invitations faisaient un pressant appel à la bonne volonté des Directeurs et de leurs Frères ; mais elles n'avaient aucun caractère d'obligation. Lorsque furent écartés les étonnements, les méfiances du début, vingt-cinq à trente Frères, parfois soixante et même quatre-vingts, se rendirent aux convocations du F. EXUPÉRIEN. Les réunions, tenues à la Maison-Mère, étaient au nombre de douze à quinze par an, et elles durèrent six ans. Le zélé Directeur ne s'épargnait ni dans les conférences générales, ni dans les entretiens particuliers. Ceux mêmes — ceux-là surtout peut-être — qui n'avaient pas fait leur noviciat sous sa conduite, étaient subjugués par sa parole apostolique. Une flamme s'allumait dans son regard ; de toute sa personne se dégageait un charme fait de douceur et d'austérité, de loyauté et de dévouement. Le souvenir en est resté très vivace. « Ces demi-journées de retraite, nous écrit-on, étaient très fructueuses pour ceux qui tenaient à profiter de la forte doctrine du F. EXUPÉRIEN. Le temps se trouvait occupé par des exercices pieux, — lectures, oraison, conférences, chemin de croix — distribués de manière à ne pas fatiguer l'attention des retraitants. Le P. Auguste, le franciscain devenu légendaire parmi nous, recevait ceux qui désiraient s'adresser à lui, et le T. H. F. Philippe faisait souvent la conférence de clôture. »

En 1864 comme en 1905, la doctrine du F. EXUPÉRIEN repose sur le même fond : les maximes évangéliques. C'est le point central sur lequel il insiste. Ne sont-elles pas, à ses yeux, comme « la moelle de la doctrine de Notre-Seigneur » ? Un Frère Directeur écrit : « Après plus de quarante ans, je me rappelle ses entretiens sur les maximes évangéliques, et

l'impression n'a pu en être effacée par le temps. »
Les *Notes* spirituelles de l'ardent conférencier nous
gardent sa pensée à cet égard :

« Toute piété, toute science ascétique, toute direction spirituelle, se trouvent dans les maximes évangéliques, interprétées à la lumière du Saint-Esprit. Nos
faiblesses viennent de ce que la sainte Écriture n'est
pas assez comprise, goûtée. Les paroles divines ren-
ferment l'esprit de foi, comme le raisin le vin : on l'en
extrait par la méditation. »

Les réunions du jeudi furent complétées par quelques conférences faites dans les internats. Elles
ménagèrent au F. EXUPÉRIEN de précieuses amitiés,
dont plus tard profitera sa mission ; entre autres,
celle du T. H. F. Joseph, alors à la tête de la maison des Francs-Bourgeois.

En bonne justice, on ne pouvait qu'applaudir au
zèle, au dévouement du Frère Directeur du noviciat ;
mais celui-là peut-il se flatter de plaire à tous, qui
prêche la tendance résolue à une haute perfection ?
« Quand on veut être tout à Dieu, disait le F. EXU-
PÉRIEN, et qu'on s'applique, pour sa gloire, à quelque œuvre importante, il est rare qu'il ne permette
pas à une opposition très douloureuse de se déchaî-
ner. » C'est ce qui semble être parfois arrivé. En
voici l'écho : « Avec la grâce de Dieu, je crois avoir
beaucoup fait pour préparer les retraites du jeudi
et en assurer les fruits. J'ai eu bien des épreuves...
J'estime ma position, parce qu'il y a beaucoup à
souffrir. Mon Dieu ! acceptez tout en expiation de
mes fautes, et donnez-moi les lumières nécessaires
pour bien diriger les âmes. »

Au début de son directorat, le zèle du F. Exupérien le lance dans un apostolat que la mort seule
lui fera suspendre : la publication de brochures et
de feuilles de spiritualité. Mais cet apostolat est-il
sage ? Est-il voulu de Dieu ? Comment le concilier
avec les responsabilités qu'impose la direction d'un
noviciat aussi important que l'est celui de Paris ?
Ces questions, et d'autres encore, le F. Exupérien
se les pose dans ses retraites et ses récollections. Il
y réfléchit avec angoisse, et réclame les lumières,
les conseils, les autorisations de ceux dont il dépend.
Les lumières lui viennent de Notre-Seigneur, consulté avec un cœur droit ; il les consigne très expli-
citement en des pages intimes. Les conseils lui sont
donnés par d'éminents religieux auxquels il ouvre
son âme, et par les théologiens qui revisent ses
écrits. Les autorisations et les encouragements, le
pieux Directeur les trouve auprès du T. H. F. Philippe, à qui il rend souvent compte, et par écrit,
de toute sa conduite et de ses inquiétudes relativement aux ouvrages en composition. Il écrit à
Laon, pendant sa retraite de 1865 :

« Que cette œuvre procure à Dieu le plus de gloire
possible, et qu'elle ne soit pas pour moi une cause de
dérangements et de fautes. En rien, je ne chercherai à
me faire une réputation d'auteur. J'accepte volontiers
toutes les peines et contrariétés qui surgiront de là :
1° en expiation des fautes que je pourrai commettre
dans la direction de cette œuvre ; 2° pour attirer d'abondantes bénédictions sur cet apostolat, afin qu'il soit un
moyen de gagner et de conserver beaucoup d'âmes à
Dieu, *seul* but que je me propose. Surtout, être toujours

dans la disposition de tout cesser au premier signe de mes Supérieurs. »

Le F. Exupérien chercha si peu « la réputation d'auteur », qu'il garda toujours le silence sur ses propres publications ; et la liste abrégée que nous donnons de celles auxquelles il travailla, de 1864 à 1870, fera peut-être l'étonnement de bien des Frères. Toutes ont eu plusieurs éditions, dont l'infatigable Directeur surveilla la réimpression.

Manuel de Piété, à l'usage des Frères, 1860.

Manuel de Piété, à l'usage des Pensionnats, 1864.

Souvenir du Noviciat, 1862.

Motifs d'encouragement à un jeune frère, 1864.

Six opuscules sur la dévotion au Sacré-Cœur, à la très sainte Vierge, à saint Joseph et aux âmes du Purgatoire, parurent de 1864 à 1868.

De la solitude de son noviciat, le F. Exupérien est en rapport avec le F. Barmier, le saint Frère servant d'Albert. Il s'anime à pratiquer le même apostolat eucharistique, et, en 1864, il publie le *Souvenir du grand jour, ou moyens de persévérance après la première communion.*

En 1865 paraît l'*Agenda spirituel,* et en 1869, l'opuscule sur les *Motifs de zèle.* Nous ne mentionnons pas les tracts de tous genres, les *Étrennes pieuses* et les méditations diverses.

La constitution du F. Directeur du noviciat était robuste et, pendant huit années, sa santé supporta un tel surmenage. Toujours à son devoir, il ne s'accordait aucun délassement, aucune distraction. Mais en 1868, il tomba gravement malade. Il écrit : « J'ai adoré la volonté de Dieu dans toutes les phases de ma maladie. Tout tourne au bien de ceux qui aiment Dieu. Il me semble qu'une des vues de Notre-Seigneur a été de me faire sentir ma dépendance de lui, et d'accroître ma mesure de prières et de sacrifices. » On l'envoie en convalescence à Saint-Germain-en-Laye : de ce repos, il profite pour faire une retraite. « Il ne suffit pas, écrit-il, de se soumettre à la volonté de Dieu ; il faut s'abandonner à lui, remettre notre avenir entre ses mains, le bénir de tout, travailler sur son plan, sans rien ajouter ni retrancher, comme un bon ouvrier qui exécute fidèlement le plan de l'architecte. »

Dès que le F. Exupérien fut rétabli, le T. H. F. Philippe résolut de l'employer à des missions spéciales, et à des visites dans les communautés, pour entretenir la ferveur des jeunes religieux, anciens novices de Paris. En août 1868, le F. Exupérien écrivait : « Ma situation est changée. A partir du mois d'octobre, je n'aurai plus que la haute direction du Noviciat ; je rayonnerai dans notre immense district. » Les Frères Visiteurs s'estimèrent heureux qu'un apôtre aussi zélé vînt partager leurs labeurs, dans un district qui comprenait alors dix départements : Seine, Seine-et-Oise, Seine-et-Marne, Haute-Marne, Aube, Yonne, Loiret, Loir-et-Cher, Eure, Eure-et-Loir. Toutefois, la situation du Frère Directeur du noviciat devenait extrêmement délicate. Il passait partout, aimable et discret ; mais plusieurs s'inquiétaient du mystère même dont il devait s'entourer. Des susceptibilités s'éveillaient, qu'il était trop charitable pour paraître apercevoir, trop délicat pour ne pas sentir. Plus tard, quand on lui rappel-

lera certains épisodes un peu pénibles, il répondra :
« Dieu m'a fait la grâce de ne jamais me souvenir
de ces choses-là. »

Que tant d'occupations, et si diverses, aient cor-
respondu à l'intensité de vie qui animait l'esprit et
le cœur du F. Exupérien ; que ses aptitudes naturelles
l'aient, par ailleurs, admirablement servi dans ce
rôle brillant, cela est incontestable ; mais si la sève
surnaturelle qui devait vivifier tant d'œuvres avait
été médiocre, toutes ses entreprises n'eussent abouti
qu'à une agitation passagère et stérile. Grâce à Dieu,
celui qui nous a redit si souvent la parole du divin
Maître : *Je me sanctifie, pour qu'ils soient eux-mêmes
sanctifiés*, ne donnait aux âmes que de sa plénitude.
Suivant une autre de ses expressions favorites, il
était vraiment « bassin et non canal ». De ce devoir
qui incombe aux ouvriers apostoliques, il s'avertit
lui-même en termes incisifs. Il écrit :

« On se préoccupe trop du succès des œuvres, et pas
assez de l'esprit dans lequel on les accomplit. On s'inquiète pour des résultats dont on n'est pas responsable,
et l'on néglige ses dispositions personnelles, sur lesquelles on peut tout, et dont on doit rendre compte. Ne
pas prendre le change ; me sanctifier avant tout, et
m'abandonner à la Providence pour les œuvres extérieures. Préparer l'instrument, et Dieu saura s'en servir
le plus utilement possible. Mon intérieur d'abord, et le
noviciat ; le reste viendra par surcroît. Tout faire par
la conduite de Dieu et le mouvement de son Esprit. »

Comment le Frère Directeur du noviciat se dis-
pose-t-il à être l'instrument de Dieu ? comment pré-

pare-t-il les voies au Seigneur ? Ses *Notes* spirituelles et son *Journal de retraites* permettent de peindre, en ses manifestations complexes, sa vie intérieure à cette époque où la Providence l'achemine, à son insu, aux fonctions qu'elle lui réserve. Une telle étude est attrayante ; mais, pour ne pas suspendre le récit des faits biographiques, on l'a reportée à un autre chapitre. Des souvenirs que nous ont adressés les novices d'alors, il résulte que le F. Exupérien apparaît au milieu d'eux comme un religieux éminent, auquel l'esprit d'humilité, d'oraison et de mortification ont donné la connaissance et le goût des choses divines. Qu'il parle, qu'il prie, qu'il surveille, il est pour eux le modèle, le saint. Sa pénitence est austère, à ce point que le P. Auguste, confesseur de la communauté, disait en 1868 : « Le F. Exupérien se tue ; s'il continue, il n'ira pas loin. » Mais il devait pratiquer, trente-huit ans encore, ses chères macérations. « Jour et nuit, le F. Directeur est cerclé de fer et de crin », disent les novices ; et, dans leur pieuse curiosité, ils se rapportent comment les murailles de sa cellule gardent les témoignages sanglants de ses impitoyables rigueurs.

Dans cette âme altérée de Dieu, persiste un désir continuel de la sainte communion. Pour ajouter aux communions, alors un peu parcimonieusement autorisées, le F. Exupérien se rend souvent dans l'une des chapelles qui avoisinent la Maison-Mère. Il se fait accompagner, dans ces visites matinales, par quelque Frère auquel il ne peut se défendre, au retour, de communiquer l'ardeur qui l'embrase : « Jésus est si bon, dit il à l'un d'eux, et les hommes sont si ingrats ! Ne voulez-vous rien faire pour cet Ami ? Il faut vous consacrer à lui tout entier, lui confier la mission qui va vous être donnée. Jésus mérite bien que nous soyons généreux à son égard ; que nous vivions cœur à cœur, tête à tête avec lui. Ne le souhaitez-vous pas ? »

Ce cœur à cœur, ce tête à tête avec Notre Seigneur, le Directeur des novices les trouve partout, mais spécialement dans ses retraites, qu'il multiplie. En cette âme qu'il façonne, Dieu entretient un désir continuel de solitude. De 1864 à 1870, il s'enferme huit ou dix jours chaque année à Laon, dans la maison Saint-Vincent où le célèbre P. Fouillot fut, pendant si longtemps, instructeur du troisième an de probation, pour les Pères de la Compagnie de Jésus. Il fait annuellement une autre retraite de quatre jours, laquelle, prétend-il, lui est bien nécessaire pour se maintenir dans les bonnes dispositions où l'avait placé la première. Entre autres difficultés dont le retraitant cherche la solution devant Dieu, se pose celle-ci : « Comment dois-je allier l'obéissance simple, humble et aveugle, qui est le devoir du religieux, avec les désirs de zèle qui me poussent à l'action ? » A l'un de ses collègues au Régime, il avouera qu'il a prié et consulté pendant dix ans, pour concilier ces deux choses. Cette conciliation, il la trouve enfin et il la formule ainsi : « Aller de l'avant, par une initiative dépendante. »

En ces longues méditations faites sous le regard de Marie, dans ce sanctuaire de Laon, où elle est honorée sous le titre de *Mère de grâce*, s'ébauche, sans qu'il y paraisse rien encore, la création des diverses formes de retraites dont le F. Exupérien devait être l'initiateur prédestiné. Ainsi la très sainte Vierge, Souveraine et Protectrice de notre Congrégation, lui prépare une extraordinaire effusion de grâces.

A Paris, c'est le P. Caubert, martyr de la Commune, qui le dirige et le soutient au milieu de grandes épreuves intérieures. L'attrait de grâce le plus caractéristique peut-être que Dieu communique alors au F. Exupérien, est un abandon de plus en plus complet à la volonté divine. Le P. Fouillot a rendu de lui ce témoignage : « J'ai connu quelques âmes entièrement détachées de tout et d'elles-mêmes ; la plus droite, la plus abandonnée à Dieu et à son bon plaisir, est celle du F. Exupérien. »

Après dix années de Directorat, le F. Exupérien souhaitait trouver le calme dans un emploi où il ne fût plus chargé que de lui-même. Il écrivait le 26 décembre 1869 : « Voici dix ans que je me dépense pour les autres. N'est-il pas temps que je songe un peu à mon âme, sans plus être responsable de personne ? » Des événements allaient se précipiter, qui devaient au contraire le maintenir dans la plus ardente activité.

CHAPITRE IV

Le F. Exupérien pendant la guerre franco-allemande.

(1870-1871)

Le 1ᵉʳ janvier 1870 fut, pour le F. Exupérien, un jour de grande douleur : c'étaient les funérailles de sa mère. Emportée par une maladie de quelques jours, elle était retournée à Dieu, consolée par les secours de la sainte Église. Le T. H. F. Philippe avait donné au F. Directeur du noviciat l'autorisation de se rendre aux obsèques ; il reçut cette réponse : « Très cher Frère Supérieur, si vous me le permettez, je resterai à Paris. J'espère que ce sacrifice hâtera la délivrance de ma bonne mère. » A son collaborateur et ami, le F. Alban-Joseph, il dit : « N'y a-t-il pas trop de Frères qui voyagent sans nécessité ? Il faut offrir à Dieu des réparations pour ce désordre. » Il ne quitta pas le Noviciat, pria beaucoup et souffrit pour l'âme qui lui était si chère.

De plus en plus, la prière devenait son refuge, son besoin continuel. Il écrivait, à la date du 9 mai :

« Nous avons besoin de restreindre notre action. En agissant moins, nous obtiendrons plus de résultats. Coupons les ailes à notre ardeur, à notre initiative, à notre zèle. Pour moi, je me sens fortement porté à changer mon fusil d'épaule : j'ai été l'homme de l'action ; je veux être celui de la prière. Que je ressemble peu à notre Vénérable Père, en qui il y avait plus de dépendance que d'initiative !..... Je suis bien humilié en voyant ce que je faisais autrefois, et qui me semblait merveille. Pauvre esprit humain, qu'il est faible et aveugle ! Que nous avons besoin de l'avertissement que nous donne Jésus-Christ : *Prenez garde que votre lumière ne soit que ténèbres !* » (S. Luc, xi, 35.)

Le seul moyen de ne pas s'égarer, répète-t-il, est de s'abandonner à la volonté divine. De cette volonté très sainte et très parfaite, il fait sa règle en toutes choses. Ainsi, à propos d'un postulant qu'on lui annonce, il écrit le 15 juillet 1870 :

« Rappelez-vous le passage d'Isaïe : *Nul ne peut m'arracher ce que je tiens dans les mains ; quand j'ai résolu d'agir, qui pourra s'y opposer ?* (xliii, 13) S'il entre dans les desseins de Dieu que X... soit Frère, tous les obstacles ne feront que purifier sa vocation. Si nous ne sommes que les instruments de Dieu, nous arriverons, malgré notre misère et notre impuissance, à faire de grandes choses. L'essentiel est de travailler sur le plan de Dieu, par le mouvement de son Esprit et en vue de lui plaire ; de nous détacher de toute idée personnelle, de ne rien attendre de nos industries. et de ne rien nous attribuer du résultat ; de considérer les peines et les difficultés comme la plus précieuse récompense, et comme la purification des fautes commises en cherchant à faire l'œuvre de Dieu. »

Cette œuvre de Dieu que, dans son zèle, il brûle d'accomplir, elle va s'imposer à lui sous une forme bien inattendue. Le 19 juillet éclate la déclaration de guerre entre la France et l'Allemagne. Les jours de la colère divine sont venus pour notre pays ; il va boire, jusqu'à la lie, la coupe des humiliations et des douleurs que, par la main de l'étranger, lui impose le Seigneur irrité. On sait quelle exaltation patriotique s'empara d'abord de toutes les âmes, et quelles expressions délirantes trouvaient les plus sages pour traduire leurs espoirs. Le F. Exupérien demeure dans son calme surnaturel. La guerre va peut-être désorganiser bien des cadres dans l'Institut ; c'est une raison de s'attacher plus que jamais au saint Fondateur :

« Notre salut, écrit-il, est dans le retour à notre Vénérable Père. Mais ce n'est pas avec des livres que ce travail s'accomplira ; ce sera par la formation de quelques hommes qui répandront autour d'eux cet esprit. Jésus-Christ a écrit dans les cœurs, et non dans les livres. Imprégnons-nous de cet esprit, et prions le Seigneur de le faire rayonner autour de nous. »

Sa retraite annuelle n'est pas faite ; jamais, pense-t-il, elle ne lui fut plus nécessaire. Pendant les derniers jours de juillet, il se recueille à Amettes (Pas-de-Calais), pays natal de saint Benoît-Joseph Labre. La pensée de la volonté de Dieu et de l'imitation du saint Fondateur semble avoir été dominante en lui, pendant ces jours de solitude : « Toute sainteté, écrit-il dans ses *Notes*, est dans l'accomplissement de ce que Dieu veut de nous à chaque heure. Donc : fidélité à la grâce de chaque instant, faisant tout ce que Dieu veut, et rien de ce qu'il ne veut pas. Pas de lectures curieuses, pas de nouvelles ; les éviter. » Pour préciser ce dernier point, le Frère Directeur du noviciat ajoute cette résolution, très méritoire en un moment où beaucoup demandent, à la lecture des journaux, un réconfort contre leurs patriotiques angoisses : « Sous peine de péché, ne pas acheter un seul journal. J'éviterai même un regard curieux, de surprise. J'entendrai lire ou je lirai un journal, quand on m'en apportera et que je ne pourrai faire autrement. Je pourrai lire les articles de Veuillot, mais trois jours après, et rarement. » Nous dirons plus loin en quelle estime il tenait le grand écrivain, et quels rapports il eut avec lui.

Les hostilités étaient commencées depuis quinze jours à peine, qu'aux premières défaites, qui dissipèrent tant d'illusions, succédaient les désastres qui répandirent l'épouvante : « Nous touchons à des événements bien graves, écrit le F. EXUPÉRIEN le 20 août 1870; que va-t-il arriver? Prions que la volonté de Dieu se fasse; que la paix ou la guerre, les succès ou les revers, tout tourne à la plus grande gloire de Dieu et au salut des âmes. » C'est à peu près la seule allusion, que nous sachions, aux événements qui étreignent les cœurs.

A ses correspondants ordinaires, il parle de spiritualité, avec le calme le plus absolu. Voici un fragment d'une lettre écrite quelques jours avant l'investissement de Paris :

« Une seule parole dite par Dieu à l'oreille de l'âme instruit mieux que tous les discours des hommes; mais pour entendre cette parole, il faut la purification de l'âme, le détachement de tout ce qui est créé. Aussi la seule méthode, pour arriver à la vraie vie spirituelle, est de se purifier, d'enlever les obstacles. Dieu s'empare du cœur quand il le trouve pur et libre.

« N'élargit pas ses idées qui veut. Dieu seul le fait en nous. La véritable expérience s'acquiert par la culture de son intérieur. Plus on est saint, plus on a de portée et d'ampleur à tous les points de vue. Tout est la récompense de la sainteté. La culture artificielle, la lecture des meilleurs livres, la fréquentation des hommes les plus instruits, la situation la plus propre à former, tout cela est peu de chose auprès de la lumière que l'Esprit-Saint fait briller dans l'âme pure : *Cherchez avant tout le Royaume de Dieu ; tout le reste vous sera donné par surcroit.* »

Soupçonnerait-on, en lisant ces lignes, qu'elles sont d'un Directeur dont le cœur est brisé par la pensée de la dispersion imminente de ses novices? Et certes il les aime. Mais il s'est abandonné à Dieu ; et que lui importe l'emploi, noviciat ou ambulance, pourvu que soit faite la divine volonté?

Par une lettre datée du 15 août, le T. H. F. Philippe avait offert au ministre de la guerre, pour le service des ambulances, la Maison-Mère, les maisons de Paris et tous les pensionnats de la province. « Les soldats aiment les Frères, disait le vénérable Supérieur, et nos Frères aiment les soldats. Un grand nombre d'entre eux, ayant été élèves de nos écoles, seront heureux de recevoir les soins inspirés par le zèle et le dévouement de leurs anciens maîtres. » Aussitôt furent organisées, par les Frères de Paris, huit ambulances : entre autres, celles de

la Maison-Mère, ou ambulance Saint-Maurice; de l'Est, au faubourg Saint-Martin ; de la gare du Nord ; de la rue Saint-Antoine ; de Grenelle, et l'ambulance dite des Irlandais. Les Frères des écoles y furent employés jusqu'à la rentrée des classes, reculée de trois ou quatre semaines. A la Maison-Mère, on ne reçut d'abord que des fiévreux, jusqu'au 23 septembre, où furent amenés les blessés des combats de Châtillon et de Villejuif. Le T. H. F. Philippe donnait l'exemple du dévouement et, deux fois par jour, faisait le tour des salles. Les Frères Archange et Alban-Joseph présidaient à l'organisation générale, pendant que les Frères infirmiers se multipliaient pour assurer le service des malades.

Les premiers jours de septembre avaient vu l'écroulement de l'Empire. Parmi la confusion qui accompagne les chutes dynastiques, le peuple avait bruyamment acclamé une liberté qu'il croyait être son salut. Mais rien n'arrêtait plus la marche de l'ennemi : la capitale allait être assiégée. Le T. H. F. Philippe refusa de quitter son poste ; il fit partir pour la province sept de ses Assistants et le personnel des deux noviciats. Le 19 septembre, l'investissement de Paris était complet. Désormais séparée du reste de la France, isolée du reste du monde, la grande ville n'avait plus qu'à souffrir pour défendre son honneur, la seule chose qui pût être sauvée.

Ceux-là seuls qui vécurent ces terribles jours en savent les angoisses. Le F. Exupérien allait en diverses communautés, pour soutenir le courage des jeunes Frères ; à Saint-Nicolas, rue de Vaugirard,

on l'entendit faire appel au dévouement des « bran-
cardiers », dont le Supérieur général venait de créer
la généreuse milice. Il n'accompagna pas les Frères
de la Maison-Mère aux champs de bataille, mais,
par des encouragements individuels, il les animait à
remplir pour Dieu leur noble mission. « Un jour,
raconte un Frère, que, sur ses conseils, nous avions
commencé par la sainte communion une de nos laborieuses expéditions, le F. Exupérien nous dit :
« Allez, mes enfants ; quand on a Jésus-Christ dans
son cœur, on ne craint pas la mitraille. Si Dieu vous
choisit comme victimes, vous serez heureux ; c'est
un sang pur qu'il faut pour fléchir sa justice irri-
tée. » Pendant toute la durée du siège, il prit la
direction spirituelle des Frères qui, de diverses
communautés, s'étaient réfugiés à la Maison-Mère ;
il eut soin des six novices et postulants qui n'avaient
pas suivi leurs confrères dans les noviciats de province, où ils avaient été recueillis. Son rôle fut
encore de seconder le T. H. F. Philippe dans ses
relations avec les comités et les ministères, relations
que rendait très complexes le fonctionnement d'une
grande ambulance. Il préludait ainsi aux fonctions
dont il devait être bientôt investi.

Ses dispositions intimes se révèlent dans les
lignes suivantes de ses *Notes*, à la date du 8 décembre 1870 :

« Mon Dieu ! qu'il est effroyable le sort d'une nation
que vous abandonnez à ses ennemis ! Nous nous
sommes éloignés de vous, et vous vous riez de nous.
Du moins, Seigneur, sauvez les âmes ! Donnez-nous
assez de lumière pour voir votre main, dans le châti-

ment qui nous enveloppe ; assez d'humilité pour nous repentir ; assez de générosité pour vous apaiser. Voyez donc, à Paris, des milliers d'enfants innocents ; allez-vous les laisser tous périr ? O Marie ! en cette fête, si triste aujourd'hui, de votre Immaculée Conception. jetez vos regards maternels sur nous. Par vos mains, j'offre ma vie à votre divin Fils pour le salut de la patrie, la conservation de l'esprit religieux parmi nos Frères, le retour de ceux que nous avons dû éloigner, et pour les Supérieurs, dont les angoisses sont effroyables. Pitié ! pitié ! »

En cette fête « si triste », du 8 décembre, les Frères de la Maison-Mère avaient enterré plus de sept cents morts, des combats de Champigny.

Le 21 décembre, le F. Néthelme tombait mortellement blessé, au Bourget. Transporté à Saint-Denis, où il vécut jusqu'au 24, il reçut la visite et les paternelles consolations du T. H. F. Philippe. Le F. Exupérien, qui avait formé le jeune religieux auquel Dieu accordait ce triomphal trépas, accourut aussi : il ne pleura que sur un cadavre.

Pendant le siège, le Comité central de la Presse avait aménagé à Longchamp, — un des quartiers les plus sains de Paris, — vingt et un pavillons qui devaient recevoir une partie des blessés des autres ambulances. Des Frères furent demandés au Supérieur général de l'Institut, qui chargea le F. Exupérien de cette organisation. On était au milieu de janvier 1871. L'un de ceux qui furent ses collaborateurs écrit : « Le F. Exupérien montra une intelligence et un dévouement qui firent l'admiration du Comité. Il installa un Frère comme comptable, un autre comme caissier. A la tête de chaque salle, il plaça un chef ayant sous ses ordres quatre ou cinq Frères infirmiers. Pour fournir le nécessaire aux soldats, il entra en relations avec le ministère de la guerre, et il redoubla de sollicitude pour surmonter les difficultés de toutes sortes qui se présentèrent. »

Les débuts furent très pénibles à Longchamp. Le siège touchait à sa fin ; les vivres et le chauffage manquaient. Le bombardement couvrait Paris de mitraille, et ses défenseurs voyaient échouer leur dernier effort à Buzenval (dans cette même propriété où, quelques années plus tard, allait être installé l'un des petits-noviciats du district). Onze obus étaient tombés sur la Maison-Mère, où les Frères avaient dû chercher un refuge dans les caves ; cinq élèves de notre établissement Saint-Nicolas avaient été tués par les éclats d'une bombe : le F. EXUPÉRIEN avait l'âme navrée par ces nouvelles. Le 28 janvier, la capitulation était signée, et les troupes allemandes entraient à Paris.

Les soldats français qui faisaient le service d'ordre à Longchamp se retirèrent alors. Pour les remplacer, on envoya demander, à la mairie de Passy, des gardes nationaux ou des sergents de ville : « Faites chrétiennement tout ce que vous pouvez, fut-il répondu ; nous ne pouvons rien pour vous. » Ainsi délaissé, le F. EXUPÉRIEN groupa les soldats valides : ils firent bonne garde, et l'ordre ne fut pas troublé. Lorsque le désœuvrement et l'ennui abattaient le courage de certains soldats, le F. EXUPÉRIEN faisait appel au patriotisme, à la foi chrétienne, et l'énergie morale renaissait dans les âmes rassérénées.

L'ambulance de Longchamp fonctionna du 19

janvier au 18 avril. Pendant ces trois mois, le F. Exupérien se dépensa avec une incroyable activité. Dès les premiers jours, il avait demandé qu'un des pavillons fût aménagé en chapelle ; mais les négociations furent longues, et il ne fallut rien moins que les instances du docteur Ricord, pour obtenir une autorisation. « Enfin ! s'était-il écrié, nous avons Notre-Seigneur avec nous. »

Dans cette chapelle, que Mgr Darboy était venu bénir, le F. Exupérien réunit chaque matin les Frères que leur service ne retient pas dans les salles. Après la prière, il fait lui-même la méditation à haute voix, pour faciliter ce saint exercice. Dans la journée, on le trouve partout : avec M. Coste, directeur pour le Comité de la Presse ; avec les chefs des services, pour que soient prises en commun les mesures d'organisation ; avec les soldats, dont il relève le courage abattu, et qu'il invite à retrouver la paix de l'âme par la réception des sacrements ; avec les docteurs et les membres des comités, qui s'étonnent de tant de calme au milieu de telles préoccupations. La nuit, il fait ses rondes pour s'assurer que rien ne se produit d'anormal ; son chapelet en mains, il passe, semant des prières.

Son âme d'apôtre trouve, à l'ambulance, un vaste champ d'action pour son zèle. Il maintient la régularité parmi les Frères, et souvent il les avertit de ne pas épuiser leur vie surnaturelle en se dévouant au soulagement des malades. Dans les pavillons, il fait réciter publiquement une courte prière, matin et soir. Le dimanche, les soldats non retenus au lit assistent à la sainte messe. Ils y chantent avec

entrain des cantiques appropriés, dont certains sont
restés longtemps gravés dans les mémoires. Cette
modeste chapelle entendit plusieurs des prêtres les
plus en situation à Paris, entre autres l'abbé Bour-
ret, professeur en Sorbonne et plus tard cardinal-
évêque de Rodez. « Ah ! Frère EXUPÉRIEN, disait un
jour le docteur Ricord, après l'une de ces cérémonies, que la religion est belle ! Quel empire profond
et moralisateur elle exerce sur les âmes ! »

L'illustre chirurgien ne cachait pas son admiration
pour les Frères de Longchamp : Ce sont les Frères
qui ont fait notre fortune. Sans eux, avec un personnel double, nous n'aurions pas obtenu la moitié
des résultats que l'on constate. » Ces félicitations, et
tant d'autres, laissèrent le F. EXUPÉRIEN dans son
humilité. En février, il écrivait simplement : « Depuis un mois, je suis chargé de la direction d'une
ambulance qui compte quatre cent vingt lits.
Soixante-quinze Frères y remplissent les fonctions
d'infirmiers. L'administration, même matérielle,
nous est confiée ; nous avons toute liberté pour le
bien, il me semble qu'il s'en fait beaucoup. »

Oui, il se fit beaucoup de bien à l'ambulance.
Par le ministère d'un prêtre zélé, qui avait accepté
les fonctions d'aumônier, les Frères eurent la joie
de voir revenir à Dieu bien des âmes qui l'avaient
oublié. Les Pâques furent nombreuses, et le F. EXU-
PÉRIEN ne savait comment traduire sa reconnaissance. A tant de zèle, Notre-Seigneur accorda la
récompense dont il honore ses amis privilégiés :
l'épreuve. Pour notre confrère, ce fut la captivité à
Mazas.

CHAPITRE V

Le F. Exupérien pendant la Commune, et jusqu'à sa nomination à la charge d'Assistant.

(Mars 1871 — Juin 1873).

Pendant que les Frères entourent de leurs soins les blessés, la guerre civile éclate à Paris. De suite, elle triomphe du gouvernement qui se retire à Versailles. C'est le règne de la Commune. Le docteur Demarquay, qui dirige le service des ambulances, déclare au F. EXUPÉRIEN, le 18 mars, que lui et ses collaborateurs doivent rester auprès des cinq cents malades qui remplissent les pavillons de Longchamp. Les charitables infirmiers n'attendent que cette autorisation de se dévouer encore ; aussi les services continuent-ils à fonctionner sans modification aucune.

Les événements se précipitent, mais sans troubler le calme du F. EXUPÉRIEN. Le 27 mars, il écrit :

« Qu'allons-nous devenir ? je n'en sais rien ; mais quel que soit l'avenir, je l'attends avec confiance. Quand reviendrai-je à la chère rue Oudinot ? je n'en sais rien non plus. Sous le régime de la Commune, les Frères pourraient bien être chassés de Paris : que la volonté de Dieu soit faite ! Quoi qu'il advienne, je ne quitterai pas ma vocation ; et si la France, égarée par l'esprit révolutionnaire, ne veut plus de nous, j'irai manger le pain de l'exil. On est à l'abri de bien des peines quand, les yeux fixés sur le ciel, on méprise tous les biens d'ici-bas. »

Le dimanche des Rameaux, 2 avril, de nouveaux blessés arrivent à Longchamp : ce sont des fédérés tombés à Courbevoie, dans le premier combat qu'a livré la Commune contre l'armée de Versailles. Le F. Exupérien les reçoit avec une charité touchante, qui étonne d'abord ses nouveaux hôtes. Leurs préventions sont grandes contre les religieux ; mais à force de patiente bonté, les Frères apaisent ces pauvres égarés, qui deviennent respectueux et reconnaissants. Une dizaine d'officiers de la Commune étant venus visiter leurs hommes, le F. Exupérien les accompagne partout, et répond avec politesse à leurs questions souvent insolentes. « Manque-t-on de quelque chose ici ? » demande un commandant à un garde national alité. Il reçoit cet aveu : « Nous sommes unanimes à déclarer que, nulle part ailleurs, nous ne serions aussi bien traités. » Un autre jour, c'est Ostyn, membre de la Commune, qui enquête à Longchamp : « Citoyen, lui dit un malade, devant le F. Exupérien, j'ai à me plaindre. » — « De quoi ? demande Ostyn d'une voix méchante. » — « Les Frères sont trop bons pour nous. »

Si la Commune tolère pendant quelques semaines le dévouement des Frères, elle leur enlève leur principale consolation : la présence de Jésus-Christ au Tabernacle. Et pourtant quelles alarmes, quelles angoisses ils auraient à lui confier ! Les nouvelles qui se succèdent sont si tristes ! Le 4 avril, Mgr Darboy, archevêque de Paris, était conduit à Mazas avec plusieurs prêtres et religieux ; le 5, la Commune décrétait que toute condamnation à mort infligée à des fédérés serait suivie de l'exécution d'un nombre triple d'otages ; le 6, le Supérieur général de Saint-Sulpice était incarcéré. Le 9, jour de Pâques, le T. H. F. Philippe était prévenu par le F. Libanos, Directeur de Passy, que son arrestation était imminente ; et le vénérable vieillard, cédant aux prières de son entourage, quittait Paris le lendemain. Il n'était que temps : le 11, se présentaient à la Maison-Mère les policiers qui emmenaient le F. Calixte, premier Assistant, dont la détention toutefois dura peu d'heures.

Il n'était plus possible de porter à Longchamp le costume religieux. Au F. EXUPÉRIEN, qui demandait des habits civils pour ses auxiliaires, on répondit insolemment : « Qu'ils coupent leurs robes ! » L'expulsion des Frères était résolue. Elle fut signifiée le 18 avril, et le délégué Cluseret la motiva par une injure : « Les religieux, dit-il, sont des espions ! » Lorsque les malades virent s'éloigner les Frères, ce furent d'unanimes réclamations ; des pétitions circulèrent, qui demeurèrent sans effet.

A la Maison-Mère où il rentra, le F. EXUPÉRIEN trouva la chapelle pillée, mais le service divin non interrompu. Les Frères soignaient les fédérés, dont la plupart étaient de pauvres ouvriers séduits par les meneurs. Une nouvelle mission s'imposait au Directeur du noviciat : soutenir le courage des Frères dans les communautés, et s'entendre avec quelques Directeurs pour préparer l'évasion de ceux que la Commune voulait enrôler. La haine antireligieuse montait au paroxysme, et bientôt il n'y aurait plus de sûreté pour personne. Le 18 avril, les Frères du Faubourg Saint-Martin étaient chassés, et leurs classes confiées à des maîtres qui allaient donner, disaient les affiches, « un enseignement purement rationnel ». A Belleville, un placard offrait quinze francs pour l'arrestation d'un Frère, et trente pour celle d'un Directeur. Le 19 et le 20, nos maisons de Saint-Joseph des Alsaciens, de la Villette et de Bercy, étaient pillées et fermées. Des amis dévoués s'entremirent, et, sous les déguisements les plus inattendus, s'échappèrent la plupart des Frères âgés de moins de quarante ans.

Les arrestations d'otages continuaient, et l'heure n'était pas éloignée où le F. Exupérien allait partager leur sort, qu'il avoua plus tard avoir ardemment désiré. Le 7 mai, il se rendit à notre communauté de Saint-Sulpice, rue de Fleurus, où le F. Jean-l'Aumônier et ses Frères étaient gardés à vue par les fédérés. « Le bon F. Exupérien, écrit l'un de ceux qu'il visita, parvint jusqu'à nous ; il était plus peiné que nous-mêmes de notre sort. Il nous encouragea beaucoup à nous recommander à la très sainte Vierge, pour le succès de la périlleuse évasion que l'on tentait. Si elle a réussi le soir même, je l'attribue à ses prières. »

Nous arrivons à l'arrestation du F. Exupérien, dont les détails nous ont été conservés par ceux qui ont eu, avec lui, l'honneur de souffrir pour Jésus-Christ. Le lundi 8 mai, le charitable Directeur du noviciat résolut de faire sortir de Paris un certain nombre de jeunes Frères, et de les guider lui-même jusqu'à Beauvais. Les ordres de départ étant donnés, il se rendit vers onze heures à notre établissement Saint-Nicolas, rue de Vaugirard. Il était revêtu d'un costume civil. « Vos manières, votre attitude, votre tenue, lui dit-on, vous feront reconnaître. » A quoi il répondit : « Un religieux doit toujours être digne ; il arrivera ce que Dieu voudra. » Le repas terminé, pendant lequel il s'était montré fort calme et avait multiplié les recommandations, les voyageurs se dirigèrent par petites escouades vers la gare du Nord.

Dans la salle des pas-perdus, les fédérés gardaient les portes ; mais le F. Exupérien avait dit comment on devait se procurer des billets. Tout à coup un jeune Frère, auquel la terreur a fait perdre le sang-froid, l'interpelle à haute voix : « *Cher Frère Directeur*, où faut-il aller ? » Aussitôt, les factionnaires, déjà intrigués, arrêtent le *Frère Directeur* et successivement tous ses compagnons avec lui. Conduits devant Dacosta, secrétaire de Raoul Rigault, ils subissent un premier interrogatoire dans l'une des salles de la gare :

— Qui sont ces citoyens ?

— Ce sont mes élèves ; c'est moi qui les instruis. Laissez-les partir, puisque leurs familles les réclament.

— Ces jeunes citoyens ne sont pas coupables, crie Dacosta ; c'est toi qui les abrutis, ainsi que tant d'autres.

— Oui, je suis le grand coupable, répond le F. Exupérien. Faites de moi ce que vous voudrez ; mais laissez partir ces jeunes gens, que vous reconnaissez innocents. Et Dacosta se met à vociférer des injures.

« Bientôt, écrit l'un des prisonniers, aujourd'hui Visiteur, l'ordre est donné de nous diriger sur la

Préfecture de police. Avant de nous laisser monter dans les voitures que le F. Exupérien a fait venir, l'officier des fédérés commande à ses gens de passer par les armes celui d'entre nous qui tenterait de s'évader, et surtout de bien surveiller *le chef de la bande*.

A la Préfecture de police, les captifs sont introduits, par groupes, devant une sorte de juge d'instruction, jeune homme de vingt-deux à vingt-cinq ans, qui fait d'inutiles efforts pour connaître les noms, ou tout au moins le signalement, de ceux qui s'employaient à faire évader les Frères hors de Paris. Un de ses assesseurs menace de son revolver un jeune Frère, qui avait répondu que jamais il ne commettrait une telle lâcheté. « Ah ! ricane le communard, vous vouliez quitter Paris, et pour la plus grande gloire de Dieu ? Tous les moyens sont bons, pour vous autres ! Eh bien ! on verra. » Un autre officier dit à l'un des Frères : « Votre enseignement n'a rien de contraire aux lois ni à aucune politique ; mais vous êtes des chiens de curés. »

Au F. Exupérien et à deux de ses Frères, étaient réservées les injures de Raoul Rigault, « délégué civil » à la Préfecture de police :

— Vous avez mal pris vos mesures, dit le délégué ; nous vous tenons et vous ne nous échapperez pas.

— Pourquoi nous arrêter ? répond le F. Exupérien, nous n'avons fait aucun mal.

— Aucun mal ? Mais c'est vous qui faites tout le mal ! Voilà trois cents ans que vous nous embastillez !

— C'est à la religion que la France doit ce qu'elle a encore de bon.

— Vous êtes des criminels, parce que vous endoctrinez le peuple.

Selon ce que rapporte un témoin, le F. Exupérien croise alors les mains sur la poitrine, baisse la tête et ne répond plus rien à son insulteur. Il prie.

Vingt ans plus tard, et par la seule allusion qu'on l'ait jamais entendu faire à son incarcération, il disait à des Frères Directeurs : « Raoul Rigault m'a insulté parce que nous *endoctrinons* les enfants du peuple. Le beau reproche ! et qu'il serait triste de ne plus le mériter ! Par la colère d'un tel homme, jugeons de la nécessité de notre mission. Endoctrinons nos élèves, en leur faisant connaître, aimer et servir Jésus-Christ. »

Les interrogatoires terminés, on groupa les prisonniers dans une salle commune, où se trouvaient déjà, en costume religieux, trois Frères de l'école Sainte-Marguerite, dont le F. Dagobertus, le directeur si populaire. Le F. Exupérien, « le plus dangereux de tous », fut écroué à la pistole n° 35 ; il put toutefois en sortir un instant, dans la soirée, pour encourager les Frères, et leur distribuer à peu près tout l'argent qu'il avait sur lui.

Combien de temps va-t-il rester captif dans sa cellule ? Le F. Exupérien ne le sait pas. Sera-t-il transféré dans une autre prison ? — Sans perdre de temps à scruter ces problèmes insolubles, il se met en retraite, avec les admirables dispositions que nous révèle un fragment de ses *Notes*. Nous le citons en l'abrégeant :

« *Préfecture de police ; pistole* n⁰ *35. Mardi matin,
9 mai.* — De toute éternité, ô mon Dieu ! vous avez
décrété, dans votre sagesse, les événements actuels et
le contre-coup que j'en éprouve. Faites-moi la grâce
d'entrer dans vos vues, de reconnaître et d'adorer vos
volontés... Que ma cellule, rendue chère par la pensée
que c'est à cause de votre nom que j'y suis détenu,
soit pour moi un cénacle et un ciel : un cénacle, où je
communie sans cesse, avec une parfaite résignation et
un amour généreux, à votre adorable volonté ; un ciel,
dans lequel je sois plus intimement uni avec vous que
je ne l'ai jamais été... Prenez sur moi toute la possession qui vous est due, en ces jours d'épreuve qui seront,
je l'espère, et par un effet tout particulier de votre
miséricorde, des jours de bénédiction et de salut.

Je veux — il me semble, ô mon Dieu ! que c'est dans
toute la sincérité de mon âme — je veux dès aujourd'hui
souffrir dans toute l'étendue de vos désirs. Agissez, non
selon ma volonté, mais selon la vôtre. Ayez égard, non
à ma réputation et à ma vie, mais exclusivement à votre
gloire et à votre bon plaisir.

*Ne faut-il pas que je boive le calice que mon Père m'a
préparé,* et pour expier mes fautes, et pour guérir les
plaies de ma pauvre âme ? *Le Seigneur a soin de moi ;
que craindrai-je ?* M'interrogera-t-on aujourd'hui ? Serai-
je en butte à de mauvais traitements, de la part de mes
juges ? C'est votre affaire, Seigneur, et non la mienne ;
mais soutenez-moi dans une circonstance aussi délicate...

Vous m'inspirez depuis longtemps le désir d'une
retraite. J'ai faim et soif de vous ; et mes défauts, mes
misères rendent ces aspirations stériles. Merci, ô mon
Dieu, de me forcer à me jeter entièrement dans votre
sein. Plus cette retraite est étrange, plus elle sera
sanctifiante, si je fais fructifier les grâces que vous me
prodiguerez... »

Moins héroïquement peut-être que leur saint Directeur du noviciat, les prisonniers acceptaient les dispositions de Dieu à leur égard. « Bientôt, écrit l'un des incarcérés, vinrent nous rejoindre des Frères de la maison Saint-Nicolas d'Issy, brutalement arrêtés à Montrouge avec quelques-uns de leurs domestiques. Nous passâmes assez gaiement les deux jours de notre emprisonnement à la Préfecture de police : les plus hardis encourageaient les timides ; les plus résignés dissipaient la tristesse de leurs compagnons accablés ; les plus fervents ramenaient nos pensées vers Dieu, qui nous faisait l'honneur de nous associer aux souffrances de son Fils. Le 11 mai, arriva l'ordre de notre transfert à Mazas. Nous allions être séparés les uns des autres, et peut-être pour toujours... Cette pensée nous brisait le cœur, plus que la perspective du danger. » Le F. EXUPÉRIEN monta joyeusement dans l'une des voitures cellulaires, qui prirent le chemin de Mazas. Le long des rues, des « patriotes » hurlaient :

« A mort ! à mort ! »

Il était six heures du soir lorsque, les formalités de l'écrou étant remplies, les vingt-cinq Frères furent introduits dans leurs cellules. Les portes refermées, les corridors redevenus silencieux, quelles impressions envahirent l'âme des prisonniers ! Sur quoi allait s'ouvrir leur détention, lorsqu'il plairait à Dieu d'y mettre fin ? Sur la liberté, ou sur le martyre ?... Le F. EXUPÉRIEN continua la retraite qu'il avait commencée à la Préfecture de police. Non loin de lui, les PP. Olivaint et Caubert, ses directeurs de conscience, incarcérés eux aussi, avaient la même occupation ; mais au-dessus de

leur cachot, les anges tenaient déjà prêtes la palme
et la couronne réservées aux victimes mises à mort
en haine de la foi.

La seule inquiétude qui pût assaillir le F. Exupérien était la pensée des angoisses qui, sans doute,
torturaient les jeunes Frères, ses compagnons de
captivité. Comment leur écrire ? — Quelques paroles
de son gardien lui apprirent bientôt quel intermédiaire la Providence lui avait ménagé : et dès lors
commença, entre les cellules des prisonniers, un
échange de billets dont plusieurs ont été précieuse-
ment conservés.

Au Frère qui habite la cellule n° 133, le F. Exupérien écrit le 19 mai :

« Comment vous portez-vous ? comment employez-
vous votre temps ? Donnez-moi donc signe de vie. O
mon ami ! que le bon Dieu nous a fait une grande
grâce, en nous offrant l'occasion de faire tranquillement
une retraite. Voici déjà huit jours de passés : prions
beaucoup pour que cette retraite fasse époque dans
notre vie religieuse. Dans notre pauvre cellule, sous
l'œil de notre Ange gardien, supplions Notre-Seigneur
de bénir notre cher Institut et la France si éprouvée. »

Les prisonniers, que ces lettres comblaient de
joie, faisaient remettre leurs réponses par le même
bienveillant geôlier. En voici une, choisie parmi
les sept que nous avons recueillies. Elle est datée du
21 mai :

Très cher et bien aimé Frère Directeur,

Je terminais mon oraison sur le premier don du Saint-

Esprit, lorsque m'est arrivée votre lettre si consolante. Merci d'avoir pensé à moi. J'avais besoin de cet encouragement, car, depuis trois jours, j'étais un peu abattu. N'entendant plus le canon, je pensais que les troupes de Versailles avaient reculé ; mais...

Je n'ai besoin de rien, sauf d'un Nouveau-Testament, et je comprends qu'il n'est guère possible de m'en procurer un. Je supplée à cette privation en récitant le rosaire et en faisant oraison trois fois le jour.

Si j'avais cru pouvoir vous faire parvenir une lettre, il y aurait longtemps que mon désir serait satisfait ; mais les malheureux qui nous ont arrêtés nous ont tant dit que vous êtes un *grand coupable*, que je vous croyais confié à des gardiens moins accommodants. Je pensais que, comme à la Préfecture de police, vous étiez entièrement séparé de nous, et placé dans une autre division.

Je recommande à vos prières — et c'est principalement pour cela que je vous écris aujourd'hui — les enfants de la première communion de la paroisse du Gros-Caillou. Depuis longtemps, c'est l'usage de faire commencer leur retraite le dimanche dans l'octave de l'Ascension. . Il y a quinze jours, l'église n'était pas encore fermée ; si elle ne l'est pas, leur retraite s'ouvrira ce soir. Supplions le bon Dieu de leur accorder toutes les grâces dont ils ont besoin...

Le F. Exupérien communiquait, bien difficilement il est vrai, avec la rue Oudinot. Cependant il y parvint. Voici un fragment de l'une des quatre lettres que le prisonnier avait adressées au F. Alban-Joseph, et que celui-ci conserva comme des reliques :

« Je remercie de tout cœur celui qui a eu la bonne pensée d'organiser le convoi de ravitaillement. Qu'une attention fait plaisir à un pauvre prisonnier, qui ne peut communiquer avec personne !

Je plains nos pauvres jeunes gens, soumis à une réclusion si sévère. Etre enfermé entre quatre murs, demeurer constamment en face de soi-même, ne voir le ciel que par une lucarne : ce n'est pas gai. Ce qui me console, c'est que Dieu allège les maux qu'on endure pour lui ; *il n'abandonne pas ses serviteurs qui sont dans les liens.* (Ps. LXVIII, 34.)

Pour moi, je me trouve aussi heureux que possible. La semaine s'est écoulée avec une grande rapidité ; je n'ai pas éprouvé un moment d'ennui. Je fais ma retraite du mieux qu'il m'est possible ; mon temps est divisé, depuis quatre heures et demie du matin jusqu'à huit heures et demie du soir ; et le bon Maître, pour lequel je suis prisonnier, daigne faire surabonder la consolation là où, naturellement, il ne devrait, ce semble, y avoir que tristesse et chagrin.

En lisant dans l'*Imitation*, à livre ouvert, je suis tombé vingt fois sur ce passage : « *Vous ne voulez que mon salut et mon avancement, et vous tournez tout en bien pour moi. Quoique vous m'exposiez à différentes adversités, c'est pour mon avantage que vous en ordonnez ainsi, vous qui avez coutume d'éprouver vos bien-aimés en mille manières* (Liv. III, ch. LIX.) Voilà les pensées qui me soutiennent et me font considérer comme une grande faveur d'avoir à souffrir pour Notre-Seigneur. Mon bonheur serait à son comble si l'on voulait délivrer tous les nôtres en me gardant pour otage.

Je n'oublie personne ; je prie Dieu pour tous. Ne m'oubliez pas non plus, afin que je tire, de cette épreuve, tous les biens que Dieu, dans sa miséricorde, veut bien y attacher.

Lundi, neuf heures du matin.

N° 80, 1re division.   Frère EXUPÉRIEN.

Si le F. Exupérien se repose dans un abandon total aux desseins de la Providence, l'anxiété de l'Institut, sur le sort des prisonniers de Mazas, s'accroît à mesure que se multiplient les violences de la Commune. Le T. H. Frère Philippe, qui visite alors nos communautés de la Haute-Loire, rassemble à Apinac vingt-sept Frères du district de Paris, qui ont fui devant l'émeute. A travers ses sanglots, il leur dit l'arrestation de nos Frères et leur emprisonnement à Mazas : « Le F. Exupérien est prisonnier ! Que feront de lui les communards ? Oh ! je sais combien il doit s'estimer heureux de souffrir pour Jésus-Christ ; mais s'il est mis à mort, quelle perte pour l'Institut ! »

Pendant que le vénérable Supérieur est en proie à de si cruelles angoisses, la révolte expirante redouble ses fureurs à Paris. Le 20 mai, le F. Calixte, Assistant, est averti que le Comité va faire prendre à la rue Oudinot, pour les fusiller, les Frères qui s'obstinent à y séjourner. Aussitôt les vieillards et les infirmes sont placés chez les très obligeants Frères de Saint-Jean de Dieu, et les valides disparaissent, jusqu'à la fin de la tourmente. Ce jour-là même, l'ambulance de Longchamp est obligée de quitter ses pavillons, où pleuvent les obus lancés par le fort du Mont-Valérien ; l'administration installe ses malades à notre Maison-Mère, et la sauve ainsi d'un nouveau pillage auquel, dans la soirée, voulait procéder un bataillon de fédérés.

A Mazas, le F. Exupérien prolonge les paisibles méditations de sa retraite. « Je crains, écrit-il au F. Alban-Joseph, de n'avoir pas le bonheur de mourir martyr. » Cependant l'ère des martyrs est ouverte : le massacre des otages vient d'être décidé, et l'on va procéder par catégories. Le 22 mai, Mgr Darboy et ses compagnons sont transférés à la Roquette, d'où ils sortiront le 24, pour tomber sous les balles d'un peloton d'exécution. Le F. Exupérien l'apprend ; et il écrit à l'un des Frères détenus avec lui :

« Hier, on est venu chercher les otages pour les fusiller. Qu'ils sont heureux ! Peut-être notre tour viendra-t-il : Dieu seul le sait. Nous sommes entre ses mains bénies. Prions, prions ; excitons-nous à une vraie contrition parfaite, et demeurons soumis à la volonté divine. »

L'inquiétude des Frères, sur le sort de nos prisonniers, était croissante. Qu'allaient-ils devenir ? Si l'armée de Versailles s'empare de Mazas, seront-ils reconnus pour des religieux, sous leur costume civil ? Plusieurs arrondissements de la rive gauche de la Seine étant abandonnés par l'émeute, deux Frères de notre établissement de la rue de Vaugirard — seule école qui fût alors ouverte dans Paris — tentèrent d'arriver jusqu'à la prison. Mais la Commune était encore maîtresse de ces quartiers ; c'était de Dieu seul qu'il fallait attendre la libération des captifs.

Mon bon petit Page, comment vous trouvez-vous dans votre N° 93 ?

Avez-vous glorifié le bon Dieu par votre désignation et accepté votre captivité en expiation de vos fautes ?

S'il en est ainsi, et j'ai demandé cela tous les jours pour vous, le séjour de Mazas y aura été bien salutaire et sera un de vos bons souvenirs de votre vie.

Celui pour lequel nous avons souffert est fidèle et il n'y a aucune proportion entre ce que nous avons enduré pour lui et la récompense qu'il nous réserve.

Votre santé est-elle bonne ? Manquez-vous de quelque chose ?

La délivrance va sonner. Cette nuit les Versaillais sont entrés à Paris.

Profitons bien du peu de temps qui nous reste. Je vous embrasse bien affectueusement en attendant que nous puissions le faire en réalité quand la liberté nous sera rendue.

N° 80 — Exupérien

Le 23 mai, un jeune Frère de vingt ans, prisonnier dans la cellule nᵒ 93, reçoit de son Directeur du noviciat le billet suivant, dont nous avons fait reproduire l'écriture :

Mon bon petit Page (1), comment vous trouvez-vous dans votre nᵒ 93 ?

Avez-vous glorifié le bon Dieu par votre résignation, et accepté votre captivité en expiation de vos fautes ?

S'il en est ainsi, et j'ai demandé cela tous les jours pour vous, le séjour de Mazas vous aura été bien salutaire et sera un des bons souvenirs de votre vie.

Celui pour lequel nous avons souffert est fidèle, et il n'y a aucune proportion entre ce que nous avons enduré pour lui et la récompense qu'il nous réserve.

Votre santé est-elle bonne ? Manquez-vous de quelque chose ?

La délivrance va sonner. Cette nuit, les Versaillais sont entrés dans Paris.

Profitons bien du peu de temps qui nous reste.

Je vous embrasse de cœur bien affectueusement, en attendant que nous puissions le faire en réalité, quand la liberté nous sera rendue.

Nᵒ 80   F. EXUPÉRIEN

Profitons bien du peu de temps qui nous reste : quel conseil ! et en quelles circonstances ! N'est-ce pas, plus que tout autre témoignage, une révélation de l'état d'âme où se maintient le F. EXUPÉRIEN ?

Avant que leur soit rendue la liberté vers laquelle ils soupirent, les prisonniers ont encore de rudes épreuves à subir. L'armée de Versailles s'avance dans la capitale ; mais en se retirant, les fédérés

______

(1) *Page* est le nom de famille du jeune Frère auquel écrit le F. EXUPÉRIEN.

allument d'effroyables incendies : « Nous voulons faire de Paris une nouvelle Moscou », ont affirmé ces furieux. Une première hécatombe d'otages est déjà consommée, sans que soit assouvie la haine des sectaires : « Tant qu'il y aura des hommes qui prononceront le nom de Dieu, avait dit Raoul Rigault, il y aura des coups de fusil à tirer. »

. La lutte est extrême autour de Mazas, pendant les journées des 23, 24 et 25 mai. De leurs cellules, les otages entendent la canonnade, le tocsin, des appels aux armes, et parfois les cris : « Brûlons Mazas ! » Les geôliers sont inquiets. Ils ne répondent qu'avec un extrême embarras aux questions des prisonniers, qu'ils regardent comme des condamnés dont va bientôt sonner la dernière heure.

La matinée du 25 mai fut critique entre toutes. Garreau, directeur de la prison pour la Commune, s'était rendu au Comité de salut public, où il avait accepté l'effroyable mission d'incendier Mazas, après que tous les otages auraient été fusillés.

« Les prisonniers de Mazas, écrit le F. Exupérien, à la date du 21 juin 1871, l'ont échappé belle ! L'ordre de nous fusiller était donné, et la prison devait être brûlée. Tout était prêt pour cela. Mais l'ardeur invincible de nos troupes, que les obstacles les plus sérieux n'ont pu arrêter, a fait échouer les coupables projets de nos gouvernants d'alors. Un seul homme a été fusillé à Mazas : c'est le directeur de la prison, qui avait consenti à mettre à exécution l'arrêt du Comité de salut public. »

L'heure où se décrétait la mort de tant de victimes fut donc celle que la Providence avait choisie pour leur délivrance. « Le matin du jeudi 25 mai, écrit l'un des incarcérés, plusieurs obus tombent sur la prison et dans les rues voisines. Le crépitement de la fusillade approche de moment en moment. Nous ne recevons que la moitié de notre ration de pain, car — nous l'avons su plus tard — la Commune avait décidé de ne nous laisser vivre que la moitié du jour. Vers neuf heures et demie, un obus éclate dans la quatrième division, et soudain, en l'absence du directeur de la prison, le cri de : *Sauve qui peut !* retentit dans les corridors. Les portes des cellules s'ouvrent, et quelques minutes après, sept cents prisonniers sont réunis dans la cour. Qu'allions-nous devenir ? Persuadés que nous touchons à notre dernière heure, plusieurs Frères et moi, nous nous confessons en toute hâte à un prêtre polonais. A certains prisonniers, on donne des fusils ; on fait sortir les autres par bandes de dix, et immédiatement on les enrôle à la barricade que l'on élève sous le pont du chemin de fer de Vincennes. »

Grâce à Dieu, la plupart des Frères s'échappent, et vont, au hasard, chercher un refuge dans quelque maison hospitalière. Mais plusieurs sont retenus par les fédérés. C'est ainsi que l'un d'eux, le frère Néomède-Justin, est tué sur la barricade du pont d'Austerlitz. « Que la volonté de Dieu soit faite ! avait-il écrit, de sa cellule de Mazas, au F. Exupérien. La mort m'est un gain, s'il veut m'appeler à lui. » Deux autres Frères sont enrôlés pendant deux jours sur les barricades. Arrêtés par les Versaillais, ils passent devant une cour martiale. Ils n'échappent à la mort que grâce à leur chapelet et à leur scapulaire, qui donnent quelque poids à leurs protestations d'innocence, et font surseoir à l'exécution. Renseignements pris, ils sont reconnus pour des religieux et mis en liberté.

Dans un écrit trop long pour trouver place ici, le F. Exupérien a raconté lui-même sa sortie de Mazas, sa course à travers les rues, et ses inutiles efforts pour sortir de Paris. Il a dit comment, lui et neuf autres Frères, trouvèrent un asile dans une maison de l'avenue Saint-Mandé. Le propriétaire de l'immeuble les cacha pendant trente heures, alors que la bataille se livrait meurtrière aux alentours. D'autres notes qui nous sont parvenues nous apprennent que, le soir même du 25 mai, et pendant que la fusillade criblait les murs de l'hôtel où s'étaient réfugiés les fugitifs, le F. Exupérien présida la lecture spirituelle avec autant de calme que s'il se fût trouvé dans son noviciat. Il fit à ses compagnons une conférence sur les dons du Saint-Esprit, en préparation à la fête de la Pentecôte qui devait se célébrer le dimanche suivant.

Le lendemain matin, même fidélité aux exercices religieux; autour des reclus, même acharnement à la guerre civile. Et pendant que le pieux Directeur des novices exhorte ses Frères à un entier abandon à Dieu, leur asile est secoué par le fracas de la canonnade, et l'explosion d'une poudrière que les fédérés viennent de faire sauter. Le vendredi soir, la barricade voisine est emportée : les prisonniers se hasardent dans Paris, et rentrent à leur communauté, après dix-huit jours d'absence. De cette course à travers la capitale, ils garderont un souvenir inoubliable. D'immenses lueurs d'incendies colorent le ciel; dans les rues, presque désertes, sont amoncelés les débris et les ruines ; la fusillade se continue, intense, sur bien des points encore, et les voilà sauvés !... A cette heure même, les PP. Olivaint, Caubert et leurs compagnons, étaient massacrés par une populace en délire.

Quelques-uns des Frères chassés de la Maison-Mère, le 20 mai, s'y trouvaient déjà rentrés lorsque, le 26, vers six heures du soir, se présentèrent plusieurs des prisonniers de Mazas, conduits par le F. Exupérien. Quelle fut la joie au retour des captifs, il est facile de l'imaginer. On les croyait morts, ainsi que le bruit en avait couru. On s'empresse autour d'eux ; on les félicite d'avoir échappé à de tels dangers : « Plaignez-moi, répond le F. Exupérien, de n'avoir pas été jugé digne du martyre ! »

Ici prend place un incident qui montre quelle inébranlable confiance en Dieu avait le F. Exupérien. Du personnel de son Noviciat, il ne lui reste qu'un seul postulant ; la tourmente a tout dispersé. Pour affirmer le dessein de relever immédiatement l'œuvre un instant abattue, il annonce qu'il va, le soir même, donner le saint habit à ce jeune homme, que rien n'a pu éloigner de ceux dont il veut partager l'apostolat. Quel moment ! quelles émotions, pendant cette cérémonie quasi furtive, accomplie dans une cellule du second étage, en présence de quelques libérés de Mazas et du F. Alban-Joseph, encore en habits civils. Aussitôt après, les Frères vont chercher leurs habits religieux dans la cachette où ils les ont serrés depuis trois semaines, et ils s'en revêtent avec joie.

Les communications entre la capitale et la province se rétablirent peu à peu : le F. Philippe alors dans le Velay, reçut le 2 juin les lettres qui lui avaient été adressées les 25 et 26 mai. Il écrivit immédiatement au F. Albert, Visiteur de Paris :

« J'ai reçu vos lettres avec un bonheur indicible. Nos Frères prisonniers sont délivrés ! Vous avez fait la sainte communion avec le F. Exupérien : il est donc libre ! *Tous*, oui, *tous*, me dites-vous, sont libres. O mon Dieu ! soyez-en mille et mille fois béni ! Vraiment, c'est à étouffer de joie. Et cela, au moment où les journaux nous annonçaient que tous les otages avaient été fusillés... »

Le 9 juin, le Supérieur général rentrait à Paris ; le 10, il envoyait une circulaire pour demander que l'Institut témoignât à Dieu sa reconnaissance, après une protection si manifeste.

La guerre civile terminée, les novices de Paris, qui s'étaient réfugiés depuis huit mois à Caen et à Clermont, furent rappelés à la Maison-Mère. Le 15 juin 1871, le F. Exupérien écrit :

« Nous recommençons aujourd'hui les exercices du noviciat, grâce à l'arrivée, de Clermont, des trente-cinq petits novices. Nous avons organisé trois classes ; nous sommes, en tout, à peu près une soixantaine. Le F. Bérain-Denis est bien malade ; il n'en peut plus. Le F. Alban-Joseph, qui a été admirable de dévouement pendant la guerre civile, se repose un peu. Je me chargerai de toute la direction. »

Des jours de la Commune, le F. Directeur du noviciat a gardé un regret : celui de n'avoir pas été mis à mort en haine de la foi. Il écrit à sa famille :

« Dieu n'a pas voulu de moi, je n'étais pas digre
d'être martyr. Que sa sainte volonté soit faite! Mais
mon sacrifice était fait, ce me semble. Les trois semaines
pendant lesquelles je suis resté *coffré* à Mazas, ont été
peut-être les plus heureuses et les plus bénies de ma
vie : c'est la disposition du cœur qui fait la peine ou
le bonheur, et non les accidents de la vie. Quand Dieu
envoie une épreuve, il ménage la force de la supporter
avec mérite et consolation. La foi donne une face divine
à tout ; elle rend tout beau, tout désirable, même la
souffrance, la prison et la mort. »

Les mêmes sentiments se manifestent dans la
lettre suivante, que le F. Exupérien adresse à l'un
de ses amis :

« ...Les épreuves par lesquelles je viens de passer ne
m'ont pas sanctifié beaucoup, parce que je n'ai pas eu
la fidélité nécessaire pour les bien prendre ; mais j'ai
trouvé, dans la doctrine de l'abandon, un point solide
et une grande consolation.

« Je vous avoue simplement que je suis bien humilié
d'avoir été rejeté, traité comme une pierre de rebut.
Dieu n'a pas voulu de moi, parce que je n'étais pas mûr.
La belle occasion que j'ai manquée d'aller au ciel ! La
vie est si triste, le bien est si difficile, les hommes sont
si misérables, et je me sens moi-même si inconstant
et si faible ! Mon sacrifice était fait, et je vous assure
que c'était sans regrets. Ce qui me console, c'est que
Dieu sait mieux que moi ce qu'il me faut. Je m'abandonne entièrement à ses vues sur moi. »

Peu après sa délivrance, le F. Exupérien conviait
à un dîner intime quelques-unes des personnes dont
les sympathies s'étaient affirmées envers les Frères,
pour adoucir leurs épreuves durant la Commune.

L'un des premiers invités fut le gardien de Mazas qui, si fidèlement, faisait arriver à destination la correspondance des prisonniers. Continuant un apostolat sans doute commencé dans la cellule n° 80, le F. EXUPÉRIEN lui avait offert de « prendre place à un banquet plus excellent que ceux dans lesquels se réjouissent les meilleurs amis ». Et le matin du jour fixé pour la réunion, on vit s'approcher de la sainte Table, à la Maison-Mère, le geôlier et son ancien *pensionnaire*. Certes, ce témoignage de reconnaissance fut suivi de bien d'autres et d'un genre différent ; mais aucun pouvait-il lui être comparé ?

Avec le devoir de la gratitude envers les bienfaiteurs, le F. EXUPÉRIEN crut que s'imposait à lui la mission de faire connaître, à tous les Frères, les incidents auxquels l'Institut s'était trouvé mêlé, depuis le mois d'août 1870 jusqu'à la fin de mai 1871. Aussi l'une de ses préoccupations, en dehors de la direction du noviciat, fut-elle de réunir les documents se rapportant à la guerre et à la Commune. Il en fit composer plusieurs ouvrages, entre autres : *Les Frères des Écoles chrétiennes pendant la guerre franco-allemande*, les *Épisodes de la Commune* et les *Souvenirs d'un Otage*.

Ses fonctions au noviciat devenaient de plus en plus absorbantes. Le retour progressif de la France aux idées chrétiennes avait eu cette conséquence, à partir de 1872, que les vocations sacerdotales et religieuses s'étaient multipliées. Notre recrutement, pour la province de Paris, permettait de regarder l'avenir sans trop de crainte. En mai 1872, le F. EXUPÉRIEN écrit : « Cette année, tous nos noviciats se peuplent ; pour mon compte, je n'avais jamais reçu autant de postulants. C'est un bon signe : Dieu, qui nous envoie des ouvriers, veut les employer. » —Une lettre du 5 novembre 1872 annonce la présence de « cent vingt-six sujets au grand noviciat de Paris, c'est-à-dire cinquante de plus qu'au mois d'août », et de « cent douze petits novices, ce qui est le chiffre des meilleurs temps. »

De bonnes vocations, et nombreuses, étaient particulièrement nécessaires à cette époque, où le dévouement des Frères se trouvait aux prises avec de multiples difficultés. Dans les classes et les patronages, c'était un travail excessif, un véritable surmenage, que seuls pouvaient supporter une santé robuste et un immense désir de soutenir la réputation de notre Institut ; mais, d'une telle situation, la vie spirituelle pouvait souffrir. De la part des administrations, une hostilité, sourde ou manifeste, créait des entraves à une éducation foncièrement chrétienne. A cela venaient s'ajouter, en certaines régions, des invites à peine déguisées, pour attirer les maîtres dans l'enseignement laïque. Les supérieurs, gardiens des traditions de régularité et d'abnégation qui avaient jusqu'alors fait la force de la Congrégation, ne souhaitaient rien tant que de voir les Frères y persévérer.

Le T. H. F. Philippe, le grand ouvrier de la diffusion de notre Institut, disait au F. EXUPÉRIEN : « Dieu a donné à notre Congrégation un accroissement providentiel ; demandons-lui qu'il mette le comble à ses miséricordes à notre égard, en accordant aux Frères une inviolable fidélité à leurs Règles, et beaucoup d'esprit surnaturel. L'ennemi mortel des sociétés religieuses, c'est le naturalisme ; il domine dans le monde, d'où il cherche à tout envahir. » Les difficultés excitant son courage, le F. Directeur du noviciat voulut reprendre les *retraites du jeudi*, dont la vogue avait été grande avant la guerre ; mais diverses missions, auxquelles le Supérieur général dut l'employer, firent surseoir à ce projet.

« On m'a confié les maisons de Saint-Nicolas, c'est-à-dire de Paris (rue de Vaugirard), d'Issy et d'Igny », écrit-il le 27 novembre 1872. Les circonstances ayant imposé cet arrangement un peu anormal, le voilà donc exerçant certaines fonctions attachées à la charge de Visiteur ou d'Assistant, sans être ni l'un ni l'autre. Il a besoin d'une clairvoyance avisée et d'une abnégation peu commune. « Quelle situation, que celle de notre Frère Directeur du noviciat, disait alors le F. Alban-Joseph ; mais quel courage il montre ! »

C'est particulièrement pour les relations extérieures, que le Supérieur général se servit du F. Directeur du noviciat, devenu son confident et son ami. Aux violences de la guerre civile avait succédé une accalmie obligée ; mais la libre-pensée, tenace en ses desseins, avait bientôt manifesté ses mauvais désirs contre les congrégations enseignantes. « On me met à toutes les sauces, écrit le F. Exupérien en décembre 1872 ; hélas ! c'est pour les gâter toutes... Le Conseil général de la Seine est saisi d'une proposition tendant à rendre l'enseignement exclusivement laïque. Je pense que les radicaux ne réussiront pas à faire émettre ce vœu. » Puis l'intermédiaire officieux rend compte de ses démarches pour susciter des adversaires au projet. Il parle, non sans une pointe de malice courtoise, de ses visites à

M. Littré, président de la Commission des écoles ; à M. Vacherot, maire de l'un des arrondissements de Paris ; à MM. de Villemessant, directeur du *Figaro*, et Hébrard, directeur du *Temps*. « Me voici délégué de l'Institut à la presse, ajoute-t-il. J'ai été bien reçu partout. Il y a des gens qui valent mieux que leurs principes, et d'autres, hélas ! beaucoup moins. »

En des occupations si multiples et si diverses, le dévouement et la prudente initiave du F. Alban-Joseph sont le principal appui de son Directeur. « Je lui ai à peu près abandonné la direction du noviciat », écrit le F. Exupérien à la date du 11 novembre 1872.

Ce jour-là même, le F. Bérain-Denis s'endormait dans le Seigneur. Il le pleura, et fit son éloge en des lettres dont voici un fragment :

« Ce matin, en rentrant de la rue de Vaugirard, j'ai trouvé le F. Bérain parti pour le ciel... Cette séparation douloureuse est l'un des grands sacrifices de ma vie. Dieu seul sait tout ce que j'ai perdu par la mort de ce pieux jeune homme. Tout le monde le considère comme un saint. Le Frère X... a dit un très beau mot, en présence des restes du regretté défunt : *Ce n'est pas une bière, c'est une châsse.*

« Demandons la grâce de faire tout par la conduite de Dieu, le mouvement de son Esprit et en vue de lui plaire. C'était la disposition du F. Bérain. Que ce saint religieux nous l'obtienne : elle résume toutes les autres. »

Nous l'avons constaté : *tout faire par la conduite de Dieu*, c'est, depuis douze ans surtout, la perpétuelle occupation du F. Exupérien. Et parce qu'il s'est lui-même surabondamment rempli d'esprit de foi, qui est l'esprit de notre Institut, Dieu va ouvrir à son zèle de nouveaux horizons. Des pouvoirs plus étendus, des rapports plus intimes avec les Supérieurs généraux, une connaissance plus directe des grands intérêts de la congrégation, vont lui permettre de donner toute sa mesure.

CHAPITRE VI

Le F. Exupérien Assistant : coup d'œil général sur l'exercice de sa charge.

(1873-1905)

Le rayonnement des vertus du F. EXUPÉRIEN, son dévouement dans les ambulances, sa captivité à Mazas, l'éloge que firent de lui, en province, les Frères dispersés par la guerre civile, l'avaient fait élire au vingt-troisième Chapitre général. Cette assemblée tint sa première séance le 12 juin 1873 ; le 19, elle nommait Assistant le Directeur du noviciat de Paris. Dans le titre qu'il recevait. l'élu ne vit qu'une charge d'âmes, une lourde responsabilité, un moyen providentiel de servir l'Institut. Quelques heures après sa nomination, il écrivait à un confrère :

« Mes craintes ne se sont que trop réalisées : une charge effroyable pour ma faiblesse m'est imposée. Je ne mérite pas l'honneur, mais j'accepte la peine : *fiat !* Priez pour moi, afin que je sois un instrument docile entre les mains de Dieu et que, malgré mon indignité, je puisse faire quelque bien. . Nos relations ne seront pas changées ; plus que jamais, j'aurai besoin d'amis qui me donnent leur avis avec une indépendance complète. »

Le F. Exupérien n'avait pas préludé à ses nouvelles fonctions par la direction d'une grande communauté de Frères d'école, ni par l'administration d'un district ; mais il y apportait un généreux amour des âmes, une volonté énergique de les orienter vers un haut idéal surnaturel, et l'ascendant que donne aux hommes de Dieu leur courage à pratiquer très parfaitement les vertus qu'ils recommandent. Mieux que lui, d'autres sauront l'art de préparer longuement un dessein, et de le faire réussir à force de patiente ténacité ; nul n'aura plus réfléchi au besoin qu'ont tous les Instituts religieux de conserver leur esprit primitif, pour résister aux ennemis extérieurs qui voudraient les détruire. L'administration du F. Exupérien sera surtout une direction d'âmes ; elle continuera, plus étendue, l'œuvre du Directeur des novices. Pendant trente-deux ans, elle sera — service immense — un continuel effort pour fortifier, parmi nous, l'esprit de foi et d'abnégation.

Une telle entreprise réclamait que l'ouvrier fût l'homme de la droite du Seigneur : un de ces sacrifiés volontaires, qui mettent leur joie dans la tribulation ; un de ces humbles qui ne s'attribuent en rien le mérite des œuvres auxquelles ils s'emploient. Telles étaient bien les dispositions du F. Assistant. Quelques mois après son entrée en fonctions, il écrit :

« Plus je vais, moins je vaux. Les dignités ne sont pas le chemin de la sainteté. Ce qui me console un peu, c'est que j'ai beaucoup de peines et d'épreuves : cela me maintient et m'aide à expier mes fautes.

« ...Dieu agira dans la plénitude de son action quand je serai pratiquement convaincu de mon néant et de mon impuissance ; — quand je ne compterai que sur Dieu et non sur mon industrie ; — quand, après avoir fait tout ce qui dépendra de moi, je me considérerai comme un serviteur inutile, et dirai : *C'est le Seigneur qui a tout fait ;* — quand j'aurai horreur de moi-même et de mes opérations, et que je dirai, comme saint Pierre : *Retirez-vous de moi, Seigneur, parce que je suis un pécheur ;* — quand je mettrai mon point d'appui dans mon néant et dans la prière, et que j'attendrai tout de Dieu ; — quand je m'efforcerai de renoncer à mes vues, projets, actions, pour mettre Dieu à ma place : *Ce n'est plus moi qui vis ; c'est Jésus-Christ qui vit en moi ;* — quand enfin je ferai tout par la conduite de Dieu. Alors il agira en proportion que je le laisserai faire, et que son action ne sera pas gênée. »

Dieu a-t-il exercé dans notre Institut, par le F. EXUPÉRIEN, une action étendue et profonde ? Lui avait-il réservé, parmi nous, une mission providentielle ? Maintenant que le bon travailleur est allé recevoir le salaire de sa laborieuse journée, il est possible de regarder l'ensemble de son œuvre, pour l'apprécier ; et il est permis d'affirmer que Dieu l'avait suscité pour l'accomplissement de desseins particuliers. Cette mission où l'ont engagé, maintenu, les impulsions constantes de la grâce et la volonté des Supérieurs, explique la prodigalité avec laquelle lui furent départis les dons qui devaient y servir.

Quelle est cette mission, qui remplit l'existence du F. EXUPÉRIEN ? — Pour toutes les Congrégations et à toutes les époques de leur existence, mais spécialement après une période de rapide extension, c'est une grâce insigne de Dieu qu'un mouvement surnaturel général vienne pousser les âmes dans la voie des difficiles vertus. Les religieux, en effet, ont toujours besoin d'être mis en garde contre la médiocrité des aspirations et des actes ; d'être excités à progresser du bien au mieux, du mieux au parfait ; d'être avertis de chercher leurs meilleures garanties de progrès spirituels, dans l'étude et l'imitation du Saint qu'ils ont pour Père et Fondateur. Tel est l'appel que, de sa voix autorisée, le F. EXUPÉRIEN nous fit entendre pendant plus de trente ans. Ce qu'il réclama sans se lasser, c'est le *renouvellement* des cœurs, par une fidélité croissante aux vertus essentielles à l'Institut.

Certes, le F. EXUPÉRIEN ne s'est jamais présenté comme exerçant, de par Dieu, une mission spéciale. Des lumières qu'il reçut de Notre-Seigneur à ce sujet, et dont ses *Notes* gardent le souvenir explicite, il ne fit confidence qu'à ses directeurs de conscience. Mais avoir assisté à l'une quelconque des nombreuses retraites qu'il a présidées suffit, pour comprendre toute l'économie de son plan, que nous esquissons brièvement.

Si l'esprit de saint Jean-Baptiste de la Salle pénètre plus intimement ses disciples ; s'il devient en eux plus actif, par la destruction des obstacles qui lui sont contraires, le surnaturel triomphera davantage dans leur vie. Ils auront une plus abondante participation à l'esprit de foi et à l'esprit de zèle ; ils seront de meilleurs religieux et des éducateurs plus apostoliques. Tel est le résultat qu'à tout prix il faut atteindre.

Les moyens ? — L'esprit du saint Fondateur demeure surtout dans sa *Règle*, son *Recueil* et ses *Méditations* : c'est donc principalement à ces trois sources qu'il faut recourir, par de ferventes oraisons faites chaque jour, et multipliées pendant les retraites. « Sans esprit d'oraison, disait le F. EXUPÉRIEN, il est impossible de goûter la doctrine du Fondateur, qui fut un homme d'oraison. » De là, tant d'efforts pour faire toujours mieux connaître saint Jean-Baptiste de la Salle ; tant de zèle pour seconder les Supérieurs dans l'organisation des Grands Exercices et du Second Noviciat, où les Frères trouveront un accroissement de l'esprit d'oraison.

Mais dans cette marche en avant, l'âme doit s'appuyer sur Jésus-Christ, et c'est par l'Eucharistie, très particulièrement, qu'elle reçoit de lui lumière et force : aussi le Frère Assistant recommande-t-il aux Frères de vivre de telle sorte, que le confesseur leur permette des communions de plus en plus fréquentes. « Par une audacieuse réaction contre l'esprit janséniste, aimait-il à répéter, saint Jean-Baptiste de la Salle prescrit à ses disciples deux communions par semaine, et il excite à de plus multipliées encore, suivant les besoins et les autorisations. Lui, qui était si fidèle à s'inspirer de l'esprit de l'Église, que ne conseillerait-il pas aujourd'hui, que la doctrine sur la communion fréquente rencontre très peu d'adversaires ? »

« Des communions ferventes et fréquentes, dira-t-il encore, feront surabonder la grâce dans nos âmes, et nous disposeront à un apostolat très efficace. Comme notre saint Fondateur et selon ses enseignements, nous chercherons avant tout à élever les enfants selon les maximes évangéliques ; comme lui et dans son esprit, nous étendrons notre sollicitude sur ceux qui ont quitté nos classes, et nous offrirons à ces adolescents, en des œuvres de persévérance vraiment chrétiennes, une sauvegarde pour leur foi et leur vertu. » — On sait comment, sur ce terrain encore, le F. EXUPÉRIEN se montra saintement hardi en ses initiatives. Son *Association de saint Benoît-Joseph Labre* fut une création audacieuse, un vrai type d'œuvre de jeunesse, dont on peut s'inspirer partout, en l'adaptant aux conceptions et aux exigences locales.

Telle est, indiquée en ses grandes lignes, la marche progressive que le F. EXUPÉRIEN a voulu nous faire accomplir. Par ses prières, ses pénitences et ses exemples ; par les retraites de toutes sortes qu'il a présidées ; par sa direction spirituelle et ses exhortations de chaque jour ; par les auxiliaires qu'il s'est choisis, et auxquels il communiqua son zèle dévorant, il a vraiment exercé au milieu de nous une action profonde et durable.

Pour une telle mission, il lui a beaucoup servi d'être, pendant donze ans, Directeur d'un noviciat important. Alors qu'il y faisait une étude sérieuse de l'ascétisme, et en particulier de la spiritualité de saint Jean-Baptiste de la Salle, il acquérait une connaissance pratique des âmes, et il plaçait, dans les communautés, un grand nombre de Frères disposés à suivre sa forte impulsion. Il était nécessaire aussi qu'il fût Assistant, pour que son autorité s'imposât avec plus de force. Enfin, ç'a été par une disposition providentielle qu'il est demeuré longtemps en charge : une action passagère ne détermine pas un courant durable dans une société d'hommes, il y faut des efforts puissants et prolongés.

La continuité, la persistance des efforts qu'a réalisés le F. EXUPÉRIEN a fait l'admiration de ceux qui l'ont regardé agir. Un prêtre qui, pendant vingt-cinq ans, l'a intimement connu, dit de lui :

« Ma conviction est que Dieu a suscité le F. EXUPÉRIEN pour produire, dans votre Institut, un accroissement d'esprit surnaturel. Il l'en a d'abord rempli avec plénitude ; il lui a donné une rare puissance d'action et de souffrance, et une grande ténacité pour mettre en usage les moyens qui devaient amener, parmi vous, une effusion nouvelle de l'esprit de votre Fondateur. Dans cet ordre, les dons qu'il a reçus sont éminents; en dehors il me semblait peut-être moins doué. Mais devons-nous nous plaindre de ce que Dieu, qui a répandu en ce cher Frère les grâces de choix qui font l'apôtre et le saint, se soit montré moins prodigue à son égard des talents qui font l'administrateur? Ces limites, dans une nature si belle, n'accusent que plus nettement les desseins providentiels. »

Longtemps avant d'entrer en charge, le F. EXUPÉRIEN se sentit incliné, par une force mystérieuse, à prier et à souffrir pour les besoins spirituels de l'Institut. Nous lisons dans son *Journal de Retraites*, à la date du 19 mars 1866, une offrande de tout lui-même à Dieu, pour cette fin, offrande que nous reproduisons en partie :

« Dieu tout puissant et éternel, quoique je sois très indigne de paraître devant vous, me confiant néanmoins à votre infinie bonté, je m'engage par la promesse la plus solennelle à faire chaque jour, à votre divine Majesté, l'offrande de mes souffrances et de ma vie pour le salut des âmes, et *en particulier pour la sanctification de notre Institut...*

« Je vous demande, pour l'Institut, la bonne formation et la persévérance des novices, l'efficacité des retraites, la sagesse dans les élections et les nominations ; — un accroissement d'esprit de sacrifice et de réparation, l'amour des souffrances de Notre-Seigneur, la multiplication des victimes volontaires ; — la dévotion à Marie, Mère de grâce, la propagation du culte de saint Joseph et le triomphe de l'idée du F. Barmier (ferventes communions dans l'Institut).

« Je m'engage, par la même promesse et pour les mêmes fins, à supporter avec patience et sans murmure les humiliations, les contrariétés, les souffrances et la mort ; à vous demander chaque jour de m'accepter comme victime, et de me conduire, par la voie de la croix, à la suite de votre divin Fils.

« J'ajoute aussi l'acceptation de toutes sortes d'humiliations dans les retraites, instructions, combinaisons, afin que Jésus croisse et que moi je diminue. Je fais le sacrifice de toutes les consolations spirituelles, si c'est la plus grande gloire de Dieu (1).

« Cœur agonisant de Jésus, victime d'amour pour nous, daignez m'unir à vos saintes dispositions..... Cœur compatissant de Marie, soyez-moi propice, afin que j'accomplisse fidèlement mes promesses ; suppliez l'Esprit-Saint de répandre sur moi ses plus abondantes bénédictions. Ainsi soit-il. »

Une lettre du commencement de l'année 1870 révèle parfaitement aussi les dispositions du F. Exupérien. Elle montre son désir de voir Dieu répandre,

---

(1) Cet alinéa est d'une rédaction postérieure à l'ensemble de l'acte d'offrande.

sur l'Institut, une abondante effusion de l'esprit qui anima saint Jean-Baptiste de la Salle et ses premiers disciples :

« Le désir de nous sanctifier, pour obtenir un véritable retour de l'Institut à l'esprit primitif, vient d'en haut. Prions, réparons, en union à Notre-Seigneur. De nous-mêmes, rien ; par Lui, tout. Nous avons Notre-Seigneur en près de mille tabernacles ; dans l'Institut, il se fait annuellement plus d'un million de communions ; et que de messes s'entendent ! Nos progrès dans la vie surnaturelle viendront par là. Nous possédons celui qui dit : *Voici que je renouvelle toutes choses...*

« L'Esprit-Saint souffle bien fort cet esprit primitif, dans quelques âmes que je connais intimement. Un saint religieux me disait : « Un homme qui sent les besoins de son Institut et qui prie à cette intention, surtout s'il fait cela par le mouvement de l'Esprit de Dieu, devient, pour sa société, comme un organe respiratoire.

« Tous mes rêves, toutes mes prières, tous mes sacrifices, tendent irrésistiblement à cela... Je commence à comprendre que la prière et l'abandon à Dieu sont tout, pour cette grande œuvre du perfectionnement spirituel de notre cher Institut. Toute ma prière, sur ce point, est dans l'oraison du XXIVᵉ dimanche après la Pentecôte : *Nous vous en prions, Seigneur, animez les volontés de vos fidèles, afin que, produisant avec plus d'affection les œuvres de la grâce divine, ils reçoivent avec plus d'abondance les remèdes qui viennent de votre miséricorde.*

« ...Je ne voudrais me servir de ma situation toute providentielle que pour le plus grand bien. Pourvu que mes péchés et mes défauts n'y mettent pas obstacle ! Demandons surtout la défiance, le mépris de nous-même : quand nous en serons là, Dieu fera par nous de grandes choses. »

Devenu Assistant, le F. Exupérien se regarde comme chargé d'obtenir de Dieu l'établissement des mesures qui prépareront un accroissement de ferveur dans la Congrégation. Et, dans ce but, il multiplie les intercessions et les expiations réparatrices. Mais cette sollicitude, toujours dominante en lui, ne le détourne pas de l'administration des districts de Paris et du Puy, qui lui sont confiés.

Pour respecter la vérité, nous avons déjà dit que le F. Exupérien avait, pour la direction spirituelle, des aptitudes qu'on ne lui reconnaissait pas, au même degré, pour la gestion des affaires matérielles. Il avait cependant une grande finesse pour juger les hommes, et une prompte clairvoyance pour voir la solution des difficultés ; assez de souplesse pour ne pas s'arrêter à des idées préconçues, et trop de défiance de lui-même, pour ne pas recourir à des conseillers. Mais parce qu'il tendait toujours, et comme invinciblement, à ce qu'il croyait être le plus parfait, et que, sans peine, il se détachait de son opinion personnelle pour en adopter une autre qu'il reconnaissait meilleure, il lui arrivait parfois de modifier des plans qui avaient déjà reçu un commencement d'exécution. Il se portait au bien avec la spontanéité de son âme ardente ; l'ensemble des résolutions à prendre étant fixé, volontiers il se reposait, pour les détails, sur ses collaborateurs. Il avait su les discerner, et il leur garda toujours une confiance absolue. Ce fut le rôle que, pendant vingt et un ans, remplit le F. Alban-Joseph, Provincial de Paris.

Avec son grand sens pratique, sa calme ténacité, ses procédés encourageants, il réalisait les plans de son Assistant ; puis chacun d'eux attribuait à l'autre l'heureux succès de l'entreprise commune. « Je manque d'esprit de suite, écrivait souvent de lui-même le F. Exupérien ; mais Dieu m'a donné le F. Alban. » Et le F. Alban disait : « Le saint F. Exupérien s'occupe avec tant de zèle de la gloire de Dieu, que Dieu fait réussir tout ce qu'il entreprend. Parfois, les moyens qu'il prend conduiraient tout autre que lui à un échec complet ; mais par les solutions que nous n'avons pas choisies, il aboutit à des résultats que nous n'aurions pu atteindre, malgré les calculs de la prudence humaine. »

Le grand tact du F. Exupérien, joint à une exquise urbanité, l'avait fait choisir par les Supérieurs généraux pour les représenter dans les relations extérieures. C'est ainsi qu'il fut en rapports constants avec le clergé de plusieurs diocèses, les autorités académiques, les pouvoirs publics, et des laïques notables qui dirigèrent les grandes œuvres catholiques. Avec les amis, il avait une simplicité pleine de charme, un abandon que la réserve religieuse préservait de toute familiarité ; avec les adversaires, c'était un esprit de conciliation, une loyauté d'allures qui, de suite, rendaient moins irritants les conflits soulevés ; avec tous, son zèle intelligent le rendait apôtre. « Dans ses rapports avec les gens du monde, disait le F. Assistant, un religieux doit toujours se montrer homme de Dieu » : c'est à quoi il ne manqua jamais.

A partir de 1868, le T. H. F. Philippe confia souvent au F. Exupérien de délicates missions auprès des administrations et des pouvoirs publics ; le T. H. F. Irlide lui continua la même délégation, qu'il a toujours gardée depuis. « Par la droiture de son caractère, nous écrit-on, par son désintéressement de tout succès personnel, et par son inaptitude même aux artificieuses souplesses d'une certaine diplomatie, le mandataire de l'Institut des Frères se concilia d'universelles sympathies. » Alors que nos écoles étaient communales, il eut à les défendre contre des mesures oppressives qui rendaient leur sort de plus en plus précaire ; devenues libres elles eurent en lui un avocat toujours prêt à plaider leur cause.

Les rapports du F. Exupérien avec MM. Jules Simon et Gréard ; Mᵍʳ d'Hulst et Mᵍʳ de Ségur ; le vicomte Armand de Melun et le marquis de Ségur ; Xavier Marmier, le docteur Ricord, et tant d'autres, fourniraient d'intéressants récits auxquels nous ne pouvons donner place. Toutefois, bien que nous écartions de cette notice les incidents anecdotiques, nous ferons une exception. Le F. Exupérien était grand admirateur du talent de Louis Veuillot, et l'illustre journaliste l'avait en sincère affection. Un jour que le F. Assistant causait à la rédaction de l'*Univers*, avec l'infatigable champion des causes catholiques, celui-ci l'interrompt :

— Savez-vous, F. Exupérien, qu'il me manque une chose, entre plusieurs autres ?

— Dieu vous a si richement doué, Monsieur, pour l'esprit et le cœur, que nous ne songeons guère à ce qui vous manque, tant nous admirons ce que vous possédez.

— J'aurais dû être votre élève, car je suis un enfant du peuple.

— La Providence avait ses desseins. Mais vous auriez une moins superbe rancune contre l'école sans Dieu, et nous y aurions perdu de bien belles pages.

Tout à coup entre un prêtre : « F. Exupérien, je vous présente mon confesseur. Il pousse l'indulgence jusqu'à croire que mes instants sont précieux. Il vient à moi, qui devrais aller vers lui. » Et Louis Veuillot quitte le F. Assistant, pour aller se confesser dans une chambre voisine.

A quelque temps de là, le F. Exupérien sollicita de Louis Veuillot l'autorisation de faire choisir, dans ses divers ouvrages, des extraits qui seraient réunis en un volume destiné à la jeunesse. Il en reçut la lettre suivante, placée en tête du recueil : *Une Gerbe.*

Mon Très Cher Frère,

Mon champ est à vous. Prenez-y une gerbe à votre gré ; j'accepte cet honneur que je n'aurais pas osé vous demander. Je voudrais avoir été votre élève. J'y avais droit par ma naissance et ma fortune ; ce n'est pas ma faute si j'ai eu d'autres maîtres. Je suis un pauvre enfant du pauvre peuple. Dieu m'a fait la grâce d'entrer dans le bon chemin ; mais si j'avais reçu vos leçons, j'aurais marché mieux et plus vite.

Coupez, retranchez, corrigez à votre guise ; donnez les titres qui vous plairont. Je vous demande la grâce de vous charger de tout, car je commence à être vieux et fatigué, et je suis très occupé.

Vous me récompenserez au delà de mes mérites, si vous voulez bien prier pour votre très obéissant et très respectueux serviteur.

Louis Veuillot.

Il est une catégorie de démarches que nous voulons signaler, et par lesquelles le F. Exupérien faisait pour ainsi dire le siège de certaines âmes, qu'il voulait jeter repentantes dans les bras de Dieu, avant leur sortie de ce monde. Avec des hommes très répandus dans la société parisienne, ses relations d'abord officielles s'étaient un jour nuancées de sympathie, puis d'intimité. Dans son zèle d'apôtre, il en profitait pour glisser un rappel discret à des croyances envahies par le doute, à des devoirs depuis longtemps méconnus. Puis l'heure venait, où la mort imminente montrait le néant des honneurs et des plaisirs, « le rien de tout », comme dit Bossuet. Alors le F. Assistant se présentait ; il parlait du « grand devoir », et c'était ce qu'on attendait de lui. Il exhortait avec tant d'à-propos et d'indulgence que, sans rien condamner d'une vie honorée dans le monde, il amenait le mourant à se condamner lui-même. Le prêtre pouvait venir. Qui dira par quelles prières et quelles pénitences, avaient été préparés ces retours à Dieu ? Toujours défiant de lui-même, le F. Assistant intéressait à ses démarches quelques âmes d'élite, auxquelles il attribuait ensuite, après Dieu, le succès de tant d'efforts.

La direction générale des communautés mit le F. Exupérien en rapports avec le clergé de divers diocèses. Les lettres que plusieurs de NN. SS. les Évêques ont daigné nous faire parvenir, à l'occasion de la mort de notre regretté Frère, montrent quelle estime ils avaient pour lui. Nous les publions dans un autre chapitre.

Mgr de Ligonnès, Vicaire général et supérieur du Grand Séminaire de Mende, nous écrit :

« De toute mon âme, je suis au nombre des amis qui pleurent le départ du très vénéré Frère Exupérien. Le divin Maître lui aura fait, là-haut, un bien glorieux et doux accueil, et la protection qu'il nous accordera sera puissante. J'aurais été très heureux de recevoir de lui, partant pour le Ciel, une bonne bénédiction ; mais je compte sur son aide pour toutes les œuvres auxquelles j'aurai, désormais, à donner mon pauvre concours.

« Voilà longtemps que je suis un admirateur du Frère Exupérien. J'ai vu rarement un homme dont l'esprit fût plus largement ouvert à tout ce qui, d'une manière ou d'une autre, pouvait donner gloire à Dieu et salut aux âmes. Quelles que fussent les difficultés, dès que le motif surnaturel était invoqué, on était sûr de lui voir accomplir des prodiges de charité. Le bien qu'il a fait en Lozère est incalculable, et toujours, son grand souci était moins la prospérité matérielle des œuvres, que l'avancement spirituel des âmes.

« J'ai souvent remarqué chez lui une véritable audace dans ses entreprises, jointe à une paix d'âme et à une possession de lui-même qui ne pouvaient venir que de la sainteté. Toutes les combinaisons administratives qui auraient absorbé un homme moins complet que lui, ne l'empêchaient pas de trouver du temps pour des exercices de piété continuels et prolongés, pour des directions d'âmes, des études à promouvoir, avec un but unique : celui qu'aurait poursuivi saint Jean-Baptiste de la Salle, s'il avait été à sa place.

« C'était à la fois un administrateur, un apôtre et un ascète. Le bien qu'il a fait restera ; et j'espère qu'auprès de Notre-Seigneur, il plaidera si bien la cause des établissements qu'il a fondés, qu'il maintiendra ses œuvres à travers les bouleversements qui se préparent, et qu'il fera revivre plus prospères que jamais les communautés qu'il dirigeait, si la tempête les disperse un instant.

« Prions, espérons, agissons, et comptons sur celui qui, durant sa vie, était un de nos plus fermes appuis.

« Veuillez, mon Très Honoré Frère, agréer l'expression de mes sentiments les plus religieusement dévoués en Notre-Seigneur Jésus-Christ,

« C. de LIGONNÈS ».

Voici quelques fragments de lettres adressées par des ecclésiastiques qui ont eu, à Paris, des relations avec le F. Assistant :

« ...J'ai toujours admiré le grand esprit religieux du F. EXUPÉRIEN, son zèle si ardent pour la perfection de ses Frères, et, tout cela, servi par les plus hautes qualités de l'intelligence et du cœur. Le très cher et très pieux Frère m'a donné, de sa haute valeur religieuse, de sa vraie sainteté, qui se trahissait de mille manières, une impression précieuse, que je garde comme l'un des meilleurs souvenirs de ma vie sacerdotale. »

« ...J'ai été spécialement impressionné par la haute vertu du serviteur de Dieu. Il m'est arrivé souvent de le rencontrer, et chaque fois, je suis sorti de ces rapides entretiens avec la conviction plus profonde de l'éminente sainteté de mon interlocuteur.

« Ce qui me frappait peut-être davantage en lui, c'était son esprit de foi qui lui faisait ramener à Dieu et aux âmes tous les sujets de conversation, comme aussi toutes les ressources de sa débordante activité. La causerie s'égarait-elle sur un autre terrain, le F. EXUPÉRIEN ne répondait plus qu'avec indifférence, et bientôt se taisait ou disparaissait. C'est aussi cet esprit de foi profond, marque distinctive des enfants de saint Jean-Baptiste de la Salle, qu'il aurait voulu voir régner en tous. »

« ...Le F. EXUPÉRIEN se montrait en tout, et pour tous, l'*homme de Dieu*. Plus que n'importe qui, il avait compris cette première question du catéchisme, qui résume sa vie, à savoir que l'homme, *a fortiori* le religieux, est créé pour connaître, aimer et servir Dieu... et *uniquement pour cela*. Dans le ciel, il a rejoint le groupe des Frères des Écoles chrétiennes qui ont eu, à un degré éminent, l'esprit de saint Jean-Baptiste de la Salle... J'espère que des témoins nombreux et bien informés vous donneront largement de quoi écrire, en un beau volume, la vie d'un Saint. »

Le F. EXUPÉRIEN fit partie du Conseil supérieur de l'Instruction publique, de 1897 à 1904. Il y représenta l'enseignement catholique libre. En dehors des séances générales, il prenait place à la commission du contentieux et de la discipline. De cette commission relèvent les pourvois contre les oppositions à l'ouverture des écoles, et contre les peines disciplinaires prononcées par les conseils académiques. Si absorbé que fût le F. Assistant par les besognes les plus diverses, il trouvait toujours le temps d'étudier les questions qui devaient être instruites, et d'assister aux séances. La sympathie respectueuse qu'il excitait partout, il la recueillit dans ce milieu si nouveau pour lui. Nous en donnerons pour preuve les lignes suivantes :

« J'ai conservé un excellent souvenir de mes relations avec le F. EXUPÉRIEN, au Conseil supérieur de l'Instruction publique, où je l'ai rencontré pendant plusieurs années. Il était d'une grande pondération d'esprit ; il soutenait son opinion avec fermeté, une réelle compétence et avec une sincérité à laquelle tous nous rendions hommage. Nous avons plusieurs fois été en contradiction l'un avec l'autre, sans que jamais un mot discordant ait été prononcé. C'était un excellent collègue, avec qui mes rapports ont toujours été empreints de la plus grande aménité... »

« J'ai connu le F. Exupérien au Conseil supérieur de l'Instruction publique. Il a toujours été entouré du respect et de la sympathie de ses collègues, de ceux mêmes dont les opinions différaient le plus des siennes. La cause de l'enseignement chrétien trouvait en lui un défenseur autorisé, qui lui consacrait son zèle et son infatigable dévouement. »

Le zèle, le dévouement, que tous s'accordent à louer chez le F. Exupérien, éclatent dans les œuvres qu'il a entreprises et soutenues pour former des religieux fervents et des éducateurs apôtres. Nous allons étudier les principales de ces œuvres, et montrer quelles vertus le F. Assistant pratiqua dans ce fécond apostolat.

CHAPITRE VII

Le F. Exupérien et les Écoles. — Ses idées en éducation

Pendant les crises douloureuses qui précédèrent sa mort, le F. Exupérien répétait : « Que vont devenir les écoles de Paris? Sauvons les enfants de Paris !... Ce cri du cœur, que poussait le pieux malade au seuil de l'éternité, que de fois on l'avait entendu, pendant quarante-cinq années consacrées aux œuvres scolaires de la capitale ! La jeunesse de nos écoles ne le connaissait pas ; il fut cependant l'un de ses grands bienfaiteurs. Directeur des novices, Assistant, il eut la constante sollicitude de former à saint Jean-Baptiste de la Salle des disciples animés de son esprit, pour donner à l'enfance des maîtres qui la conduisent à Jésus-Christ.

De Paris, le F. EXUPÉRIEN avait compris les besoins et les ressources ; il en aimait la charité inépuisable, l'urbanité facile dans les relations, l'intensité de vie intellectuelle. Malmenait-on devant lui la grande cité, il la défendait comme on défend une personne aimée dont on sait les défauts, sans pour cela cesser de la chérir.

Lorsque le F. EXUPÉRIEN en prit la direction, le district de Paris comptait 117 communautés, dont les Frères étaient répartis entre 251 écoles publiques ou libres, établies en dix départements. Un certain nombre de communautés, fractionnées depuis, groupaient jusqu'à trente, quarante Frères et plus. La communauté de Saint-Augustin, qui avait compté quarante-cinq Frères sous le F. Marius, avait été divisée ; mais à notre maison de Saint-Nicolas-des-Champs dite du Carré Saint-Martin, et dont le F. Angelum était directeur, on comptait quatre quartiers, vingt-cinq classes et douze cents élèves. Sous la direction du F. Nicolaüs, auquel succéda le F. Adelminien, fonctionnait la maison du faubourg Saint-Martin, ou du Saint-Enfant-Jésus, avec quatre quartiers, dix-neuf classes et onze cents élèves. Les communautés de Saint-Sulpice, avec le F. Jean-l'Aumônier ; de Sainte-Marguerite, avec le F. Dagobertus, et de Saint-Étienne-du-Mont, avec le F.

Euphrosin, se plaçaient ensuite comme les plus importantes. Une statistique montrera ce qu'étaient nos écoles du département de la Seine, avant 1880, et quelle activité durent déployer le F. Assistant et ses auxiliaires d'alors, les Frères Visiteurs Angelum et Anthymius.

DATES	MAISONS	FRÈRES	ÉCOLES	CLASSES	ÉLÈVES
31 déc. 1875	52	805	84	410	29.641
31 déc. 1877	49	900	80	430	28.888
31 déc. 1878	50	913	79	433	28.182
31 déc. 1879	54	869	76	387	23.936

Aussitôt après la Commune, avaient été rétablis les concours entre toutes les écoles communales de Paris, laïques ou congréganistes, pour l'admission des candidats aux écoles municipales supérieures. Les succès que les Frères y obtinrent pendant trente-cinq ans — de 1844 à 1879 — ne furent que l'attestation officielle de la forte organisation de nos classes. Le F. Assistant encourageait les Frères à maintenir le bon renom de nos écoles ; mais souvent il les avertissait de ne pas s'attacher aux résultats extérieurs, jusqu'à oublier le but essentiel de notre vocation apostolique.

« Si nos élèves, écrivait-il en 1874, étaient aussi bien préparés pour les combats de la vie qu'ils le sont pour les luttes scolaires, quelle merveille ce serait ! Le résultat obtenu aux concours est consolant ; mais il est peu de chose, comparé au vrai but à poursuivre. Dieu nous juge et nous bénit, selon nos vues, nos intentions, et non selon le travail et le succès. Poursuivre les avantages extérieurs, c'est se rechercher soi-même: être *chasseur d'âmes*, c'est aimer Dieu et procurer sa gloire. »

Aux fatigues des classes du jour, les Frères ajoutaient encore, — non toutefois sans auxiliaires — les méritoires labeurs des cours d'adultes, professés de huit à dix heures du soir. Ceux de Saint-Nicolas-des-Champs et de Sainte-Marguerite étaient justement réputés. Dans certaines écoles, les soldats venaient nombreux ; on en compta jusqu'à trois cents à Saint-Nicolas. La statistique citée plus haut indique 4.500 élèves aux cours du soir, pour 1875 ; 4.675, pour 1877, 3.621, pour 1878 ; 1.580, pour 1879.

Les chiffres ont leur éloquence. La diminution du nombre des élèves, dans les classes du jour et les cours du soir, coïncide avec la lutte que, par une interprétation rétrospective et abusive de la loi du 15 mars 1850, l'administration engageait alors contre les Frères. Bien avant la loi du 28 mars 1882, sur la laïcisation des programmes et sur l'instruction obligatoire, et celle du 30 octobre 1886, sur la laïcité du personnel, les écoles communales de Paris devaient nous être enlevées. En 1877, le traitement des Frères avait été diminué de cinquante francs ; en 1878, il le fut encore de deux cents, et l'on réduisit à deux francs soixante-dix centimes la subvention annuelle pour chaque élève de nos écoles communales. « En récompense de vos succès, disait le T. H. F. Irlide aux Frères Directeurs de Paris, on veut vous affamer. Ce n'est pas une raison d'apporter moins d'ardeur à la préparation des concours. A un certain point de vue, ils sont une question de vie ou de mort pour nos écoles. » Mais de ces écoles, on avait résolu la mort ; le coup fut porté en 1879 et 1880. C'était la laïcisation.

Tout d'abord, le Frère EXUPÉRIEN reconnaît la volonté divine dans ces graves événements, et il s'y soumet en l'adorant. Il écrit dans ses *Notes* de 1878 :

« Dieu ne se trompe pas, et nous nous trompons toujours quand nous jugeons autrement que lui, et que nous blâmons les ordres de sa Providence. Tout ce qu'il permet est pour notre bien ; il tire sa gloire du renversement de nos meilleurs projets et de la destruction de ce qui était le mieux établi. Les arbres n'ont-ils pas besoin d'être taillés, renouvelés ? ainsi en est-il des hommes et des institutions .. Faisons tout le bien possible dans notre situation nouvelle, comme un agriculteur qui, dans une année de gelées, d'inondations, sauve ce qu'il peut de la récolte... Tirer le bien de tout ; *ne rien abandonner ;* mais agir comme si tout ce qui nous met en péril devait bientôt s'écrouler, comme un échafaudage sans base... Pensons aux origines de notre Institut : il n'est devenu si prospère, si vivace, que parce qu'il a été bien éprouvé. »

Pour remplacer par des écoles paroissiales libres, toutes les écoles communales qui nous étaient retirées, la charité catholique dépassa ce qu'on avait cru pouvoir attendre. Si généreux furent les dons et les sacrifices ; si pressantes, les sollicitations de MM. les Curés de Paris ; si dévoués, les encouragements et la protection accordés par le cardinal Guibert et son coadjuteur Mgr Richard, que le

F. Exupérien et les Frères Visiteurs se mirent à l'œuvre, pour répondre à de si honorables avances. « Si vous saviez, chers Frères, disait le F. Assistant, quels lourds sacrifices on s'impose pour soutenir nos écoles, quel puissant encouragement cela vous serait ! Dévouons-nous, pour répondre à ce qu'on attend de notre zèle. » Afin de permettre aux élèves de fréquenter plus longtemps nos classes, quatre écoles, dites commerciales, furent créées, où les candidats sont admis après un concours. En 1880, au lendemain des laïcisations, nous comptions, dans le département de la Seine, 60 communautés au lieu de 47 en 1873, et 85 écoles au lieu de 88. Le district de Paris avait alors 99 communautés et 155 écoles.

Plus nombreuses, les communautés étaient moins importantes. La dispersion avait modifié quelques habitudes anciennes ; mais cet inconvénient se trouvait amplement compensé par les avantages de l'organisation nouvelle, au point de vue de la régularité de nos maisons ; par la suppression des écoles de quartiers, par la facilité de développer l'esprit chrétien chez les enfants, et par l'action plus directe des Frères directeurs sur un nombre restreint de classes. Les entraves à l'enseignement chrétien étaient supprimées : on allait donc pouvoir ramener l'école à l'idéal surnaturel que s'était proposé le saint Fondateur. Ce fut la grande préoccupation du F. Exupérien.

« Allons-nous, disait-il, réaliser le type d'*écoles chrétiennes* créé par saint Jean-Baptiste de la Salle ? Que nous serions coupables, si nos classes ne devenaient pas, selon l'expression du chanoine Blain, des académies saintes où les enfants sont formés à toutes les vertus de leur âge ! La plus monstrueuse des laïcisations serait celle de l'esprit et du cœur d'un religieux voué à l'enseignement. »

« Malgré les difficultés de toutes sortes, écrit un Frère Directeur, le Frère Exupérien entreprit une véritable campagne, pour obtenir l'assistance des élèves à la sainte messe, au moins une ou deux fois par semaine, et pour faire établir, dans toutes les écoles, la retraite du commencement de l'année scolaire. Il insista plus que jamais sur les prescriptions de la Règle relativement au catéchisme ; il mit tout en œuvre afin d'assurer la fréquentation des sacrements. Pour mieux atteindre ce but, il donna une vive impulsion à la formation chrétienne des enfants. Après avoir encouragé l'organisation de l'Apostolat de la prière dans les classes, il se préoccupa d'y faire ériger des congrégations, qui, jusqu'alors, n'étaient guère connues que dans nos internats. A la suite de conférences avec des Frères Directeurs qui avaient commencé ces pieuses associations, une brochure fut rédigée qui donnait des avis sur les moyens de les établir et de les diriger. »

Dire comment le F. Exupérien se dévoua, de 1873 à 1905, pour le district de Paris ; rappeler quel intelligent et nécessaire concours il trouva chez le F. Alban-Joseph, Provincial, et chez les Frères Visiteurs, ce serait faire l'histoire de ce vaste district. Une simple notice ne le comporte pas ; aussi bien, les chapitres qui vont suivre donneront-ils un aperçu des travaux entrepris par le pieux défunt. Les maisons de son district, le F. Assistant les aimait toutes également ; à toutes, il a souvent donné des marques spéciales de son affection. On sait quels intérêts multiples doivent être conciliés, dans le fonctionnement des écoles paroissiales : le F. Exupérien y apporta toujours cet esprit de modération et de fermeté, qui facilite l'entente cordiale et prépare le succès des efforts communs. Les écoles de l'Œuvre de Saint-Nicolas le mirent en rapports périodiques avec le Conseil qui administre les établissements de Paris (rue de Vaugirard), Issy, Igny et Buzenval. Dans une longue lettre, M. Crépon des Varennes, vice-président du Conseil et conseiller honoraire à la Cour de Cassation, apprécie l'action du F. Exupérien :

« … L'éminent cardinal Guibert disait, en parlant de l'Œuvre de Saint-Nicolas : « C'est la première de mon diocèse » ; le F. Exupérien la qualifiait, lui, de l'œuvre maîtresse entreprise, à Paris, par les Frères des Écoles chrétiennes…

« Il lui suffisait de voir cette admirable population de plus de trois mille jeunes garçons ; cette fourmilière de têtes intelligentes, gaies, épanouies, satisfaites, pour constater que ce n'est pas seulement l'esprit qu'on développe chez nous, mais aussi le cœur, l'âme, qu'on entoure des soins les plus touchants et les meilleurs ; et que, sous la direction des Frères, chacun de nos établissements est devenu un véritable sanatorium moral. Un pareil résultat ne s'obtient pas en un jour ; et je n'hésite pas à dire que le F. Exupérien a été le principal instrument d'une création qui a permis à tant de familles de trouver, pour leurs enfants, un abri qu'elles auraient vainement cherché ailleurs…

« … Ce n'est pas à moi à dire le saint religieux qu'il était ; mais je suis heureux d'apporter mon témoignage simplement à l'homme, à l'ouvrier acharné que j'ai vu se dépenser tout entier, avec abnégation et courage, pour les nombreuses œuvres auxquelles l'attachait sa haute situation dans l'Institut, et particulièrement pour celle où il nous apporta sa longue et précieuse collaboration. »

De 1873 à 1882, et de 1890 à 1905, le F. Exupérien fut chargé du district du Puy. Il aima beaucoup cette région, pour la foi profonde et la simplicité qu'elle a gardées, pour la sympathie dont y jouissent les Frères, pour le bien qu'ils y ont accompli, et le grand nombre de vocations religieuses qui s'y sont développées. En 1873, le district comptait 26 maisons et 32 écoles ; en 1880, c'est 32 maisons et 40 écoles. En 1904, la progression a continué : il y a 48 maisons et 48 écoles. Par la bénédiction divine, l'appui de NN. SS. les Évêques, le concours du clergé et de la population, et les sacrifices pécuniaires de l'Institut, le F. Assistant vit donc presque doubler le nombre des établissements. La première maison qu'il fonda fut celle de Luc, en 1873 ; la dernière, Brives-Charansac, en 1903.

La laïcisation, plus tardive qu'à Paris, suscita d'admirables dévouements aux Frères, et les familles leur demeurèrent fidèles avec une sorte d'obstination. Les écoles furent réorganisées, et le F. Exupérien remercia Notre-Dame du Puy de ce qu'elle avait accru la prospérité d'un district, dont les adversaires de l'enseignement chrétien avaient voulu ruiner les œuvres.

C'est avec bonheur qu'il y faisait ses visites annuelles. Il se rendit plusieurs fois dans toutes les communautés ; celles mêmes dont la situation en pays montagneux lui étaient d'un accès pénible, eurent la joie de l'accueillir. « C'est ici *ma* maison », disait-il volontiers au pensionnat du Puy, à Saugues, à Bas, au Chambon-le-Château, à Mende, à Châteauneuf, à Langogne, et ailleurs encore. Pour parler ainsi, il avait de bonnes raisons… Il se réjouissait de voir se faire l'œuvre de Dieu, dans les classes remplies d'élèves, et dans les noviciats, où des vocations nombreuses lui promettaient de bons éducateurs pour ses écoles. « Paris a plus de ressources, disait-il, et votre pays plus de foi ; il est juste que l'on vous aide. » Il savait les difficultés financières de ses communautés ; pour leur venir en aide, il distribuait ce que le fraternel concours des maisons plus favorisées et la générosité des bienfaiteurs, mettait à sa disposition. Quand il rentrait à Paris, il se déclarait « consolé, heureux et *désargenté* ».

Heureux, oui, il l'est dans sa chère « province », où il se livre avec une particulière expansion. Il reçoit les amis et les bienfaiteurs de ses communautés ; il se laisse aborder par les parents des Frères, et lui-même, passant dans leurs villages, va les saluer avec une affable cordialité. La présence du « saint F. Assistant cause une joie filiale. On l'entoure, on le questionne, et il répond sans se lasser. « Voilà trente ans que je le connais, disait un Frère : il nous a toujours beaucoup aimés ; cependant, à mesure qu'il croît en sainteté, il devient plus expressif dans les témoignages de son affection. »

Il ne se borne pas à présider la retraite annuelle ; il circule dans le district. Il se réjouit des améliorations apportées aux constructions, et parfois il ajoute : « Construire, aménager, améliorer, c'est fort bien. Il le faut, et je vous y aiderai ; mais prenez garde que Dieu ait une large part en toutes ces préoccupations. Elles ne vaudront jamais un quart d'heure d'oraison bien faite, ou un léger sacrifice offert à Notre-Seigneur. »

Dans ses voyages d'une communauté à l'autre, le F. Exupérien se fait accompagner par des Frères, que ses vertus laissent profondément édifiés. « Nous causions d'affaires sérieuses, écrit un frère Directeur ; tout à coup il demande l'heure, et suspendant la conversation, il dit : « En union avec tous nos Frères qui, en ce moment, louent la très sainte Vierge : *Dignare me laudare te...* Et nous récitons le chapelet ». Un autre Directeur ajoute : « Jamais le F. Assistant ne visita rien de curieux. Il avait, très développé, le sentiment du beau, cependant les sites les plus admirables semblaient le laisser indifférent. Dans les rues, en chemin de fer, en voiture, il s'occupait à dire son chapelet, à faire le chemin de la croix, à lire ou à méditer. Ses moments de plus grand abandon ne laissaient que mieux admirer son âme, maîtresse d'elle-même par l'abnégation, remplie de l'amour divin, habituée à toutes les immolations réparatrices. On demeurait consterné de se voir si pauvre, en face de l'extraordinaire vertu d'un homme en qui l'on n'apercevait plus rien de la nature lâche, égoïste et viciée. »

En 1891, le F. Exupérien eut, au Puy, un accident fort imprévu. Voici comment le raconte l'un de nos chers Frères Provinciaux : « C'était le jour de la clôture des exercices de la retraite annuelle. Une coutume, établie depuis longtemps, permet aux retraitants d'aller mettre leurs résolutions sous la protection de la très sainte Vierge, par la sainte communion faite à la basilique de Notre-Dame du Puy. Une centaine de Frères s'y étaient rendus.

« Un moment après la sainte communion, on entendit un bruit semblable à celui que ferait un fort volume tombant à plat sur le pavé. C'était la tête du F. Exupérien qui, dans une chute violente, venait de frapper sur le sol. Le choc était à fracturer le crâne... A l'extérieur, il ne parut qu'une forte contusion ; mais l'ébranlement des centres nerveux fut tel, qu'il y eut, pendant plusieurs heures, perte de la sensibilité.

« Comment la chute s'était-elle produite ? Le F. Visiteur, qui était son voisin de chambre, l'avait entendu, pendant une grande partie de la nuit, se livrer à des exercices de piété et de mortification. Il était donc exténué.

« Transporté au pensionnat, il y fut aussitôt visité par le docteur, qui le trouva sans connaissance. Mais il recouvra vite ses sens, lorsqu'on voulut le dévêtir. Il s'en défendit énergiquement. Il dut céder, et il apparut alors couvert d'instruments de pénitence. »

Ce qui avait si fort alarmé les Frères n'eut pas de suites graves. Deux jours après, le F. Exupérien partit pour aller visiter, au Chambon, les Frères qui faisaient les Grands Exercices. Bientôt, il était à Clermont où il laissa par mégarde, dans sa chambre, des instruments de pénitence « conservés depuis comme des reliques », nous écrit le F. Visiteur. A

Paris, il dut prendre un peu de repos ; dès qu'il le put, il se rendit à Athis, pour une retraite. Là, il passa une nuit entière à la chapelle où on le trouva, le matin, étendu à côté de son prie-Dieu, et transi de froid.

Pourquoi tant d'austérités ? — Parmi les intentions diverses que se propose le F. Assistant, il faut placer le désir ardent d'obtenir, à ses Frères, les grâces qui rendront efficace leur apostolat auprès des enfants. La souffrance volontaire correspond à la conception très haute et très juste que le F. Exupérien s'est faite de l'éducation. Cette conception, il importe de la connaître, pour juger une partie de l'apostolat qu'a exercé ce digne religieux.

Comme il ne cesse de le redire dans les retraites et les avis particuliers, tout est surnaturel dans l'éducation chrétienne : le but qu'elle se propose, la vocation du maître qui s'y emploie, les moyens et les conditions qui assureront la fécondité de ses efforts. Quelques citations mettront en lumière sa pensée sur cet important sujet.

« Il n'y a, dit-il, que deux forces dans le monde, Jésus-Christ et le démon. Entre ces deux puissances est engagée une lutte terrible, dont l'école est le champ clos. Avant tout, il faut christianiser la jeunesse, sans quoi s'établirait un état social inférieur peut-être à celui qu'avait créé le paganisme. Faisons-nous sauveurs d'âmes !...

« Le plus beau titre d'un Frère est d'être le *sauveteur des âmes*. La mission du rédempteur des captifs était belle : celle du Frère l'est-elle moins ?... Les Frères doivent être membres zélés de la vraie *ligue anti-esclava-*

giste, puisque, par vocation, il leur faut sauvegarder l'innocence des enfants et les préserver ainsi de l'esclavage si dur, si honteux des passions. »

Si le maître est un véritable apôtre, le salut des âmes est, pour lui, le résultat qui prime tous les autres. Le F. Exupérien entend qu'on donne de grands soins à l'instruction profane ; mais il avertit les Frères de ne pas « prendre le change » :

« Instruire des enfants peut n'être qu'un métier ; les christianiser est un apostolat. Autant l'âme, le ciel, l'éternité sont au-dessus du corps, de la terre et du temps, autant se mettre au service des âmes est plus noble que donner l'instruction profane. »

Et procédant, selon son habitude, par des questions pressantes, le F. Assistant disait :

« Quand vous regardez vos élèves, quelle est la pensée qui vous vient d'ordinaire à l'esprit ? Qu'ils vous feront honneur, dans les examens et les concours ? ou que par la grâce de Dieu, par vos prières, vos sacrifices et leurs efforts constants, ils vivront dans l'innocence ? — Quelle erreur si, dans nos classes, nous ne considérons que ce qui brille ! N'oublions pas que Dieu ne peut être contenté que par notre dévouement, animé par l'esprit de foi. »

L'éducation chrétienne, que recommande avec de pressantes instances le F. Exupérien, ne se borne donc pas à proposer aux enfants quelques pratiques pieuses, à leur faire réciter des prières. Avant tout, elle veut inspirer l'esprit chrétien, par l'instruction religieuse ; elle prétend régler la vie, par des habitudes conformes aux maximes évangéliques.

« Ne nous faisons pas illusion : faire le catéchisme, former des chrétiens qui vivent selon l'Evangile, c'est notre œuvre principale, notre œuvre unique. Ce but manqué, nos peines seraient perdues. Cette négligence viendrait-elle à se généraliser, notre Institut n'aurait plus sa raison d'être, puisqu'il oublierait l'idée qui a inspiré son Fondateur. Chaque Frère ne remplit son rôle et n'a de valeur devant Dieu, que dans la mesure où il comprend cette obligation, et qu'il donne ses soins, son zèle, sa vie, pour la remplir. »

Ce rôle est beau ; mais comment s'en bien acquitter ? — Les moyens généraux, dont le F. Exupérien rappelle souvent l'indispensable nécessité, sont : l'amour des âmes, le soin d'avancer soi-même dans la perfection, l'esprit de prière et de sacrifice, l'humilité et la défiance de soi.

A propos de l'amour des âmes, le F. Assistant écrit à un Frère Directeur :

« Saint Paul disait : *Si j'avais le don de prophétie, si j'avais l'intelligence des mystères et une science universelle, et que la charité me manquât, je ne suis rien.* J'applique cette parole à un maître, et je lui dis : « Vous auriez toutes les connaissances et toutes les qualités professionnelles, vous accompliriez des merveilles dans votre classe, tout cela ne vous servira de rien sans l'amour des âmes, qui est une forme de la charité. »

« Aimer les âmes, c'est chercher à les placer sur le chemin du ciel ; c'est les instruire de leurs devoirs, les préserver du mal et les porter au bien ; c'est surtout leur faire connaître et aimer Jésus-Christ. Que tout le

reste est petit, à côté d'un si grand intérêt !... Par tou
les moyens qui vous sont donnés, poursuivez-vous c
grand but, seul digne de Dieu et de vous? »

L'amour surnaturel des âmes conduit l'éducateu
à réclamer le secours de Dieu, qui seul décide le
volontés à la lutte contre les passions. Le F. Assistant, qui le sait, dit encore :

« Parler chaque matin pendant quelques minutes à
des enfants ou à des jeunes gens, leur dire des choses
qui portent et qui pénètrent, cela est difficile. Faire
chaque jour un catéchisme qui éclaire l'esprit, échauffe
le cœur, qui donc, par les seules forces humaines, peut
se flatter d'y réussir ? Pas d'autre moyen que d'être
homme d'oraison ; car de Dieu seul vient l'impulsion
qui atteint les âmes. La force de persuasion est dans la
prière.

« Pour promouvoir l'esprit chrétien dans les classes
et les œuvres de persévérance, commencez par prier
avec une foi ardente et une confiance sans bornes. Celui
qui, pour prier, aimera la solitude du tabernacle, verra
sa prière obtenir des effets dont lui-même sera étonné.
Que les hommes de zèle soient donc, avant tout, des
hommes de prière, s'ils veulent rendre efficaces leurs
travaux apostoliques. »

Quand le F. Exupérien insiste, auprès des Frères,
sur la nécessité de la prière, pour attirer les bénédictions divines sur leur action apostolique, ce n'est
pas la récitation de formules multipliées qu'il recommande : c'est l'esprit de prière, l'union à Notre
Seigneur, en un mot la vie intérieure. Il voit, dans
cette attention continuelle à Dieu, le seul préserva-
tif contre ce qu'il nomme « les dangers de l'action

à outrance ». — « Plus notre vie, dit-il, est en quelque sorte consumée par un travail fiévreux, plus nous devons rafraîchir notre âme par des retours fréquents sur Notre-Seigneur. »

Il écrit à un Frère Directeur :

« Jusqu'ici vous avez plus agi que prié ; désormais, vous prierez plus que vous n'agirez. La prière est le contre-poids à l'amour-propre, à la confiance en soi. Les Frères Directeurs sont obligés d'entretenir cet esprit de prière dans l'âme de leurs Frères, comme ils sont tenus de faire brûler la lampe devant le Saint-Sacrement. »

« Vous travaillez beaucoup, écrit-il à un professeur ; mais ayez soin de mettre Notre-Seigneur de moitié dans tout ce que vous faites : *Si Dieu n'est lui-même l'architecte de la maison, c'est en vain que travaillent ceux qui cherchent à l'édifier.* Vous vous épuisez à des surveillances incessantes ; mettez toujours Dieu et les Anges gardiens de votre côté : *Si le Seigneur ne garde la cité,* — et la cité est ici l'âme des enfants — *c'est en vain que veillent ceux qui en ont la garde.* Mais Dieu cherche des hommes intérieurs, morts à leur propre estime, pour faire, par eux, son œuvre. Ceux-là ne lui voleront pas sa gloire. »

Les éducateurs chrétiens, alors même qu'ils ne sont pas honorés du sacerdoce, sont, en quelque manière, les coopérateurs de Jésus-Christ dans la rédemption des hommes. Mais, comme le disait le F. Exupérien « il en coûte d'être sauveur » ! Et il expliquait ainsi sa pensée :

« Dans l'armée des ouvriers apostoliques, il semble qu'on puisse distinguer le corps et l'âme. Ceux-là font seulement partie du *corps,* qui se dépensent avec des

vues humaines, iraient-ils jusqu'à s'épuiser. A l'*âme*
appartiennent les apôtres, les maîtres que l'esprit de
sacrifice rend semblables à Jésus crucifié. »

Se rendre semblable à Jésus crucifié, voilà le grand
moyen d'action. Et sur la nécessité de la souffrance
apostolique, le F. Assistant était intarissable. L'expérience personnelle lui faisait si vivement sentir la
vérité de cette doctrine !

« Rien n'attire les âmes, disait-il comme un homme
mortifié. Pour faire du bien aux âmes, la parole est peu
de chose ; il faut la prière accompagnée du sacrifice. Il
faut des crucifiés, ou tout au moins des hommes qui
soient sur le chemin du crucifiement. Rien sans la
croix ; mais tout par elle. On sauve les âmes à proportion qu'on souffre, pour leur attirer les grâces divines. »

A l'esprit de prière et de sacrifice, l'éducateur
joindra l'humilité, la défiance de soi-même et la confiance en Dieu.

« Dieu laisse stériles, écrit le F. Assistant, les travaux des superbes, et comble de bénédictions les instruments humbles dans sa main. On peut, sur les âmes,
à proportion qu'on est persuadé de sa radicale impuissance, et qu'on attend tout de Dieu... Plus j'aimerai
l'abjection, plus je serai propre à devenir l'instrument
de Dieu. La prière humble opère plus efficacement que
l'effort personnel, qui doit lui être uni. »

De cette doctrine, qui lui est si chère, le F. Exu-
PÉRIEN s'explique dans une lettre, dont voici un
passage :

« Rien ne nous est plus nuisible que la confiance indéracinable que nous avons en nous-mêmes, en notre industrie, en nos ressources personnelles. Théoriquement nous disons bien, avec saint Paul : *De moi-même, je ne puis rien*, et nous croyons à cette parole de Notre-Seigneur : *Sans moi vous ne pouvez rien faire*; mais en pratique, l'homme est naturellement *pélagien*. Il croit pouvoir se suffire ; il a d'abord recours à ses propres ressources ; il use ses moyens personnels ; il médite ses plans, avant de demander le secours de Dieu. Il est si peu persuadé de son insuffisance absolue !...

« Aller toujours demander à Dieu son concours, ce serait l'humilité véritable. Et que de sottises on s'épargnerait !... Que de tours de Babel ! On travaille ; on se fatigue ; on ne désarme pas devant l'insuccès, et, l'orgueil s'en mêlant, on se ferait plutôt tuer que de reculer. Mais parce que Dieu n'est pour rien dans cette activité, rien n'aboutit. Quand ce n'est pas la sainte obéissance qui nous oblige à un travail, le plus souvent, c'est l'orgueil qui le fait... »

Il écrit encore :

« L'éducation chrétienne doit être, pour les enfants, un appel à s'élever, en luttant contre les séductions de la mauvaise nature. Mais encore faut-il que celui-là qui appelle les autres, se soit placé sur la hauteur. Vous devez donc faire vous-mêmes, et très parfaitement, ce que vous demandez des enfants. »

Tous ces conseils du F. Assistant se résument dans cette recommandation, qui lui était si familière : « Sanctifiez-vous, et Dieu se servira de vous. »

Il semblerait, d'après les citations précédentes,

que le F. Exupérien recommandait exclusivement aux maîtres la formation surnaturelle de leurs élèves. Certes il y insistait, persuadé d'ailleurs que les autres indications pédagogiques ne manqueraient pas d'être rappelées par les Frères Directeurs ; mais il ne se limitait pas à ces considérations d'ordre purement religieux. Lorsque l'occasion s'en présentait, il mettait en garde contre le développement excessif de la mémoire, aux dépens de la raison et du jugement. Surtout il voulait qu'on formât avec soin la conscience des enfants et qu'on fortifiât leur volonté.

« Je me rappelle, dit un Frère, une longue conversation que j'eus avec le F. Assistant, sur la formation de la volonté chez les jeunes gens. Avec simplicité, il m'avoua que, dans ses conférences, il ne mettait pas toujours assez en relief cette vérité, à savoir que la grâce s'adapte à la nature, pour la perfectionner et la transformer ; et que l'éducateur doit développer l'*homme* chez l'enfant, dont il veut faire un chrétien convaincu et militant. « Je vous en prie, me dit-il alors : de vos jeunes gens, faites des hommes de volonté. Quel malheur, pour une société, lorsque presque personne ne sait plus vouloir efficacement le bien, malgré les obstacles qui se présentent. Nous avons des professeurs de sciences, d'histoire, de littérature ; avons-nous beaucoup de *professeurs d'énergie* ? »

Dans la pensée du F. Exupérien, l'application aux études était pour les Frères un devoir, d'autre nature sans doute, mais aussi obligatoire que leurs efforts pour sauver l'âme des enfants. « S'il paraissait, écrit-on, n'estimer guère les *bons professeurs* qui ne sont que cela, il favorisait de tout son pouvoir le travail intellectuel. Il encourageait à conquérir les diplômes utiles. Le succès obtenu, il n'abondait pas en compliments, « viande creuse qui ne soutient pas le tempérament moral, sucreries bonnes pour les enfants ». Souvent il se bornait à dire : « C'est bien ; remerciez Dieu, et servez-vous de cela comme d'un instrument. »

Plus que jamais, en ces dernières années, il recommandait l'étude de la pédagogie. « Il n'est pas une question pédagogique, écrit un ancien professeur, que je ne lui aie entendu traiter avec compétence, et — ce qui est plus étonnant chez un pédagogue — modestement traiter. J'ai toujours trouvé en lui le jugement le plus sûr, le plus éloigné de toute utopie. »

Aidé du F. Alban-Joseph, qui réalisait si heureusement ses desseins, il établit, à notre maison de la rue de Vaugirard, des cours pour les Frères de Paris ; à Buzenval, des cours de vacances, puis un scolasticat supérieur que les événements actuels ont atteint en pleine prospérité.

« Je ne crains pas, disait-il, que plus de *vraie* science corresponde, chez nous, à moins d'esprit intérieur : en soi, ceci n'est pas incompatible avec cela.

« Glorifiez Dieu par l'intelligence ; mais sentez combien est vide tout ce qui ne conduit pas à mieux aimer Notre-Seigneur. Étudiez et faites étudier, beaucoup et bien ; mais pourque Notre-Seigneur soit toujours mieux servi. Ah ! que l'homme le plus savant est un pauvre homme, s'il n'a pas la science éminente de Jésus-Christ ! »

C'est donc la gloire de Dieu que, par tous les moyens, cherche à procurer le F. Assistant. Et parce que cette gloire est très particulièrement intéressée à la multiplication des bonnes vocations ecclésiastiques et religieuses, il en fait le sujet de ses pressantes recommandations.

S'entretenant un jour avec le Supérieur de l'un des petits-séminaires de Paris, il lui disait : « Au nombre des grâces que je demande à Dieu pour nos écoles libres, le recrutement des vocations sacerdotales et religieuses me tient fort au cœur. » Ce prêtre, aujourd'hui curé de l'une des paroisses de la capitale, nous dit : « Le F. Exupérien avait compris que le recrutement du clergé parisien doit se faire particulièrement sur place, parce que le jeune homme élevé à Paris en comprend mieux l'esprit, les difficultés et les besoins. »

Dieu a donné au F. Assistant de voir se réaliser son désir. Suivant une statistique dressée en 1895, sur 251 élèves que comptait le petit-séminaire de Saint-Nicolas du Chardonnet, 161 sortaient des écoles des Frères. Le Supérieur dont nous parlons écrivait au T. H. Frère : « Pendant les douze années que j'ai dirigé cette maison, les deux tiers de nos élèves sont venus de vos écoles. Ces enfants avaient l'habitude de la fréquentation des sacrements ; et la solide instruction primaire qu'ils avaient reçue était une excellente préparation aux études secondaires. » Depuis 1895, une si heureuse constatation est toujours possible.

D'après une statistique de 1905, 51 0/0 du nombre des élèves au petit-séminaire de Versailles ont fait leurs études primaires dans nos classes.

Mêmes résultats consolants, pour les diocèses du Puy et de Mende. Suivant une statistique de 1905, la proportion des élèves de nos classes est :

50 0/0 pour le petit-séminaire dit de la *Chartreuse* ;
49 0/0, pour le petit-séminaire de Monistrol ;
59 0/0, pour le collège-séminaire de Langogne ;
32 0/0, pour le petit-séminaire de Mende.

Nos Seigneurs les Evêques, avec lesquels se trouvait en rapport le F. Exupérien, lui exprimèrent souvent leur satisfaction à cet égard ; et il leur répétait que l'une de ses préoccupations était que nos écoles fournissent un très large appoint au recrutement sacerdotal. Notre confrère eut souvent à traiter des questions administratives avec ces vénérables Prélats, et il avait su leur inspirer une estime que plusieurs ont daigné nous témoigner, au lendemain de sa mort. Ils ne se sont pas contentés de nous adresser leurs très honorables condoléances : ils ont voulu nous marquer, en des lettres plus étendues, quel souvenir ils conservent de ses vertus et de ses services.

ARCHEVÊCHÉ
  DE   Paris, le 7 mars 1905.
 PARIS

—

  Mon Très Honoré Frère,

J'ai été heureux d'apprendre que l'un de mes prêtres, M. le Supérieur de la Basilique de Montmartre, vous avait adressé, au lendemain de la mort du Très Cher Frère Exupérien, l'expression des regrets qu'il laisse parmi nous, dans le diocèse de Paris, où il a travaillé, sans relâche, pendant de si longues années, à développer l'instruction chrétienne.

De tous les prêtres de mon entourage, M. l'abbé Peuportier (1) est celui qui, dans ces dernières années, a pu le mieux apprécier, en suivant de près l'une de vos principales œuvres de jeunesse, les qualités remarquables du religieux vertueux et modeste, de l'éducateur si dévoué que fut votre premier Assistant.

De lui, nous pouvons dire, comme l'écrivait après la mort du Frère Philippe, mon vénéré prédécesseur, le cardinal Guibert : « Tandis que d'autres dépensent leur zèle à répandre dans l'âme des jeunes gens les idées fausses qui égarent les esprits, excitent les coupables convoitises et n'inspirent que de la présomption et de l'orgueil à l'ignorance, lui, travaillait efficacement à faire des enfants du peuple des hommes honnêtes, ne manquant, ni de l'instruction nécessaire, ni des vertus plus nécessaires encore. »

Je me suis uni, mon Très Honoré Frère, à vos prières pour le repos de l'âme de celui que vous pleurez ; avec vous, je garderai pieusement son souvenir.

Veuillez agréer, mon Très Honoré Frère, l'expression de mon respect et de mon dévouement.

† François, cardinal RICHARD,
Archevêque de Paris.

ÉVÈCHÉ
 DU   Le Puy, le 20 février 1905.
PUY
—

  Très Honoré Frère,

Il m'est très consolant d'avoir à rendre témoignage à la mémoire du vénéré Frère Exupérien. C'est en 1894,

____

(1) M. l'abbé Peuportier, supérieur des chapelains de la Basilique de Montmartre.

lors de ma nomination à l'Evêché du Puy, que je l'ai connu ; et nos relations de lettres et de visites ont été très suivies, surtout à l'époque des discussions si vives qui se produisirent au sujet des lois sur les congrégations. Ses renseignements étaient parfaits, son zèle éclairé, son dévouement admirable.

Aussi l'ai-je toujours eu en très grande estime et en très grande amitié, voyant en lui un vrai modèle des vertus religieuses, le promoteur infatigable de l'œuvre de l'école chrétienne, le grand zélateur de la formation spirituelle et pédagogique de vos Frères. Peu de Frères, me semble-t-il, ont aussi bien mérité de votre chère Congrégation.

Il a rendu au diocèse du Puy des services inappréciables, en y fondant des écoles nombreuses et très florissantes, qu'il trouvait le moyen d'entretenir presque sans frais pour nos populations, si pauvres en général. Si la Haute-Loire vous a donné d'innombrables vocations, c'est à lui surtout que vous le devez ; et le petit-noviciat de Vals est bien son œuvre.

Et ses qualités d'homme privé ! J'ai toujours apprécié et admiré son tact, sa discrétion, sa modération en toutes choses, son esprit de douceur et de charité.

Si la cause du Vénérable Frère Bénilde est en si bonne voie, c'est en grande partie à son initiative que nous le devons. Ne songera-t-on pas quelque jour à entreprendre la cause du cher Frère Exupérien lui-même ? Je le désire bien vivement ; il me serait si doux d'avoir à déposer en sa faveur !

Recevez, mon Cher Frère, l'expression de mes religieux et dévoués sentiments.

† CONSTANT, évêque du Puy.

ÉVÊCHÉ
DE
TROYES

—

Troyes, le 19 février 1905.

Mon Très Honoré et Très Cher Frère,

A la nouvelle de la mort du si regretté Frère Exupérien, je n'ai pu vous adresser que quelques lignes, me proposant de vous écrire plus longuement mes impressions sur ce douloureux événement. Mais il me tarde de m'entretenir avec vous de ce cher défunt.

En m'annonçant vos inquiétudes sur la santé de votre premier Assistant, vous me disiez que sa mort serait une perte irréparable pour l'Institut ; j'ai retrouvé dans cette parole l'expression de ma profonde conviction. Le T. C. F. Exupérien était un de ces hommes qui se remplacent difficilement, ou, pour mieux dire, qui ne se remplacent pas. Pour mon compte, j'en ai vu bien peu qui m'aient inspiré la même estime et la même confiance. Ma situation au Puy, mes relations si cordiales avec vos Frères, m'avaient permis de le voir souvent et d'une façon très intime ; ensemble nous avons traité bien des affaires délicates. A chacun de ses voyages, il me faisait le grand plaisir de monter les rampes escarpées qui, du Pensionnat Notre-Dame de France, conduisaient à ma demeure. Que de longues et bonnes causeries nous avions alors ! Comme nos cœurs battaient à l'unisson !

Chaque fois ma vénération pour lui augmentait, car je découvrais sans cesse, chez lui, non de nouvelles vertus — il les avait toutes — mais des vertus se présentant sous un nouvel aspect... Bien souvent, je me suis surpris à regretter qu'un homme *si complet* ne fût pas revêtu du caractère sacerdotal ; quel bien ce prêtre-là n'aurait-il pas accompli ? Mais il avait ce qui fait *le prêtre*, dont il est dit : *Sacerdos alter Christus*, car il était bien une image vivante de notre divin Sauveur, et je dis à dessein : *vivante*. En effet, il ne vivait réellement que de Jésus-Christ, et, sans sa profonde humilité, il aurait pu s'appliquer la parole de l'Apôtre : « *Vivo, jam non ego, vivit vero in me Christus.* » Il semblait qu'il n'y eût en lui rien de terrestre et d'humain, et que tout fût *surnaturalisé* : le regard, la parole, la démarche, les actions, les intentions, les affections ; rien, chez lui, ne sentait *l'homme*, mais *tout respirait le divin...*

Quelle modestie, quelle douceur, quelle patience et quelle piété ! Combien de fois, je l'ai trouvé à la cathédrale, lorsque j'allais, moi-même, y faire ma visite au T. S. Sacrement et à Notre-Dame du Puy ! Je l'observais, sans qu'il pût s'en douter, et il me semblait voir un ange en extase devant le trône de l'Eternel.

Souvent il me réservait l'agréable surprise de me servir la messe, et je me rappelle les réflexions édifiées des assistants, sur l'humilité de son attitude et la ferveur de sa piété. En parlant de lui, nous disions : « *Quel rude chrétien !* » rude pour lui-même seulement, car nous n'ignorions rien de ses austérités, mais si bon, si charitable, si prévenant pour tous !

J'ai dit plus haut qu'il fut un homme *complet* ; je ne crois pas, en effet, que l'on puisse trouver une pareille réunion, dans le même personnage, de dons et d'avantages de l'esprit, de l'âme et du cœur. Il était à la hauteur de toutes les situations ; il s'imposait, par la pondération parfaite de son caractère, à l'estime et à l'admiration de tous, amis et ennemis... Éducateur, maître de la vie spirituelle, administrateur, il fut tout cela avec la supériorité que la vertu assure toujours à l'homme qui ne voit que Dieu et son devoir. Il faudrait des volumes pour détailler ses œuvres ; entre toutes, il est juste de remarquer ces associations de jeunesse qui ont pour but de conserver à vos anciens élèves l'inappréciable bienfait de l'éducation chrétienne. Quelle impulsion n'a-t-il pas donnée à vos Juvénats ou Petits-

Noviciats! et quelle joie fut la sienne lorsque, grâce aux largesses d'une généreuse chrétienne, il put doter notre ville du Puy de ce superbe bâtiment que j'eus le bonheur de bénir! Son activité suffisait à tout; mais au milieu des plus absorbants travaux et des affaires les plus compliquées, il sut conserver toujours cette paix de l'âme qui rayonnait sur son bienveillant visage. Et maintenant il n'est plus! Mais s'il a disparu de nos regards, il ne disparaîtra pas de notre vie : il vivra dans notre souvenir et dans nos cœurs, et Dieu accordera à ce bon et fidèle serviteur la seule récompense qu'un *saint* puisse ambitionner : celle d'engendrer, par ses exemples, *des saints comme lui !*

A vous de cœur, in X^to.

† GUSTAVE-ADOLPHE,
Évêque de Troyes.

ÉVÊCHÉ
DE   Versailles, le 24 février 1905.
VERSAILLES

Mon Très Honoré Frère,

En dépit des tristesses de l'heure présente et des préoccupations de l'avenir, vous commencez à recueillir les documents et témoignages qui doivent servir à écrire un jour la vie du Très Cher Frère Exupérien, de sainte mémoire. C'est là une pensée pieuse, et les amis de l'Institut ne peuvent que s'en réjouir et vous en féliciter. La vie de votre cher défunt est de celles, en effet, qui méritent d'être proposées comme modèle.

Mgr Goux considérait le Très Cher Frère Exupérien comme une des lumières de l'Institut, comme un de ces hommes précieux que Dieu suscite aux heures difficiles, pour être les ouvriers d'une grande œuvre de salut pour leurs frères. Sa mission providentielle, —

qu'il a remplie avec d'autant plus d'efficacité qu'il a apporté dans son action plus de détachement de lui-même, plus d'humilité sincère et profonde, — c'était de promouvoir, dans les fils de saint Jean-Baptiste de la Salle, et dans les générations de jeunes gens sortis de leurs écoles, un plus grand désir de la vie surnaturelle, un zèle plus ardent pour la pratique des vertus religieuses et pour l'accomplissement des devoirs chrétiens. De là, l'œuvre des Retraites, à laquelle il a consacré le meilleur de sa vie. Dieu seul sait le bien qui s'est opéré par ce moyen ; et si les murs d'Athis pouvaient parler, ils nous diraient tous les dévouements, tous les enthousiasmes, toutes les générosités, que les retraites fermées ont allumés dans les âmes.

Mgr Goux savait cela, et, dans le Frère Exupérien, il estimait, il aimait l'homme de Dieu par dessus tout. Aussi les rapports entre le Prélat et l'humble Frère étaient-ils empreints d'une réciproque confiance et d'une touchante cordialité.

Un jour vint où, les forces de Monseigneur trahissant sa bonne volonté, je me trouvai l'intermédiaire indiqué pour traiter, avec le Cher Frère Exupérien, les affaires qui l'amenaient à Versailles. Je garderai toujours un souvenir ému de ces rencontres, assez fréquentes dans les derniers temps, où il me fut donné de connaître cette grande et belle âme. Il s'ouvrait facilement avec moi. A plusieurs reprises, les événements qui se précipitaient vers les solutions extrêmes ont provoqué entre nous, il m'en souvient, des échanges de vues, de craintes et d'espérances ; et à chaque fois, j'ai été frappé de la profondeur de son coup d'œil et de l'esprit surnaturel qui lui faisait envisager, sous leur vrai jour, les hommes et les choses.

J'ai pu me rendre compte ainsi, en subissant moi-même l'ascendant de ses qualités éminentes, de l'impression qu'il devait produire, pour l'honneur de la cause catholique, dans les milieux universitaires ou gouvernementaux où l'appelaient ses fonctions, par la parfaite sérénité de son âme habituée à planer sur les sommets, par la droiture de ses intentions, par la loyauté de son caractère, jointe à une remarquable finesse d'esprit, et par la sûreté d'un jugement qu'é-clairaient à la fois les lumières d'une raison ferme, et les clartés supérieures des principes chrétiens.

C'est ainsi que m'est apparu, comme homme et comme religieux, le Cher Frère Exupérien, et je remercie le Ciel de l'avoir connu. En le perdant, Très Honoré Frère, l'Institut a fait une immense perte, ou plutôt, pour envisager les choses du point de vue chrétien où il aimait à se placer toujours, Dieu vous a ménagé là-haut un protecteur de plus.

C'est en revenant de Versailles, où nous avions passé une bonne heure ensemble — permettez que j'évoque ce souvenir — qu'il fut victime de l'accident qui mal-heureusement abrégea ses jours. Il est parti trop tôt pour nous ; mais consolons-nous, puisque Dieu lui a épargné la douleur de voir, de ses propres yeux, la réalisation du mal qu'il redoutait tant, pour sa Congré-gation et pour l'Église de France.

Veuillez agréer, mon Très Honoré Frère, l'hommage de mon profond respect.

L. LEBLANC,
Vicaire capitulaire.

CHAPITRE VIII

Le F. Exupérien et les Œuvres de Jeunesse.

Après la sanctification de ses membres, la sollicitude dominante de notre Institut a toujours été de conduire à Dieu l'enfance et la jeunesse, en les préservant des dangers qui menacent leur foi et leur vertu. Mais ces dangers ne varient-ils pas, au moins d'intensité, suivant les époques et les pays, avec l'influence, accrue ou diminuée, que l'esprit chrétien exerce sur les familles et la société ? D'où la création des œuvres de persévérance, pour continuer l'action éducatrice de l'école ; d'où aussi les transformations qui, successivement, y furent introduites.

Pendant des siècles, l'histoire de l'enseignement primaire ne signale à peu près aucune préoccupation, de la part des maîtres, pour suivre l'enfant à sa sortie de l'école. Au dix-huitième siècle, et malgré les heureuses initiatives de saint Jean-Baptiste de la Salle, on compta sur le milieu familial pour affermir l'éducation scolaire. Lors du rétablissement de notre Congrégation, il y eut d'abord, et trop peu de Frères, et trop d'écoles à créer, pour que l'on ajoutât aux fatigues des maîtres, par des œuvres post-scolaires. Et cependant, combien elles eussent été utiles ! On songea d'abord aux adultes.

Vers 1840, les symptômes d'un retour à la religion se manifestèrent parmi les ouvriers. On en profita pour créer des groupements chrétiens, qui devaient donner la cohésion aux bonnes volontés isolées. Dans nos écoles, un des moyens fut la création des *Sociétés de Saint-François-Xavier, pour l'instruction morale et religieuse des adultes.* Dès l'origine, les abbés Le Dreuille, Crozes et Massard s'y dévouèrent au tout premier rang, et partout nos Frères mirent, à seconder le clergé, une abnégation et un zèle que stimulaient le T. H. F. Philippe et le F. Arthème, Visiteur de Paris. Des hommes d'œuvres, tels que MM. Henri de Riancey, Raymond Brucker, Casimir Gaillardin, Antonin Rondelet ; des orateurs comme le P. Lacordaire et le P. de Ravignan, apportèrent aux ouvriers l'enseignement religieux et social mais à Sainte-Marguerite, à Saint-Nicolas-des-Champs, à Saint-Sulpice et ailleurs encore, c'est l'activité des Frères qui maintint la prospérité de ces sociétés, très florissantes avant 1870. Les ouvriers aimaient leurs anciens maîtres, et le clergé trouvait, dans cette reconnaissante affection, un point d'appui pour son influence moralisatrice.

Directeur des novices ou Assistant, le F. Exupérien n'eut guère de rapports qu'avec les directeurs ecclésiastiques ou laïques des sociétés de Saint-François-Xavier. La guerre franco-allemande précipita d'ailleurs le déclin de ces groupements, d'où la vie semblait se retirer pour passer à d'autres organisations. Toutefois ils comptaient encore à Paris 2.600 membres en 1875, et 2.400 en 1879. L'abbé Crozes, aumônier général des prisons et directeur de la société, à Sainte-Marguerite, disait au F. Assistant : « Nos associations ont eu une grande utilité, à leur heure. Aujourd'hui, c'est aux patronages et aux cercles catholiques qu'appartient l'avenir. »

A l'époque où l'abbé Crozes parlait ainsi, les cercles catholiques avaient pris une grande extension, sous l'action de M. Maurice Maignen et de M. le comte de Mun.

Les patronages existaient depuis plus longtemps. En 1843, le T. H. F. Philippe créait, à la demande du vicomte Armand de Melun, l'*Œuvre de la Jeunesse*, dans notre école Sainte-Marguerite : c'était le premier patronage. Les écoles de Saint-Augustin, en 1847 ; de Saint-Thomas d'Aquin et de Saint-Ambroise, en 1852 ; de Saint-Denis, en 1853, suivirent cet exemple. En dehors de notre Institut, un admirable mouvement se manifestait aussi en faveur des patronages, surtout à la communauté des Frères de Saint-Vincent de Paul, rue du Regard, dont l'œuvre fut plus tard transférée au Cercle Montparnasse. La jeunesse catholique allait donc être comme enserrée dans un réseau de créations diverses, qui se proposaient toutes un même but : la persévérance chrétienne des générations nouvelles.

Dès son entrée en fonctions, le F. Assistant déploya le plus grand zèle pour l'extension et surtout la forte organisation chrétienne des œuvres de jeunesse. Le F. Joseph, alors Directeur du Cercle des Francs-Bourgeois, avait sans doute fait partager à son ami l'ardent désir qui inspira plus tard l'un des premiers actes de son généralat : enrôler le plus de Frères possible en des œuvres de persévérance chrétienne, établies pour les adolescents et les jeunes gens. Selon que le fait remarquer un de nos chers Frères Visiteurs, « les obstacles étaient grands en 1873 ; l'heure ne semblait guère propice à la création de nouveaux moyens d'apostolat. Comment le clergé pourrait-il soutenir, à côté des œuvres paroissiales fonctionnant dans l'église, des œuvres de persévérance se développant hors de l'église ? » — « Nous pouvons nous dévouer, disait le F. Assistant ; mais c'est surtout par les sacrements et la parole du prêtre que l'esprit chrétien se fortifie dans les âmes. Il nous faut des prêtres dans nos œuvres. » De son côté, le vicomte de Melun disait au F. Exupérien : « Mon cher Frère, votre Institut est une puissance pour christianiser la jeunesse. Allez-vous nous abandonner ? » Loin de rien abandonner, on créa de nouveaux patronages.

Malgré les difficultés que font naître nos absorbantes fonctions d'instituteurs, les patronages se multiplient donc à Paris. En 1875, nous en dirigeons 17, fréquentés par 3.018 jeunes gens ; en 1877, il y a 21 patronages et 3.616 jeunes gens ; en 1879, 23 patronages et 3.478 jeunes gens. Le jour où les œuvres de jeunesse célébrèrent leurs Noces d'or à la basilique de Montmartre, en 1893, les Frères comptaient, dans le département de la Seine, 53 patronages fréquentés par près de 5.000 sociétaires.

Mais une œuvre catholique vaut moins par le nombre de ses adhérents que par l'esprit qui les anime. Aussi, plus encore que les créations à multiplier, ce qui préoccupe le F. Exupérien, c'est la recherche et l'application des mesures qui doivent développer l'esprit chrétien dans les patronages. Une transformation lui semble urgente, ou, tout au moins, une œuvre complémentaire, qui entretiendrait partout le feu sacré de l'apostolat. « Nos patronages se bornent trop, dit-il, à retenir des jeunes gens, pour les préserver des fréquentations malsaines ; il leur faudrait

une vie chrétienne plus intense, et, par ce moyen,
plus apostolique. » En 1877, c'est-à-dire cinq années
avant la fondation de l'Association de saint Benoît-
Joseph Labre, il écrit :

« Le but à atteindre, dans les œuvres de jeunesse,
est non seulement l'accomplissement des *pratiques* obligatoires du christianisme, mais le règne de l'*esprit* du
christianisme. Sans l'esprit chrétien, les œuvres sont
un corps sans âme. Qu'y aurait-il à faire, pour vivifier
les Sociétés de Saint-François-Xavier et les patronages ?
Il faudrait former une congrégation avec l'élite. Se mettre
peu en peine des obstacles humains ; Dieu seul veut être
l'auteur de cette œuvre. »

Dieu en serait l'auteur, mais il devait la susciter
à l'heure qu'on croyait le moins propice. « La laïcisation des écoles de Paris, en 1879 et 1880, écrit un
Frère Directeur, nous priva des vastes locaux qui
avaient vu se développer les œuvres de jeunesse,
dont l'existence se trouvait ainsi compromise. Il
fallut l'énergie du F. EXUPÉRIEN pour maintenir, en
des conditions presque toujours défavorables, ces
réunions que les circonstances rendaient plus nécessaires que jamais. »

Les patronages réorganisés, le F. Assistant insista
pour qu'ils fussent vraiment chrétiens. Sans s'opposer aux séances récréatives, il voulait qu'on en
limitât le nombre, et qu'on y exerçât une active
surveillance. Il réclamait pour que toute trivialité
en fût proscrite. « On peut, disait-il, récréer en
élevant les âmes ; pourquoi donc le faire en les
abaissant ? » Il entendait qu'un patronage ne dégé-

nérât jamais à ce point de ne plus être, selon le mot de Mgr d'Hulst, « qu'un estaminet bien pensant ». A propos de cette conception très juste que le F. Exupérien s'était faite des patronages catholiques, **un des membres les plus actifs des œuvres de Paris** écrit : « J'ai pu apprécier que le seul mobile qui guidait le F. Exupérien était le bien des âmes. Sa première ambition, pour les jeunes gens, était de les voir devenir de parfaits chrétiens. Dans nos Œuvres, promenades et séances n'étaient à ses yeux que l'accessoire, choses bonnes à distraire les jeunes gens, à occuper un temps qu'ils auraient peut-être plus mal employé. Il le répétait : les exercices de piété, la fréquentation des sacrements, **les retraites et les récollections d'Athis** sont les moyens qui feront, des patronages, autant de foyers de vie chrétienne. »

Cette œuvre admirable des retraites fermées, que tant de prêtres et de laïques ont proclamée la plus féconde peut-être de toutes celles qu'a entreprises le F. Exupérien, ne pouvait guère être introduite sans une préparation spéciale. Ne fallait-il pas qu'un groupement d'élite fût d'abord constitué, pour lui assurer des adhérents ? On ne saurait trop le reconnaître, l'œuvre d'Athis ne fut possible qu'après la fondation de l'*Association de Saint-Benoit-Joseph Labre*. Les détails relatifs aux débuts de cette pieuse société nous sont fournis par l'un de ses premiers membres, et surtout par un Frère qui fut, de 1882 à 1903, le collaborateur dévoué du F. Exupérien dans les œuvres de jeunesse.

Le 21 mai 1881, le F. Exupérien assistait, dans

notre pensionnat de Passy, à la réunion générale annuelle des Œuvres de la jeunesse. Et pendant que se succèdent les discours et les rapports, sa pensée se fixe, avec plus d'insistance que jamais, sur la congrégation que, depuis cinq ans, il songe à former. Une inspiration très forte le pousse à ne plus différer l'exécution de son projet. La réunion terminée, il dit à M. l'abbé Chaumont, aumônier de la Maison-Mère : « Il y a sûrement, dans l'assemblée que nous venons de voir, des jeunes gens que transformerait en apôtres une éducation plus forte que celle des patronages. Il faut les découvrir, les grouper, les former, et s'en servir pour améliorer nos œuvres. » M. l'abbé Chaumont était trop zélé, pour ne pas accueillir avec joie cette proposition.

Le 9 juin suivant, se trouvaient réunis à la Maison-Mère, avec neuf jeunes gens de nos patronages, le F. Exupérien, M. l'abbé Chaumont et M. l'abbé Gabiller, tous deux disciples de Mgr de Ségur. Dans cette première séance, on décida : 1º d'élaborer un règlement spécial pour l'Association naissante ; 2º de lui chercher un Directeur spirituel ; 3º de lui choisir un patron.

Un jeune homme, aujourd'hui prêtre, proposa à ses camarades de se placer sous la protection de saint Benoît-Joseph Labre, l'humble pèlerin qui venait d'être canonisé. Un tel choix était un premier coup d'audace. Des Parisiens, se réclamer du saint dont les extraordinaires pénitences scandalisaient si fort la légèreté et l'impiété mondaines : y songeait-on ? Saint Benoît Labre, au contraire, enthousiasma

de suite ses nouveaux clients : c'était un saint français, et si nouvellement élevé aux suprêmes honneurs, que peu d'associations, sans doute, s'étaient
placées sous sa protection ; c'était un adorateur assidu
du très saint Sacrement, enfin un pénitent admirable et un contempteur héroïque de l'esprit du monde.
Il y avait, dans ces considérations, de quoi séduire
des âmes ardentes. Elles n'hésitèrent ni devant une
sorte de défi jeté à l'esprit du siècle, ni devant l'engagement de se placer en face d'un si haut modèle :
à l'unanimité, saint Benoit Labre fut reconnu comme
patron. Le F. Exupérien s'en réjouit, car il avait une
grande dévotion au « Saint français ».

Les premiers membres de l'Association de Saint-
Labre étaient tous de jeunes hommes notoirement
pieux et qui avaient donné des preuves d'un catho-
licisme militant. A la nouvelle entreprise, ils apportaient l'enthousiasme de leurs vingt ans, l'énergie
de leur foi, et une ardeur de prosélytisme que rien
ne pourrait décourager. Ils allaient devenir, en se
perfectionnant encore, le levain qui transformerait, à
Paris, nos œuvres de persévérance.

Ils connurent, dès l'abord, les difficultés par lesquelles Dieu éprouve les institutions qu'il veut affermir. Certaines personnes craignirent que la nouvelle
Association ne nuisît aux œuvres paroissiales ; d'autres, qu'elle affaiblît les patronages. Mais le F. Exupérien soutint les sociétaires, et, selon ce que rapporte l'un d'eux, il leur dit : « Soyez le ferment de
nos œuvres ; préparez-y le renouvellement de l'esprit chrétien. Pour cela, purifiez-vous du vieux le-

vain, c'est-à-dire combattez toute habitude qui conduit au mal, et donnez votre cœur à Notre-Seigneur.
Les âmes d'élite sont le fondement des œuvres.
Allez, avec une sainte et prudente audace. Ne vous
laissez arrêter par rien, sinon par la volonté de Dieu ;
et regardez les épreuves comme des signes de la protection divine. »

Cette audace pour le bien fut, avec la dévotion à
l'Eucharistie, la grande ressource des fondateurs de
l'Association de Saint-Labre. Elle attira bientôt à
l'Œuvre les sympathies du cardinal Guibert et de
plusieurs prêtres les plus influents de Paris. M. l'abbé
Le Rebours, curé de Sainte-Madeleine, prit sous sa
protection la section organisée sur sa paroisse, et
Mgr d'Hulst, recteur de l'Institut catholique, prêcha
un Avent aux sociétaires, dans l'église des Carmes.

Dès 1883, le F. Exupérien avait présenté aux associés de Saint-Labre le F. Alban-Joseph, alors Directeur des novices, ainsi initié aux œuvres de jeunesse. A partir de 1885, il s'effaça peu à peu, pour
laisser toute liberté d'action à son collaborateur,
devenu Visiteur de Paris, et aux auxiliaires dont
celui-ci allait s'entourer. Le F. Assistant se réserva
le rôle discret de conseiller intime, et celui, plus
important encore, d'intercesseur auprès de Dieu.
« Ce qui est plus méritoire et plus nécessaire dans
les œuvres spirituelles, a-t-il écrit, ce n'est pas l'ardeur avec laquelle nous nous y portons, mais le
renoncement à notre volonté propre et la recherche
de l'abjection. »

L'association était une œuvre toute spirituelle :
elle devait donc placer dans la prière sa plus ferme
ressource. Elle remit entre les mains de Dieu le soin

de ses intérêts, et Dieu lui donna la bénédiction de la fécondité, en faisant naître d'elle d'autres œuvres toutes animées de l'esprit de Saint Labre. « Ah ! F. Exupérien, avait dit au F. Assistant le vicomte de Melun, votre Saint-Labre, voilà l'œuvre véritable, celle qui sauvera nos patronages. » Le T. H. F. Joseph, que tout succès apostolique faisait tressaillir, d'où qu'il vînt, en exprimait un jour sa joie aux Frères Directeurs de Paris. Puis il ajouta : « Plus que je ne saurais le dire, je suis heureux de la prospérité de l'Association de saint Benoît-Labre ; mais à Dieu ne plaise que nous jetions un blâme, si léger et si indirect soit-il, sur ce qu'ont fait nos prédécesseurs ! En des temps très difficiles, ils ont réalisé ce qui était possible pour préserver la jeunesse. Imitons-les, en perfectionnant leur entreprise. » Le saint Pèlerin protégea fort ses dévots serviteurs. Eux qui se proposaient de n'admettre dans l'Association que 30 à 40 membres, ils en virent s'élever progressivement le nombre. En 1901, on en comptait 1903.

La première œuvre vers laquelle l'esprit d'initiative porta les sociétaires de Saint-Labre fut celle des adorations nocturnes du très saint Sacrement, dans la basilique de Montmartre. Au début, chaque nuit voyait quelques associés tenir compagnie à Notre-Seigneur, et souvent le F. Exupérien s'associait à ces veilles saintes. Par la suite, on réglementa les présences : les patronages de Paris eurent chacun leur jour fixé, et, sans interruption depuis vingt ans, ils envoient des adorateurs à Montmartre, le samedi de chaque semaine.

A la dévotion envers l'Eucharistie, le saint Pauvre des Quarante-Heures joignait un singulier amour de la pauvreté. Ses clients l'imitèrent, en répandant autour d'eux l'amour des pauvres. C'est à leur association qu'il faut attribuer la multiplication, dans nos écoles, des petites Conférences de Saint-Vincent-de-Paul. La première avait été établie à Saint-Ambroise, en 1866, par le curé de la paroisse, mort cardinal archevêque de Reims. Ces petites Conférences sont aujourd'hui au nombre de 39, groupant 590 confrères.

Pour le perfectionnement spirituel des associés de Saint-Labre, le F. EXUPÉRIEN eut recours aux retraites fermées. En 1882, elles se firent d'abord à Chaville. Mais l'acquisition et l'aménagement, par une société civile, de la magnifique propriété d'Athis, permit bientôt de donner plus d'extension à cette œuvre. Le tableau suivant présente quelques-uns de ses résultats. Dieu seul connaît les merveilles qui, par elle, se sont accomplies dans les âmes.

	1883	1888	1893	1898	1902
Retraitants de toute catégorie.	40	653	784	1.016	906
Retraitants de Saint-Labre...	31	175	329	466	506
Présences aux récollections..	76	1.088	806	1.258	1.487

A ces chiffres, il faut ajouter celui de plus de 6.000 présences annuelles aux réunions des diverses sections de Paris: voilà ce qu'est devenue la création du F. Exupérien.

Ce n'est pas tout encore : « L'œuvre de persévérance, disait-il à l'un des fondateurs de Saint-Labre, a deux champs d'action. L'un est tout spirituel, et votre association s'y développe sous l'impulsion de l'Esprit de Dieu, qui sanctifie ses membres ; l'autre est économique : c'est la part réservée au syndicat des Employés. » Le sociétaire qui nous rapporte ces paroles ajoute : « Le F. Exupérien avait compris qu'un syndicat ne vit pas de théories économiques et sociales, ni de l'argent que lui apporteraient des protecteurs influents ; mais du dévouement de ceux qui en sont l'âme, et de l'attachement des syndiqués, auxquels on rend des services personnels. » Le F. Assistant encouragea beaucoup le syndicat des Employés : il soutint le F. Hiéron, qui, pendant vingt ans, y consacra toute son activité, avec abnégation et succès.

En parlant du rôle qu'ont rempli, dans l'association de Saint-Labre, le F. Exupérien et ses collaborateurs, nous n'avons garde d'oublier quelle reconnaissance se sont acquise les prêtres chargés, par l'archevêché de Paris, de la direction spirituelle de cette société. M. l'abbé Gabiller, l'ouvrier de la première heure, et M. l'abbé Paguelle de Follenay, ne sont plus. Après eux, c'est M. l'abbé Peuportier qui, le plus longtemps, s'est consacré à l'association de Saint-Labre, à laquelle il donna son cœur.

D'une longue lettre, où M. l'abbé Peuportier apprécie la féconde carrière du F. Exupérien, nous détachons le passage suivant :

«... Plein de zèle pour la sanctification de ses Frères, il ne l'était pas moins pour celle des jeunes gens sortis des écoles de l'Institut.

« Que de fois, avant l'époque si douloureuse des premières laïcisations, n'avait-il pas gémi en voyant le peu de persévérance et d'esprit chrétien que l'on rencontrait alors chez les anciens élèves des écoles de Paris ! Déjà, il est vrai, l'œuvre des patronages existait, mais combien insuffisante au gré de ses apostoliques ambitions ! En beaucoup d'endroits, ce n'étaient que des réunions destinées à empêcher le naufrage religieux des jeunes gens qui en faisaient partie. Pour atteindre ce but, on ne leur demandait que le minimum des pratiques obligatoires : l'assistance à la messe du dimanche, et quelques rares communions faites aux plus grandes fêtes de l'année. C'était peu, il est vrai ; mais du moins la première étape était franchie, et le terrain se trouvait désormais préparé pour une organisation plus complète, et partant plus fructueuse au point de vue surnaturel.

« Un autre danger menaçait les élèves les plus intelligents des écoles congréganistes qui, à la suite des nombreux succès remportés chaque année au concours de toutes les écoles de Paris, devenaient titulaires d'une bourse d'externes dans les écoles supérieures municipales. Sans vouloir attaquer ces établissements dans lesquels, grâce à Dieu, se sont souvent rencontrés des professeurs respectueux de nos croyances, et incapables de déflorer le sentiment chrétien dans l'âme de leurs élèves, on ne peut nier cependant qu'il n'en était pas toujours ainsi ; et, en tout cas, la neutralité officielle de ces maisons, en matière religieuse, faisait courir un danger continuel à la foi encore peu éclairée, et aux habitudes chrétiennes encore peu solides de ces enfants, âgés seulement de treize ou quatorze ans.

« Lorsque, à la suite des laïcisations, les écoles paroissiales devinrent plus indépendantes, et qu'il ne fut plus nécessaire, pour le bon renom de l'éducation congréganiste, d'étaler chaque année, dans un concours public, des succès connus de tous, le cher Frère Exupérien eut vite trouvé le remède qu'il convenait d'apporter au danger que nous venons de signaler. C'est alors qu'il proposa et obtint, dans Paris, l'ouverture de quatre écoles commerciales destinées à recevoir, pendant deux ans, afin de parfaire leurs études, les élèves qui auraient obtenu les meilleures places au concours entre les élèves des écoles paroissiales du diocèse.

« Enfin, pour couronner dignement une œuvre aussi utile, il étendit à ces mêmes enfants l'inestimable bienfait des retraites de fin d'études. Pendant dix ans, j'ai pu constater les admirables résultats des lourdes dépenses nécessitées pour l'entretien de ces écoles. Nombre de vocations religieuses ou ecclésiastiques se sont révélées et ont trouvé, dans ce milieu intelligent et foncièrement chrétien, un terrain admirablement préparé pour leur développement. Plus nombreux encore sont les jeunes gens qui, de retour dans leurs œuvres paroissiales, à la fin de leurs études, sont devenus les modèles de leurs camarades, et ont exercé auprès d'eux un fructueux apostolat. Aussi lorsque, par suite de la diminution des ressources, il fut question de fermer l'une de ces écoles, j'encourageai de toutes mes forces le cher Frère Exupérien à tenter l'impossible pour les maintenir toutes. La catastrophe, aujourd'hui si menaçante, fut alors évitée, grâce au concours financier d'une personne généreuse qui prit à sa charge tous les frais d'entretien de l'école condamnée, laquelle, sans un secours si opportun, eût disparu dès la rentrée suivante.

« C'est enfin pour réunir l'élite des jeunes gens des

patronages, et offrir à leur piété l'aliment plus substantiel dont elle avait besoin, que le cher Frère Exupérien fonda, avec M. l'abbé Gabiller, vicaire à Saint-Lambert de Vaugirard, l'œuvre si belle et si féconde de Saint-Benoît Labre. Il s'était dit, avec beaucoup de raison, que le jeune homme est naturellement ardent, et, qu'en faisant appel aux élans généreux de son cœur, il devait être possible de le pousser dans une voie de piété plus qu'ordinaire.

« Les merveilleux résultats qui furent bientôt la récompense de son zèle lui montrèrent qu'il ne s'était pas trompé. Peu après sa fondation, cette œuvre qui, dans le principe, ne semblait devoir réunir que quelques jeunes gens, compta une centaine d'adhérents. Elle dépassait le millier lorsque, il y a deux ans, à la suite de ma nomination au Sacré-Cœur de Montmartre, je dus en abandonner la direction. »

Après avoir rendu hommage au dévouement du C. F. Alban-Joseph, « cet homme de foi et d'autorité, d'initiative et de volonté persévérante », M. le Supérieur de la Basilique continue ainsi, au sujet du F. Exupérien :

« Combien grande était sa joie, lorsqu'il venait à Athis, aux jours de récollection et de retraite, et qu'il pouvait établir la différence entre cette jeunesse pleine de générosité et avide d'idéal, et celle qu'il avait vue aux premières années de sa vie religieuse ! C'était une leçon de choses qu'il aimait à donner aux étrangers, en leur disant qu'à son avis une école, si chrétienne qu'on puisse l'imaginer, ne produirait que des résultats bien médiocres sans patronages, et que tous les patronages des Frères de Paris n'arriveraient à former qu'un bien petit nombre de caractères fortement trempés, sans l'œuvre de Saint-Labre.

« Et cependant une lacune existait encore, qui fut heureusement comblée en décembre 1897. Depuis plusieurs années, les anciens associés de Saint-Labre, engagés dans les liens du mariage, nous disaient combien ils regrettaient d'être privés, au moment où ils en avaient le plus grand besoin, des jours de recueillement qui leur étaient offerts lorsqu'ils étaient tout jeunes hommes. Ils auraient été si heureux de recevoir, dans la chère solitude d'Athis, des conseils adaptés à leur nouvelle situation, et de se rappeler, aux jours d'épreuves, les douces émotions d'autrefois ! Comment résister à une demande si conforme au désir que, plus d'une fois, nous avions nous-mêmes ressenti et exprimé ? Mais, comme il y avait là une innovation importante, et qu'il s'agissait d'obtenir chaque année à Athis, quatre nouvelles journées d'hospitalité, nous dûmes, le cher frère Alban et moi, présenter timidement notre requête au cher frère Assistant. Combien vite nous nous aperçûmes que nous avions eu tort de douter un seul instant du succès de notre démarche : dès les premiers mots, notre cause était gagnée, toutes les difficultés étaient aplanies et la section des mariés fondée. Modeste à ses débuts, comme toutes les œuvres divines, elle compte maintenant un nombre imposant d'époux chrétiens, conscients de leurs devoirs et de leurs responsabilités, et dont le grand souci est d'inculquer profondément, au cœur de leurs enfants, les sentiments de foi et de piété dont ils sont eux-mêmes animés.

« Hélas ! ces belles œuvres, comme beaucoup d'autres, sont aujourd'hui menacées de disparaître, et la fermeture de la maison d'Athis sonnerait le glas des retraites et des récollections, toujours si fécondes en grâces surnaturelles ! Le cher Frère Exupérien ne pouvait se faire à l'idée d'un pareil malheur. Oubliant ses souffrances, il cherchait quels moyens il serait possible de prendre, pour essayer de continuer le bien commencé, jusqu'à l'arrivée de jours meilleurs... Dieu lui a épargné la douleur d'assister à la catastrophe qu'il redoutait ; mais on peut dire que sa dernière pensée et sa dernière prière ont été pour l'Institut et pour les Œuvres. Introduit, quinze jours avant sa mort, dans la chambre où il allait bientôt rendre le dernier soupir, je lui demandais de se souvenir, quand il serait au ciel, de nos chers jeunes gens. Il me serra la main, me remercia par un mot aimable du peu que j'avais fait moi-même, et me promit de faire ce que je sollicitais. Aujourd'hui qu'il est auprès de Dieu, je suis persuadé que le cher Frère Exupérien se rappelle de sa promesse, et que, grâce à ses prières, les Œuvres ne périront pas.

« Vous me pardonnerez, mon Très Honoré Frère, ces lignes peut-être un peu longues ; elles seront du moins un témoignage de la religieuse estime que j'éprouvais pour votre cher et vénéré défunt. En venant nombreux à ses obsèques, les membres des Œuvres ont tenu à montrer combien ils apprécient le bien qu'on leur a fait. C'est au moment de l'épreuve qu'on reconnaît les vrais amis. Vous me permettrez de revendiquer ce titre, surtout dans les circonstances douloureuses que nous traversons.

« Veuillez agréer, mon Très Honoré Frère, l'expression de mon profond et religieux respect en N.-S.

« J. PEUPORTIER,

« *Chanoine Honoraire*,
« *Supérieur du Sacré-Cœur de Montmartre.* »

Ainsi que le reconnaît M. l'abbé Peuportier, le F. Exupérien entoura toujours d'une ardente sollicitude les œuvres de persévérance dont il avait abandonné à d'autres la direction. Et certes, ce n'est pas un mérite vulgaire que de conserver une égale sympathie à des organisations, soit qu'elles fonctionnent par notre impulsion, soit qu'elles relèvent d'une autre activité. Le F. Assistant était trop impersonnel dans le bien pour accumuler les responsabilités, au risque de s'en trouver un jour écrasé; mais il avait trop de zèle, pour se désintéresser de ce qu'il avait établi. Il continua donc, jusqu'à la fin de sa vie, de se faire rendre compte des résultats obtenus, des améliorations réalisées, et il conserva ses relations avec les hommes dont l'appui pouvait être utile à nos divers groupements post-scolaires. Au Conseil central des Œuvres, institué à l'archevêché de Paris, il apporta toujours le concours de sa longue expérience et de son zèle ardent. Il suivait la rédaction du *Bulletin des Œuvres de la Jeunesse*, qu'il avait créé en 1882, et dont aujourd'hui, six mille exemplaires vont, chaque mois, faire acte d'apostolat auprès de leurs lecteurs.

Faire acte d'apostolat, c'est la préoccupation que le F. Exupérien voulait voir dominer en tous ceux qui s'occupent de la jeunesse. « Quand on l'entretenait de notre Œuvre, écrit un Frère, il s'intéressait à tout ; mais ce qui l'occupait particulièrement, c'était de connaître la part faite à Dieu dans les efforts et les résultats : « Réunir un groupe de jeunes gens, disait-il, constater leur excellente conduite, les voir se préparer par le travail un bel avenir, c'est très bien ; mais que tout se fasse selon l'esprit de Dieu. Dans votre vigilance, vos prières et vos sacrifices, proposez-vous de prémunir ces jeunes gens contre le mal, afin qu'ils soient des chrétiens modèles dans la société. Voyez moins le bien réalisé, que celui qui pourrait l'être encore. »

La pensée du F. Assistant, sur les Œuvres de jeunesse, apparaîtra plus explicite encore dans les citations suivantes :

« Un directeur d'œuvre de la jeunesse ne doit avoir d'autre but que la gloire de Dieu et la sanctification des âmes. Cette pureté d'intention exclut toute satisfaction personnelle, toute consolation sensible, tout attrait naturel dans les entretiens avec les jeunes gens et dans les différents exercices de l'Œuvre.

« Il ne doit désirer que de plaire à Jésus-Christ seul, et de le faire aimer et servir par les jeunes gens ; il faut donc qu'il ferme son cœur au moindre sentiment d'attachement particulier. Qu'il aime les jeunes gens, mais d'une affection surnaturelle, en Dieu, pour Dieu seul, et tous également.

« Il doit se préparer généreusement à souffrir beaucoup de peines intérieures et de contradictions, parce que Notre-Seigneur a prédit à ses disciples, et à tous ceux qui voudraient travailler au salut des âmes, qu'ils auraient à souffrir pour l'amour de son nom. L'expérience prouve que, dans toutes les Œuvres, les succès vraiment solides, les progrès des âmes dans la vertu, sont toujours en rapport avec l'esprit de mortification de ceux que Dieu appelle à les diriger.

« Enfin il doit se proposer de tendre à la plus haute perfection, parce que ce sont nos défauts, notre tiédeur, nos imperfections, qui mettent obstacle au bien, dans les œuvres où il plaît à Dieu de nous employer. Un vase ne se répand au dehors que lorsqu'il déborde ; ainsi faut-il que la charité de Jésus-Christ surabonde en nous, pour que nous puissions la répandre dans le cœur des autres. »

A un frère chargé d'un patronage, et qui disait :
« Ce jeune homme n'écoute plus rien ; aucune

parole ne va plus à son cœur », le F. Assistant répondait : « Avez-vous prié ? » Et sur l'affirmative, il ajoutait : « Vous êtes-vous assez humilié, avez-vous assez souffert pour lui ? »

Un jour qu'il excitait un Directeur à commencer une œuvre de persévérance dans son école, le F. Exupérien en reçut cette réponse :

— Que voulez-vous que je fasse ? il me manque tant de choses !

— Vous ne compterez que davantage sur Dieu. Les œuvres à la fondation desquelles rien ne manque risquent fort de ne pas durer.

— Mais le personnel est insuffisant.

— Dévouez-vous d'abord, et Dieu vous donnera le nécessaire. Achetez votre personnel, par votre dévouement.

« Les Œuvres de jeunesse, dira-t-il encore, ne sont pas prospères parce que les membres en sont nombreux, que les séances y attirent beaucoup de monde, et que les promenades y sont très agréables. Elles sont prospères dans la mesure où l'esprit chrétien se déyeloppe chez les jeunes gens, et l'esprit apostolique en ceux qui les dirigent. Je comprends qu'il faut quelques distractions ; mais n'oubliez pas qu'avant tout, on doit viser aux âmes. Cherchez, non à attirer l'attention des hommes, mais les complaisances de Dieu. »

La doctrine ascétique du F. Exupérien apparaît ici, comme ailleurs, avec ses principes fondamentaux : l'obligation, pour l'apôtre, de renoncer à soi-même, par l'humilité et la mortification, et d'implorer le secours de Dieu, par une prière fervente, accompagnée d'un généreux détachement de toute vue personnelle. Ces mêmes principes vont se retrouver, avec des applications diverses, dans ses conseils spirituels.

CHAPITRE IX

Les conseils spirituels du F. Exupérien.

Un religieux éminent de notre Institut, qui, pendant de longues années avait eu recours aux conseils du F. Exupérien, en matière de spiritualité, disait de lui : « Il a de grandes lumières. Prêtre, il fût devenu un incomparable directeur d'âmes. » Ce religieux était le T. H. F. Joseph. — Par conseils spirituels, nous entendons les avis que donnait le F. Assistant, en réponse aux communications spontanées faites par les Frères ; ses exhortations pour inspirer l'amour et la pratique des saintes observances, et pour exciter toutes les bonnes volontés à s'avancer dans les voies divines. Il se bornait strictement à cela, sans jamais empiéter sur le rôle que réservent au prêtre sa science et ses fonctions.

Un Frère caractérise ainsi les conseils spirituels du Frère Assistant :

« Les conseils du F. Exupérien semblent se résumer en deux points : renoncer à soi-même, c'est-à-dire à la nature déchue, et n'agir que par la conduite de Dieu, le mouvement de son Esprit, et en vue de lui plaire. La première partie de ce programme suppose la destruction progressive des obstacles à la vie surnaturelle ; la seconde est l'établissement, en nous, du règne de Notre-

Seigneur, par la docilité au Saint-Esprit et la pratique généreuse des vertus. Pas d'autre terme, à cette transformation de l'âme, que le degré de sainteté assigné par Dieu à chacun de ses élus.

« Très souvent, le F. Assistant rappelle l'obligation contractée par le religieux de tendre à la perfection. « S'il est dit aux simples chrétiens : *Que celui qui est juste se justifie encore ; que celui qui est saint se sanctifie encore* (Apoc., XII, 11), ce précepte du progrès continu est surtout obligatoire pour les religieux. Ils sont dans la voie de la perfection, et renoncer volontairement à s'avancer serait contrevenir à un devoir d'état. C'est à eux que s'applique cette parole du Livre des *Proverbes* : *Le sentier du juste est comme une lumière brillante qui s'avance et qui croit jusqu'au jour parfait.*

« Le F. EXUPÉRIEN insiste sur la réaction vigoureuse qu'il faut apporter contre les tentations, les occasions extérieures de péché, les illusions et les sophismes de l'esprit du monde, les défauts et la passion dominante. Il rappelle les dispositions avec lesquelles le soldat de Jésus-Christ doit combattre, pour soumettre son propre cœur au divin Maître : « désir de s'avancer dans la voie spirituelle, bonne volonté constante, fidélité à la grâce, délicatesse de conscience, recueillement intérieur, pureté d'intention, exacte régularité jusque dans les plus petites choses ». — « Dans cette lutte, dit-il, nous devons nous assurer le secours de Dieu, par la prière et les sacrements ; il faut affaiblir l'empire des sens, par la mortification généreusement pratiquée. Alors, selon notre coopération aux grâces que Dieu nous accorde, nous vivons de la foi, nous pratiquons les vertus, nous vivons unis à Jésus-Christ. »

« Vivre unis à Jésus-Christ, telle est la recommandation principale du F. EXUPÉRIEN, qui traduit ainsi la devise que nous a donnée le saint Fondateur : *Vive Jésus dans nos cœurs !* »

Dans l'application, quelles sont les qualités de cette direction ? Elle est clairvoyante, pénétrée de mansuétude, vigoureuse et patiente. Un mot suffit au F. EXUPÉRIEN pour lui révéler un état d'âme ; sa perspicacité et son expérience lui donnent une sûreté de vue dont bien des Frères sont demeurés ravis. Pour compatir à la faiblesse des tempéraments, à l'état précaire des santés, à l'imperfection des âmes, il a des trésors d'industrieuse charité. Il console, et suavement. Selon les besoins, il éclaire, aiguillonne, relève, modère ; surtout il prie et souffre pour ceux qu'il conduit. Il se refuse à désespérer d'un homme, tant qu'il trouve en lui de la loyauté. Souvent il a des pardons d'une magnanimité telle que seuls les saints peuvent en avoir appris le secret auprès du Cœur de Jésus. Qu'on ne l'ait jamais trompé, certes il ne l'a pas prétendu. Mais plus d'une fois, il feignit de se laisser persuader, pour gagner à Dieu son interlocuteur.

Voici un trait de cette finesse, que le F. EXUPÉRIEN apportait dans la direction des hommes : « Un jour, raconte un Frère, j'avais fait connaître au F. Assistant un procédé qui, de la part d'un confrère, m'avait vivement froissé. Et comme il arrive en ces occasions, j'avais grossi les torts dont je me plaignais, et montrais quelque peine à excuser le fait, par l'inadvertance ou la bonne intention. Le F. EXUPÉRIEN me regarda : « Je crois, me dit-il, que vous avez raison ; votre confrère a tort. Vous ferez donc un chemin de croix, afin de demander à Dieu, pour ce Frère, le degré de perfection que vous croyez avoir atteint vous-même. » Et il me congédia avec un fin sourire.

— Je fis le chemin de croix, et demandai, pour moi-même, un peu d'humilité. »

Avec certaines âmes, la vigueur du F. Exupérien était étonnante. Tantôt c'est un cri d'alarme, pour signaler le danger, et tantôt un appel véhément à la régularité. Il offre à celui-ci, par un refus pénible, l'occasion d'un méritoire sacrifice ; il impose à celui-là un brusque changement, sans le motiver par aucune raison. Plusieurs l'ont trouvé dur, en certaines circonstances ; l'émotion passée, ils lui ont rendu justice. La mesure d'estime qu'a pour ses Frères cet homme si mortifié, se révèle par la manière dont il les traite. Ceux auxquels il accorde beaucoup, il les tient un peu pour des enfants qu'il faut attirer ou ménager. Au contraire, ceux qu'il mène « tambour battant », comme il dit, ont dû lui donner des preuves de vertu solide, pour qu'il les honore ainsi.

Pas de longs discours dans ses directions intimes. En quelques paroles brèves, le F. Exupérien répond à ce qu'on lui soumet. Voici quelques-uns de ses conseils :

« Soyez fidèle, et Dieu vous donnera une lumière sûre et une force efficace pour toute situation délicate ou difficile. »

« Dieu seul peut vous donner le triomphe complet sur votre nature ; mais il vous perdrait, s'il vous l'accordait trop tôt. »

« Rien de meilleur, dans notre faiblesse, que d'aimer ce qui nous humilie, et de ne pas nous laisser attrister, décourager, à la vue de notre impuissance. »

« Prenez pour devise ces simples mots : *Ne rien refuser à Jésus.* »

« Justifions le plan divin sur nous : devenons des saints.

« Un homme uni à Dieu, sans grands talents, produit plus de bien qu'un grand nombre d'autres ayant des qualités remarquables, mais restant dans l'ordre naturel. »

« Vivez sans désirs et sans craintes ; ou plutôt ne désirez que la gloire de Dieu et la gloire du ciel, et ne craignez que le péché. »

« Apprenons de Notre-Seigneur à être doux et humbles : c'est la vraie politique ; celle qui réussit toujours tôt ou tard. »

« La ruine d'une âme commence le jour où elle néglige volontairement l'oraison. »

« Rien ne brise le ressort de la volonté comme l'habitude de faire ce qui plaît. »

« Agir d'après ce qu'on doit faire, et non d'après ce qu'on voit faire. »

« Nous manquons de caractère, parce que nous manquons de conscience. Obéissons à la Règle et à notre conscience : Dieu sera avec nous. »

Puisque la direction spirituelle est une application individuelle des principes de perfection, elle vaut surtout par la manière dont elle s'adapte à l'âge, à la situation, aux besoins, au degré de vertu des dirigés. Le F. Exupérien s'y appliquait avec un grand tact. Si, dans les conférences, il semblait parfois oublier les degrés nombreux qui s'échelonnent entre la médiocrité et les cimes de la perfection, dans les entretiens particuliers il se faisait tout à tous. Là, c'était le vibrant appel au parfait ; ici, la recherche du possible, suivant la grâce et le courage de chacun.

Avec les jeunes religieux, le F. Assistant se montre bon, patient, encourageant. Il les recommande à la sollicitude paternelle des Frères Directeurs ; il supplie les Frères profès de les édifier par des exemples d'obéissance et de régularité.

« Pour un religieux, écrit-il, le premier apostolat est l'apostolat fraternel. Soyons apôtres auprès des jeunes Frères, par nos exemples. »

Il écrit à un Directeur :

« Comme Directeur, vous tenez la place de Dieu. Revêtu de son autorité, dépositaire de ses droits, vous devez être son imitateur dans sa manière de gouverner. N'oubliez pas que la bonté est, de toutes ses perfections, celle qu'il nous manifeste le plus.

« Votre charité ne doit pas se borner aux sentiments mais passer jusqu'aux effets... Ayez, pour les jeunes Frères, un cœur de père. Considérez-les comme des enfants de prédilection, que le Seigneur vous a confiés pour purifier leur cœur, les élever à la perfection, et préparer à Jésus-Christ des serviteurs dignes de lui. Pourvoyez avec soin, et sans craindre votre peine, à tous leurs besoins spirituels et corporels... Ainsi vous arriverez à conquérir les cœurs ; et une fois que vous les tiendrez dans vos mains, vous les façonnerez aisément, comme on façonne une cire molle. »

« L'Institut, disait le F. Exupérien, sera ce que deviendront les jeunes Frères » : de là, sa très particulière affection à leur égard. C'est pour eux qu'il avait écrit le *Souvenir du Noviciat*, les *Motifs d'encouragement* et les *Motifs de zèle*. C'est à eux que s'adressait une bonne partie de sa correspondance. Si pressé qu'il fût, il répondait immédiatement à leurs lettres. Un jeune Frère du district de Paris, envoyé depuis quelque temps à Madagascar, reçut de lui les lignes suivantes :

«... A Madagascar comme à Paris, et plus encore à certains points de vue, il faut mettre votre confiance dans le bon Dieu, et tout attendre de lui. Le bon Maître est à Madagascar comme en France ; et si vous avez quitté beaucoup de choses, vous trouvez une chapelle, où vous pouvez communier et puiser, dans la divine Eucharistie, tous les secours dont vous avez besoin. Jamais Dieu ne se laisse vaincre en générosité. Ne l'oubliez pas : rien d'essentiel ne vous manquera, si vous restez pieux et régulier. Vous aurez à souffrir, peut-être beaucoup ; mais ayez bon courage. Dieu sera avec vous ; il vous récompensera, en d'infinies proportions, de tout ce que vous aurez fait pour sa gloire. Ecrivez-moi, cher enfant ; les conseils de ceux qui veulent du bien à votre chère âme vous seront toujours fort utiles.

« Ne cherchez qu'à vous sanctifier, pour sanctifier les autres. Vous serez heureux, quand un tel souci apostolique sera devenu votre seule ambition.

« Que le bon Dieu vous garde, cher enfant, vous bénisse et vous rende de plus en plus digne de votre sainte vocation. Je vous embrasse bien affectueusement dans le Cœur de Jésus.

« 15 mars 1898.

« F. Exupérien. »

Une peine très vive et persistante, pour le F. Exupérien, fut l'application de la loi du 15 juillet 1889, qui envoyait les jeunes Frères à la caserne. Une forme nouvelle d'apostolat s'imposait à lui : pendant quatorze ans, il s'y adonna avec une extraordinaire ardeur.

Pour les Frères-soldats, il organise une série de retraites : retraite du départ, quelques jours avant l'incorporation ; — retraites pendant le service, soit

à l'époque de Pâques, soit au moment de la retraite
annuelle du district ; — retraite des libérés, avant
leur rentrée en communauté. Quelle sollicitude pendant ces jours de recueillement ! Il encourage, il
excite ; il calme les craintes des uns, il signale à
d'autres certains dangers dont ils semblent trop peu
avertis. Il multiplie les recommandations ; il a tant
de choses à dire !... « Mes enfants, je crains moins
pour vous le spectacle de l'immoralité que les habitudes d'oisiveté, d'indépendance et de critique que
vous êtes exposés à contracter. Dieu sait où il vous
envoie, et sa grâce vous accompagne ; mais si vous
abandonnez la main de Dieu, que deviendrez-
vous ? » Et il recommande la fréquentation des sacrements et une tendre dévotion à la très sainte
Vierge : « Le chapelet quotidien, le rosaire, si l'on
peut, voilà le viatique du Frère-soldat. »

Les retraites de la semaine sainte avaient un cachet spécial d'intimité. Le F. Exupérien, tout aux
mystères de notre rédemption, y parlait avec une
véhémence attendrie. Une année, il conduisit à Athis
M. de Pellerin, son ancien condisciple à Béziers et
magistrat démissionnaire, à la suite de l'expulsion
des religieux, en 1880. Il le pria de vouloir bien
présider le chemin de la croix, dans le parc : ce que
M. de Pellerin fit sans le secours d'aucun livre, et
avec beaucoup d'onction.

Pendant l'une de ces réunions, les retraitants
donnèrent au F. Assistant le titre de *Général des
Frères-Soldats.* Il sourit : « Puisque vous me reconnaissez pour votre général, dit-il, allez à Celui
vers qui je veux vous conduire, vers Jésus-Christ,
notre chef à tous. » Un Frère-soldat qui ne connais-

sait le F. Exupérien que par ses conférences, hésitait à l'aborder : « Il est trop austère pour moi, dit-il à un compagnon ; c'est un homme tout bardé de fer ! » L'interlocuteur, un Parisien, lui dit : « Allez donc : le fer est à l'extérieur, mais le velours est au dedans. » Après une entrevue avec le F. Assistant, le soldat avouait n'avoir jamais rencontré autant de courtoisie jointe à autant de paternité. « Oui, répétait-il, le velours est au dedans. »

Au mois d'avril 1904, le F. Exupérien était retenu à l'infirmerie. Il fit venir dans sa chambre une dizaine de Frères-soldats, réunis par ses soins au scolasticat de Paris. « Il nous entretint de nos devoirs, dit l'un d'eux, longuement et avec une si extraordinaire affection, que plusieurs ne purent retenir leurs larmes en le quittant. »

Pour obtenir à ses chers *absents* la force de se maintenir dans leur sainte vocation, le F. Exupérien multiplie les prières et les pénitences. Il les recommande à Dieu par la prière suivante, qu'il a composée :

« Seigneur, enchaînez votre ennemi ; ne lui permettez pas de ravager votre troupeau. Si vous ne soutenez ces pauvres enfants, que deviendront-ils ? Quel triomphe pour Satan, quand il peut faire tomber un jeune religieux !...

« Que puis-je faire pour prévenir de tels coups ? Rien, rien par moi-même. Seigneur, ayez pitié de nous ! Gardez vous-même, rendez fidèles ces jeunes Frères, qui veulent vous aimer...

« Très sainte Vierge Marie, veillez sur toute une famille que je vous consacre. Agréez mes efforts, les désirs que je vous expose, et le peu que je fais pour expier et réparer. Je redoublerai d'humilité, de détachement, d'esprit de prière, afin d'obtenir que votre Fils soutienne les religieux si exposés, et qu'il les préserve de tout mal. »

Non content de prier et de souffrir par lui-même, le F. EXUPÉRIEN forme une ligue de prières et de sacrifices, dans le but de faire violence au ciel. Il publie, sur ce sujet, quelques pages où il écrit :

«... Afin d'obtenir de la bonté divine, pour ceux qui subissent la loi militaire, des grâces abondantes de force et de persévérance, rien ne semble plus nécessaire que de joindre, à l'action commune, le concours puissant de la souffrance unie aux douleurs de Notre-Seigneur Jésus-Christ. Il faut donc trouver des *victimes volontaires*, des cœurs énergiques, résolus à embrasser l'esprit de pénitence et de réparation, en suppliant le divin Maître d'en appliquer le mérite à nos Frères-soldats.

« Par un abandon total de son corps et de son âme, on se met à la disposition du Sauveur, pour qu'il puisse, en quelque sorte, souffrir en nous et par nous... La première et la plus simple de ces offrandes, est évidemment celle de ce que peuvent avoir de crucifiant, pour la nature, les obligations de la vie commune, et, par conséquent, l'exacte régularité. La direction d'intention, dans les œuvres d'apostolat et dans les actions de l'emploi dont on est chargé par l'obéissance, constitue également une valeur précieuse, dont le bénéfice peut être appliqué, en vertu de la communion des saints et sous le bon plaisir de Dieu, à la préservation et à la constance de nos Frères-soldats. Enfin les religieux placés, par la main divine, sur la croix de la maladie et des infirmités, ont en main le trésor inappréciable de la résignation et de la patience. »

Rien ne semblait plus utile, dans ces pénibles conjonctures, que de créer, entre les Frères à la caserne et leurs Supérieurs, des rapports périodiques : c'est pour les établir que le F. Exupérien inaugura, en mars 1890, les *Indications mensuelles aux Frères-Soldats*. Il en surveilla la composition et l'impression jusqu'au mois d'août 1904. Cent quarante-quatre feuilles avaient ainsi paru, qui portèrent un réconfort et un enseignement appropriés aux chers enfants éloignés pour un temps de la famille.

D'autres rapports, plus intimes, existaient entre les soldats et leur Assistant ; et celui-ci répondait avec une admirable régularité à tous ceux qui s'adressaient à lui. « C'est la première de mes besognes, disait-il un jour. Ils ont tant besoin de sentir qu'on les aime ! » A cette correspondance, nous ne pouvons faire que de courts emprunts. Il écrit en mars 1896 :

« Mon cher enfant, il y a bien des manières de servir Dieu. La vôtre est difficile ; mais qu'elle est méritoire ! Ne l'oubliez jamais : la sainteté est dans l'accomplissement de la volonté de Dieu. Cherchez à faire du bien à vos illettrés (1) ; donnez-leur quelques bons conseils à la sourdine : amenez-les à faire leurs pâques, si vous le pouvez. Faites quelques prières et sacrifices à cette intention. »

« ...Demandez-vous comment vous réalisez l'idéal du *soldat du Christ*. Devenez, au régiment, un témoin de

____

(1) Le Frère, auquel écrit le F. Assistant, donnait quelques leçons à la caserne.

Jésus-Christ, un réparateur et un apôtre. Portez Notre-Seigneur à la caserne. Priez les Anges gardiens de vos camarades, afin qu'ils les rendent meilleurs. Semez autour de vous l'esprit évangélique ; la source qui l'alimente est la sainte Eucharistie. »

Le 24 avril 1900, le F. Exupérien écrit à un Frère en garnison dans le sud de l'Algérie, et qui ne peut avoir de rapports, ni avec un prêtre, ni avec aucune de nos communautés :

« Votre lettre, mon cher enfant, sent un peu le découragement. Combattez ce sentiment ; il n'est pas inspiré par la foi. Comme le conseille notre Fondateur, appliquons-nous à reconnaître et à adorer la volonté de Dieu en tout ce qui nous arrive : c'est le moyen assuré de consoler toutes nos peines et d'accroître nos mérites. Dieu sait bien où sa Providence vous a conduit ; laissez-le faire, et sachez le bénir de tout. Vous manquez de beaucoup de choses ; mais Notre-Seigneur sait suppléer à tout, quand on correspond à ses grâces. L'important, pour vous, est de montrer une grande bonne volonté, et de ne rien omettre de ce que vous pouvez accomplir. Que le chapelet ou le rosaire, et les oraisons jaculatoires, vous tiennent lieu de ce que vous ne pouvez faire, par la force des choses.

« Écrivez-moi toutes les fois que vous le croirez utile ; je me ferai toujours un devoir de vous répondre, cher exilé. Je m'occupe de tous les soldats, mais particulièrement de tous ceux qui se trouvent isolés comme vous. Croyez à toute mon affection en Notre-Seigneur, et au désir sincère que j'ai de vous être utile.

« F. Exupérien ».

La direction spirituelle du F. Exupérien n'est pas

seulement adaptée à la situation, anormale ou non, des Frères qui s'adressent à lui ; elle se fait toute à tous, pour répondre aux besoins si variés des âmes. L'âge des religieux, leurs tendances, les obstacles contre lesquels il leur faut lutter, demandent des conseils particuliers : le F. EXUPÉRIEN excelle à guider chacun dans la voie qui lui est propre. D'abord et avec tous, il insiste sur la vie de foi et de recueillement, sur la haine du péché véniel, l'amour de la régularité, la réception fervente de la sainte Eucharistie. Il s'étend sur des points spéciaux, selon les dispositions de ses Frères. En voici quelques exemples :

A tel religieux, dont il sait la tendance à se surcharger de pratiques de dévotion, il écrit :

« La dévotion à la Règle, c'est-à-dire la fidélité ponctuelle à tout ce qu'elle réclame, voilà une admirable dévotion pour un religieux. Voulez-vous diminuer le nombre de vos fautes journalières, vous former à la pratique des vertus et glorifier Notre-Seigneur ? le moyen le plus court et le plus sûr est d'être parfaitement régulier. Le religieux le plus saint, le plus utile à sa Congrégation est, non celui qui est le plus instruit, qui occupe le poste le plus élevé, mais bien celui qui accomplit le mieux sa Règle. Des occupations très obscures, si elles sont conformes à la Règle, sont plus méritoires que de fort éclatantes, qui auraient pour principe la volonté propre.. On connaît le bon Frère à sa régularité et à son exactitude aux moindres détails des saintes observances... Craignez de vous priver des grâces attachées à la fidélité aux plus petits points de règle. Évitez surtout de contribuer, par votre exemple, à en faire transgresser un seul dans la Communauté. »

Les oppositions de caractère sont inévitables ; elles deviennent, pour les hommes associés à une même œuvre, la source de méritoires sacrifices. A ce propos, le F. Exupérien exhorte ainsi l'un de ses correspondants :

« Je sais toutes les difficultés de votre situation. Ne les exagérez pas dans votre imagination, et prenez des précautions pour vous sanctifier par la pénitence et l'humilité. Dans vos peines et les petits conflits qui peuvent se produire, ayez toujours soin de vous tourner vers Dieu, qui éclaire et console. Trouvez votre point d'appui dans l'oraison et la sainte communion. Obtenez, par notre bienheureux Père, d'animer toutes vos actions de vues et de sentiments de foi, reconnaissant et adorant en toutes choses la sainte volonté de Dieu. »

La lutte contre les manifestations diverses de l'orgueil semble, au F. Exupérien, n'être qu'une des formes d'un combat plus général : l'immolation progressive de notre volonté propre, qu'il faut soumettre en tout à la volonté divine. Il écrit :

« La perfection réside moins dans la victoire contre l'orgueil, que dans la lutte contre l'esprit et la volonté propres. Elle se résume dans l'immolation du moi.

« Il suffit d'avoir un jugement sain, pour reconnaître tout ce qui manque de lumière à notre intelligence, et de force à notre volonté ; pour nous avouer nos imperfections physiques, intellectuelles et morales. Ainsi, il est une forme de l'orgueil qui peut être combattue par les païens eux-mêmes. Mais il n'en va plus de même dans le dépouillement de la volonté propre et l'immolation du moi. La nature ne peut atteindre à cette perfection, qui est trop haute. L'homme soutenu par la grâce, le chrétien entraîné par l'exemple de Jésus, en est seul capable.

« Voilà l'idéal de la perfection. Le religieux qui est parvenu à cette immolation habituelle, pratique ses vœux dans toute leur étendue. Il peut dire, en toute vérité : *Ce n'est plus moi qui vis ; c'est Jésus-Christ qui vit en moi.* »

Un Frère expose au F. Exupérien qu'il sent en lui-même d'immenses désirs de zèle, et il lui énumère ce qu'il se propose d'entreprendre. Le F. Assistant lui recommande de moins se jeter dans l'action, et de croître davantage dans la vie intérieure :

« Ne vous préoccupez pas, outre mesure, du bien que vous pouvez faire au prochain. Le point important est de perfectionner l'instrument et de le mettre, de plus en plus parfait et docile, entre les mains de Dieu. Le bien ne dépend, ni des fonctions, ni des circonstances, et encore moins des talents et des appuis humains. Tout est dans l'union à Dieu, et dans l'abandon à sa providence. *Celui qui demeure en moi et en qui je demeure portera beaucoup de fruit. Du sein de celui qui a la foi jaillira un fleuve d'eau vive.* »

Il est aussi des âmes qui portent, dans la recherche de la vertu, l'impatiente ardeur de leur nature impétueuse. Elles voudraient avancer très vite dans les voies spirituelles, et surtout se voir avancer. Le F. Exupérien encourage ces bonnes volontés ; mais il modère leur inquiétude :

« Viser à la ferveur, écrit-il, est une excellente disposition ; mais il faut savoir se contenter de ce que l'on peut faire. Il suffit que l'œil soit très droit, que l'on veuille sérieusement le bien, et que l'on fasse son possible pour le réaliser. Il n'est pas nécessaire, il est souvent dangereux, d'avoir le sentiment, le goût de la ferveur. Méfiez-vous du désir trop ardent que vous avez d'avancer, et surtout de palper vos progrès. Je crois que, plus on avance, moins on croit avancer. Il faut avoir un immense désir de perfection, avec la résignation aux vues de Dieu sur nous, dans la distribution des dons spirituels, et la facilité plus ou moins grande qu'il nous accorde pour avancer dans la vie intérieure. »

Parfois, le F. Exupérien a devant lui un pauvre enfant, dont la vocation est ébranlée par une subite épreuve. Alors surtout il emploie les ressources de son expérience, les industries de sa charité, ses prières et ses pénitences, pour éclairer cette âme, et lui éviter une résolution à jamais déplorable. Que de vocations il a raffermies ! « J'ai connu, écrit un Frère, une heure de découragement, heure si pénible qu'elle me parut être la dernière de ma vie religieuse. Quelques lignes, fiévreusement tracées, apprenaient au F. Assistant que j'abandonnais l'Institut... Il me fit appeler. Je n'oublierai jamais cet accueil, cet embrassement, ces paroles si bonnes. Tout alla si droit à mon âme, que je sentis ma peine s'évanouir. Il ne fut plus question de me retirer. » — « J'avais, dit un autre Frère, été éprouvé en différentes manières, et si violemment, que je crus que Dieu l'avait permis pour me faire voir que je n'étais pas appelé à la vie du Frère. J'attendis une occasion favorable pour m'en ouvrir au F. Exupérien ; elle se présenta pendant une retraite annuelle. En quelques mots, je lui fis connaître ma résolution et les motifs qui la déterminaient. Mes chagrins, que d'autres n'ont pu dissiper par de longs entretiens, le F. Assistant les a fait disparaître en moins d'un quart d'heure. Il me serait difficile de dire ce qui s'est passé, dans ce court entretien ; je sais seulement que ses paroles si encourageantes et si convaincantes ont fait sur moi une telle impression, que toute idée de départ avait disparu, sans que je m'explique encore comment cela s'est produit. Je ne puis l'attribuer qu'à une bénédiction spéciale, attachée par Dieu à la parole du saint F. Assistant. Depuis ce moment, je l'ai toujours considéré comme l'instrument dont Dieu s'est servi, pour me faire connaître sa volonté à mon égard. »

Voici une lettre du F. Exupérien, motivée par des communications analogues :

« Mon bien cher Frère,

« Le monde vous séduit ? En cela rien d'étonnant : il en a séduit et perdu bien d'autres ! L'illusion dissipée, la réalité est apparue : ils s'étaient laissé tromper. Ils avaient fait banqueroute à Dieu, et voilà que le trouble de la conscience les empêchait de goûter les misérables joies dout le mirage les avait fascinés. Y pensez-vous, mon enfant : *faire banqueroute à Dieu* ? Après tant de grâces reçues, tant de promesses faites et renouvelées, abandonner l'œuvre que vous avez commencée avec tant de joie et de mérites ? Dieu suscitera des ouvriers qui reprendront le travail des serviteurs infidèles : mais que donnera-t-il à ces pusillanimes qui ont craint la difficulté ? — Ce n'est qu'une tentation passagère qui vous assaille. Regardez votre crucifix et dites-vous : « Moi aussi, j'ai été attaché à la croix, par ces clous bénis que sont mes vœux. Voudrais-je descendre de ce trône d'honneur, pour me joindre à la foule des indif-férents ou des impies ?» Vous m'objecterez qu'il y a, dans le monde, des âmes très agréables à Dieu. Je le sais, et j'en connais dont la vertu admirable me confond. Mais elles avaient vocation pour vivre au milieu des embarras du siècle. Et vous ?...

« Je prie pour vous, car je suis, vous le savez, le meilleur de vos amis.

« F. Exupérien. »

Le F. Exupérien était persuadé que la force d'une Congrégation réside dans le nombre d'âmes assez généreuses pour s'engager résolument dans les voies de la vie intérieure, et s'y retirer de plus en plus afin de vivre, sous l'œil de Dieu, dans l'oubli de soi et du monde, en s'adonnant à l'oraison, au renoncement et aux saintes austérités. « Une de ces âmes bien dégagées d'elles-mêmes, disait-il, et ne refusant rien au bon Dieu, lui procure plus de gloire qu'un grand nombre de religieux corrects, mais pas assez surnaturels. »

« Une congrégation, écrit-il, a beaucoup plus besoin de saints que de savants. S'ils sont à la fois saints et savants, quelle grâce !... Un Institut ne se soutient que par les saints qu'il compte. Quand le nombre en est insuffisant, tout s'écroule, comme un édifice auquel manquent les colonnes qui lui étaient nécessaires.

« Puisqu'il faut plus attendre de la prière que de l'action, ne conviendrait-il pas, avant tout, d'organiser la prière, et de la mettre au service de tous les intérêts que je poursuis ?

« Les intercesseurs, les *prieurs*, sont les grands protecteurs d'un Institut. L'un d'eux, s'il est très uni à Dieu, fait plus que beaucoup d'autres. En demander à Notre-Seigneur, et le devenir moi-même. »

« Il savait, écrit l'un de nos chers Frères Visiteurs, deviner ces âmes d'élite ; il savait aussi les diriger. Si éloignés que fussent ces correspondants privilégiés, les petites lettres du F. Assistant allaient les atteindre, et entretenir en elles le feu sacré du saint amour, l'ardeur dans la prière, l'esprit de réparation pour l'Institut, et d'intercession pour les jeunes Frères. Une de ses plus grandes joies était de recevoir quelques pages embaumées des plus exquis sentiments de piété. Il tressaillait à la vue du puissant travail de la grâce, en des cœurs qui battaient à l'unisson du sien. »

C'est particulièrement à de telles âmes qu'il destinait son opuscule sur l'*Esprit de victime dans l'Institut des Frères*, et sa brochure sur la *Conduite du Saint-Esprit*, d'après saint Jean-Baptiste de la Salle.

« Seigneur, écrivait-il dans ses *Notes* en 1886, faites-moi connaître ceux que vous voulez faire entrer dans cette voie de la réparation. Donnez-moi un instinct surnaturel pour les deviner, et faites naître des occasions favorables pour les découvrir.

« Il y a des religieux qui ont perdu le sens de la croix. Des victimes volontaires et généreuses peuvent seules les ramener. Les âmes crucifiées sont la terreur du démon ; il a peur de la croix matérielle, et bien plus encore des âmes crucifiées. »

Dieu donna au F. Exupérien de rencontrer de tels religieux. Tantôt c'étaient des hommes exerçant l'autorité, comme le F. Alban-Joseph, le F. Arnould, le F. Passarion, le F. Alpert ; tantôt des hommes employés dans les noviciats, comme le F. Attique, le

F. Bérain-Denis, le F. Brendan-Amedy ; d'autres, occupés à de plus humbles fonctions, comme le F. Prime, ou comme le F. Malon, réfectorier à la Maison-Mère, dont il admirait l'esprit de mortification, et dont il citait cette parole : « Quand je souffre, je pense que je suis frappé par une main blessée pour mon amour. »

Il compatissait à leurs épreuves, en homme qui avait passé par cette voie :

« L'état habituel des âmes généreuses, écrit-il, est l'épreuve : défaillances, oppositions pour le bien, impuissance de prier et d'agir, troubles intérieurs, tentations de toute espèce, dégoût pour le bien. Le Seigneur ne met ses complaisances que dans les âmes humiliées, et il n'y a d'humiliation vraie que dans la vue de nos fautes et de nos imperfections réelles, car l'humilité, c'es la vérité... Je crois que la plus grande grâce que Dieu puisse faire à une âme, c'est de lui inspirer le mépris d'elle-même. »

Est-ce au contraire le temps de la consolation ? le F. Exupérien recommande de marcher à la lumière, puisque Dieu l'envoie, mais de songer au temps où, de nouveau, les ténèbres envahiront l'âme :

« Le vrai progrès se juge, dit-il, par la facilité à s'abandonner à la volonté de Dieu sur nous, et par notre union plus intime et plus constante à Notre-Seigneur. Marchez dans la lumière, puisque le bon Dieu vous éclaire et vous conduit ; mais ne faites aucun fond sur vos dispositions actuelles. Les troubles, les inquiétudes, les angoisses intérieures, l'abattement, l'apathie spirituelle, recommenceront bientôt, *je l'espère* ; car rien de plus dangereux, dans la vie spirituelle, que la tranquillité et la paix. Bénissons Dieu surtout des peines et des épreuves qu'il nous envoie. Que c'est solide et sanctifiant ! »

Le F. Exupérien avait trop l'esprit de saint Jean-Baptiste de la Salle, il avait trop à cœur les intérêts de notre Institut pour ne pas attacher la plus haute importance au choix et à la formation spirituelle des Directeurs de nos communautés.

Un jour il fait venir un jeune profès, et lui annonce qu'il l'a proposé au T. H. F. Supérieur, pour la direction d'une communauté de Paris.

— Cher Frère Assistant, lui dit le nouveau Directeur tout en larmes, je ne puis accepter. Je n'ai ni vertu, ni science, ni talent pour l'administration.

— Mon enfant, je cherche quelqu'un qui soit persuadé de ne rien pouvoir par lui-même. Allez ; et que Notre-Seigneur soit avec vous.

C'est ainsi que le saint F. Alpert fut placé à la tête de la communauté de Saint-Joseph des Alsaciens.

Alors que le F. Exupérien remettait à un Frère l'obédience qui le constituait Directeur, il en reçut cette observation :

— Cher Frère Assistant, vous savez bien que je ne puis diriger les autres. Je suis incapable de me conduire moi-même. Je vous en supplie, laissez-moi avec mes élèves ; je serai plus tranquille.

— Croyez-vous donc que l'on vous nomme Directeur pour votre plaisir ? Dans une Congrégation, occuper une charge, c'est courber les épaules sous un fardeau. Allez, mon enfant : mettez Notre-Seigneur de moitié en tout ce que vous ferez, et com-

mencez par accomplir parfaitement vous-même ce
que vous commanderez à vos Frères.

Et il le congédia, après quelques paroles d'encou-
rageante bonté.

Une fois entrés en charge, les Directeurs devenaient
l'objet principal des préoccupations surnaturelles
de leur Assistant. Comme à toute œuvre de zèle, il
travaillait à leur perfectionnement spirituel par ses
prières et ses pénitences d'abord ; puis il les excitait
par ses exhortations et sa correspondance. Soit pendant les retraites, soit au moment des visites régulières dans les communautés, il leur remettait sans
cesse devant les yeux l'idéal du Frère Directeur,
selon saint Jean-Baptiste de la Salle.

A Paris, il avait des facilités spéciales pour les
grouper fréquemment. Depuis l'institution des concours pour les bourses dans les écoles municipales,
les Directeurs avaient chaque mois une réunion, où
se discutaient les questions scolaires. « Devenu Assistant, nous écrit-on, le zélé F. EXUPÉRIEN eut soin de
donner, à la fin de chacune de ces séances, quelques
avis de perfection religieuse. Mais trouvant insuffisante la part faite aux choses divines, il décida que,
une fois sur deux, la discussion pédagogique serait
remplacée par une récollection spéciale pour les
Directeurs. Une après-midi y était donc consacrée
tous les deux mois. »

Dans ses avis et conférences aux Directeurs, le
F. Assistant rappelait, en un langage incisif, les
devoirs de tous ceux qui ont la lourde responsabilité
de servir de guides à leurs Frères. Sa doctrine, sur
ce qu'il appelait « l'administration surnaturelle »,

se résume en une parole que, cent et cent fois, il a répétée, après le saint Fondateur lui-même : « Faites d'abord et très parfaitement ce que vous demandez de vos Frères. Soyez-leur un modèle de ce que vous souhaitez qu'ils deviennent. » Voici le commentaire qu'il en donnait un jour :

« Ne vous permettez rien que vos Frères ne puissent se permettre. Ne vous accordez rien que, dans les mêmes circonstances, vous ne deviez accorder à vos Frères. Ne permettez pas qu'on mitige en rien la Règle pour vous, qui devez en exiger l'accomplissement par vos Frères. Que votre devise soit : *Me plaire avec mes Frères ; vouloir être traité comme mes Frères ; m'appliquer en tout à être le modèle de mes Frères.* »

Avouons-le : la doctrine du F. EXUPÉRIEN n'avait rien dont pût se réjouir la nature. Sans doute il reconnaissait combien, depuis un certain nombre d'années surtout, les occupations des Directeurs sont écrasantes. Il admirait leur dévouement ; il les plaignait d'être ainsi surchargés par le soin des classes, des concours et de l'administration ; par les rapports avec les familles, les autorités et les Supérieurs. Et pourtant, jamais il ne relâcha rien de ses principes. « Un Directeur doit tendre à la sainteté, disait-il, et ne voir que Dieu et les âmes. » Il s'en expliquait ainsi à l'un de nos Frères :

« Il y a bien des manières de gouverner les hommes : La *politique :* elle fait des hypocrites chez les inférieurs, et des dupes parmi les supérieurs.

La *bonhomie :* c'est une déformation de la bonté ; cela ne peut suffire à un religieux.

Le *prestige humain,* c'est-à-dire la science, un don naturel d'autorité, une raison ferme, un bon jugement : il faut que les Directeurs possèdent et développent en eux-mêmes ces qualités. Mais cela ne suffit pas encore : leur grand moyen de direction doit être l'*ascendant que donne la sainteté.* »

Il écrit dans ses *Notes :*

« Trois caractères, qui sont dans les saints, doivent se trouver chez les Directeurs :

1º Les saints rapportent tout à Dieu, ne pensent qu'à lui, et, pratiquement, estiment tout par rapport à lui.

2º Ils s'intéressent, jusqu'à la susceptibilité, à tout ce qui touche à Jésus-Christ.

3º Ils ont une grande sollicitude pour les âmes.

Embrasons-nous donc de l'amour divin, pour pouvoir en embraser nos Frères. »

Avant d'exposer un peu plus en détail cette haute spiritualité, disons de suite que le F. EXUPÉRIEN aimait beaucoup ses Directeurs. Leurs maladies, l'affaiblissement de leur santé, leurs embarras administratifs, le trouvaient compatissant. Sans doute, il aurait souhaité que le seul amour de la croix les dirigeât en toute leur conduite ; mais, dans ses rapports avec eux, il avait des délicatesses touchantes. Un Directeur lui écrit pour lui demander une autorisation de voyage, en faveur d'un Frère très fatigué. Il lui répond : « Bien volontiers, j'accorde ce que vous sollicitez ; mais vous, cher Frère Directeur, qui êtes si accablé, vous ne me demandez rien ? N'avez-vous donc pas besoin de repos ? »

Quand il disait aux Frères Directeurs : « Vous

êtes les gardiens de la Règle ; c'est à vous de la faire observer par vos exemples et votre vigilance », il n'entendait pas proscrire les délassements légitimes, auxquels la vie de famille donne tant de charme, dans la communauté. Pourvu que l'esprit religieux n'eût aucunement à en souffrir, et que fussent observées les recommandations des Supérieurs, il autorisait volontiers ce qui repose les Frères et détend leur esprit. Il souhaitait que le Directeur prît les moyens de se faire aimer de ses Frères, en les rendant heureux ; mais sans faiblesse, ni compromission avec l'esprit du monde.

Les notes rédigées par le F. Exupérien, sur les devoirs de ceux qui gouvernent dans nos maisons, sont trop étendues pour être reproduites ici. Elles se rapportent à l'esprit de prière, de sacrifice et de détachement ; à la nécessité où sont les Directeurs de maintenir la régularité dans la communauté, de poursuivre le péché dans l'école, de souffrir et de réparer pour ceux dont ils ont la charge ; elles montrent quels secours Jésus-Christ offre, par la messe et la sainte communion, à ceux qui commandent en son nom. Nous ne faisons à ces pages que de courts emprunts :

« Le grand devoir professionnel d'un Directeur est d'être homme de prière, et de former des hommes de prière. »

« La souffrance chrétienne est le plus puissant instrument de bien, que la Providence ait mis entre nos mains. Savoir souffrir est le premier des métiers. L'homme le plus capable de diriger les autres, dans les voies du salut, est celui qui a une plus grande science expérimentale des choses divines, et qui sait le mieux souffrir. »

« Le Frère Directeur est le levain qui doit soulever la communauté. Qu'arriverait-il, si ce levain était sans action ? »

« Jésus-Christ est le Directeur universel. Dans la communauté, un Frère Directeur n'est que son suppléant ; il ne doit agir que par son impulsion. En Jésus-Christ est la plénitude de la grâce qui convient aux Directeurs, et des lumières divines qu'ils doivent recevoir et communiquer. Il leur faut donc vivre dans la plus grande dépendance de l'Esprit-Saint ; ne dire, ne faire que ce qu'il inspire, s'ils veulent opérer un bien véritable. »

« Il y a une manière de dire les choses, de corriger les abus, de signaler les dangers, qui ne décourage pas, qui ne blesse pas. L'Esprit-Saint seul la fait connaître, quand on s'abandonne à son action. »

Nous complétons ces pensées par quelques extraits des lettres du Frère Assistant à des Frères Directeurs :

« Faites l'œuvre de Dieu, quoi qu'il arrive. Si, pour cela, l'argent est nécessaire, il en enverra, d'autant plus que vous vous confierez à lui. S'il vous fait l'honneur de vous faire passer par la tribulation, espérez grandement en l'avenir de l'œuvre à laquelle vous travaillez. »

« Reconnaissez la volonté de Dieu dans les obstacles que vous rencontrez à la réalisation de vos desseins, sur vous et sur les autres. Agissez de votre mieux, pour opérer le bien aussi largement que possible ; mais contentez-vous de celui que vous pouvez produire. Ne vous découragez pas, lorsque vous mesurez la distance qui sépare les misères de la vie, de la perfection de vos idées et de vos désirs. »

« Surnaturalisez toutes vos occupations, administratives et autres. Quand notre œil est pur, tout est pur, et contribue à notre sanctification. Tout devient obstacle, au contraire, quand le cœur n'est pas bien tourné vers Dieu... Reportez tout à Dieu ; mettez sous les pieds votre personnalité et votre bien-être. Mourez à vous-même, et vous aiderez les âmes à vivre en Dieu. Souvent Dieu change les âmes, à proportion que nous nous changeons nous-mêmes.

« Nous serions plus difficiles encore sur tout ce qui nous environne, si nous ne touchions du doigt notre misère, et si nous ne voyions nos plaies, humainement incurables. J'en reviens toujours au mot de M. Olier : *Aimons notre vileté.* »

Une telle doctrine, qui réclame l'entier assujettissement de la nature à la grâce, n'est-elle qu'un bel idéal, mais irréalisable ? Grâce à Dieu, notre Institut a toujours connu de ces Directeurs dont on a pu dire qu'ils étaient une Règle vivante. — Parfois le F. Exupérien a été jugé trop absolu dans ses enseignements. On le lui a même dit, et il répondait : « Nous ne risquons rien de viser très haut : la pauvre nature se charge de nous entraîner au-dessous du but. Puis, ce n'est pas ma doctrine que j'expose : relisez les *Avis de saint Jean-Baptiste de la Salle aux Directeurs*, et voyez s'il ne demande pas d'eux qu'ils soient des saints. »

Le F. Assistant avait encore un argument à produire, que son humilité lui interdisait de faire valoir : c'était sa propre conduite.

8.

CHAPITRE X

Le F. Exupérien et les Retraites.

Au lendemain de la mort du F. EXUPÉRIEN, nous recevions du R. P. Watrigant, de la Compagnie de Jésus, une lettre dont nous citons quelques passages :

> « Enghien (Belgique), 6 février 1905.

« Mon bien cher Frère,

« J'apprends la mort de l'excellent, de l'apostolique, je dirai même, avec conviction, du *saint* Frère EXUPÉRIEN. On pourrait résumer sa vie en ces quelques mots : *ce fut un véritable enfant de saint Jean-Baptiste de la Salle.* Comme son bienheureux Père, il avait trouvé la perle précieuse de la perfection, et, comme lui, il avait tout vendu pour l'acquérir. Il la voulait obtenir par les mêmes moyens qu'employa saint Jean-Baptiste de la Salle : l'esprit de foi, de prière, de pénitence, de zèle pour ses Frères et pour tous ceux sur qui il pouvait avoir action. Cet esprit, il le puisa surtout, comme votre saint Fondateur, dans la pratique des saints exercices de la retraite.

« Je me rappelle qu'il me raconta, dans l'intimité, combien il avait été touché par la grâce, dans une retraite faite à Laon, sous la direction d'un maître éminent de la vie spirituelle, le R. P. Fouillot. C'est là qu'il résolut de devenir l'apôtre de cette pratique de la retraite, qui avait été, pour le Père de sa Congrégation et pour lui-même, un puissant moyen de sanctification. Vous savez mieux que moi combien sa vie a été féconde sous ce rapport, et quel ferment surnaturel il a déposé dans les cœurs de milliers de Frères.

«... Pour comprendre la vie d'un religieux pareil au cher Frère Exupérien, il faut se placer au point de vue surnaturel et apostolique, il faut se rappeler les enseignements de Notre-Seigneur, et les enseignements de saint Jean-Baptiste de la Salle... Si Notre-Seigneur a voulu être lui-même le grain de sénevé, qui est devenu un grand arbre sur les branches duquel se reposent les oiseaux du ciel, il en est ainsi, proportion gardée, de la vie de ses meilleurs serviteurs. N'est-ce pas là l'histoire de la vie spirituelle du Frère Exupérien ? Il a été petit, bien petit, surtout par l'humilité de son cœur; il a grandi dans la charité et la pratique de toutes les vertus. Que de branches, que d'œuvres ont poussé sur ce tronc puissant ! Que d'âmes, grâce à lui, ont pu se reposer à l'abri de la tempête et des agitations de la terre, sur des rameaux tranquilles ! Je ne connais pas toutes les œuvres dont il a été l'inspirateur et le soutien, mais l'œuvre des retraites d'Athis suffirait à montrer son esprit d'apostolat.

«... J'ai souvent parlé, avec le F. Exupérien, de l'œuvre des retraites. Il nous semblait qu'en imitant saint Ignace et saint Jean-Baptiste de la Salle, nous imitions le divin Maître qui forma ses disciples dans la solitude et au Cénacle, et que sans doute, se formeraient ainsi les hommes d'élite qui seraient, dans notre société paganisée, le levain d'associations apostoliques.

« Je renonce, mon bien cher Frère, à entrer ici dans la merveilleuse histoire de Notre-Dame des Retraites, à Athis. Lorsque j'eus le bonheur d'y vivre trois mois, il y a deux ans, je passai des heures délicieuses avec le cher Frère Exupérien. Volontiers, j'aurais entonné avec lui le *Magnificat* ; mais le cher Frère oubliait le passé et songeait à l'avenir. Il voulait consolider, agrandir, perfectionner encore les retraites, d'abord de ses Frères, puis celles des élèves et des jeunes gens des patronages.

Puisse-t-il avoir laissé son manteau à un nouvel Élisée, et la race des apôtres du Cénacle ne s'éteindra pas dans votre apostolique Congrégation. »

Le F. Exupérien était bien de « la race des apôtres du cénacle » : comme en un cénacle, Dieu l'avait retenu dans la solitude du noviciat, et attiré dans celle, plus profonde encore, de ses retraites personnelles. De cette longue préparation, il était sorti embrasé du désir de gagner des âmes au bon Maître, et de beaucoup souffrir en travaillant à leur salut.

Entre tous les moyens de salut, les retraites lui semblent des plus efficaces : c'est donc à leur perfectionnement, parmi nous, qu'il emploie les ressources de sa riche nature. La pénétration de son intelligence et la force de sa volonté, la ferveur de sa prière et la générosité de ses sacrifices, tout convergera vers ce point : augmenter, par les retraites, la vie surnaturelle dans notre Institut.

L'œuvre des retraites fut si bien l'entreprise maîtresse du F. Exupérien, que son nom en demeure inséparable. C'est en effet par son initiative ou son concours prépondérant que furent organisées, en dehors des retraites générales, diverses formes de retraites qui ont été, pour un grand nombre d'âmes, l'occasion d'un véritable renouvellement surnaturel. Et parce qu'une expérience vingt fois répétée lui avait démontré la puissance merveilleuse des *Exercices spirituels*, et lui en avait donné la clef, il s'efforça d'en faire pénétrer l'esprit dans ses conférences et ses publications. Retraites des Supérieurs et des Visiteurs, des Directeurs de maisons de formation et des Directeurs de pensionnats, des Frères chargés des Œuvres et des Frères employés au temporel ; retraites des Frères-soldats, et des maîtres laïques exerçant dans nos écoles ; retraites de vingt jours, avant les premiers vœux, et Grands Exercices préparatoires à la profession ; Grands Exercices pour les Directeurs des communautés, suivis par quatre cents d'entre eux ; Second Noviciat, où le religieux se perfectionne à l'école de son saint Fondateur : la main du F. Exupérien se retrouve dans toutes ces organisations. Il est aussi le créateur des retraites fermées où prennent part, à Athis, les élèves des écoles supérieures de Paris et des établissements de Saint-Nicolas, les jeunes gens des patronages et les employés de nos maisons ; enfin, de la retraite du départ, qui réunit chaque année les conscrits et quelques libérés du service militaire. Une telle entreprise ne lui mérite-t-elle pas la reconnaissance de l'Institut ?

Cette entreprise, le F. Exupérien la considère comme digne de tous les efforts de la Congrégation, laquelle ne saurait, en effet, mieux témoigner à ses membres sa maternelle sollicitude qu'en leur donnant le moyen de faire, chaque année, une retraite, dans les meilleures conditions possibles.

« Une bonne retraite ! dit le F. Assistant, que peut-on souhaiter qui lui soit comparable ?... » Et il conclut qu'un Supérieur donne à son inférieur la preuve la plus authentique de son affection, lorsqu'il lui offre une retraite supplémentaire. C'est ce qu'il a plusieurs fois proposé. A tel Frère, que des occupations pénibles et prolongées avaient fatigué, il dit : « Allez donc passer quelques jours à Athis ; vous y ferez une bonne récollection. Quelles vacances valent celles-là ? On recourt aux saisons thermales, pour rétablir une santé compromise : quel traitement est au corps épuisé, ce qu'est à l'âme une fervente retraite ? » L'argument était irréfutable. Si, en effet, nous ne trouvons pas toujours, dans la retraite, la guérison radicale de nos langueurs spirituelles, du moins le divin Médecin nous y éclaire sur la nature de nos maux et sur les remèdes à leur opposer.

Mais c'est une œuvre divine : à Dieu seul appartient d'y préparer les cœurs, d'en bénir les exercices et d'en faire fructifier les effets. A ce propos, le F. Exupérien écrit dans ses *Notes* :

Avant la retraite. — « Préparer la semence, pour qu'elle porte des fruits, et des fruits qui demeurent. Prier pour obtenir une préparation sérieuse, spécialement à l'intention des Frères dont on est chargé, et, d'une manière générale, pour tous les Frères.

« Faire l'oraison sur les principaux sujets qui seront exposés, et les préparer ainsi par la pratique personnelle.

« Rattacher ma vie spirituelle aux instructions de la retraite, et me réformer moi-même, pour disposer les âmes à bien recevoir la parole de Dieu. Exceller dans la pratique des points difficiles, sur lesquels on a besoin d'obtenir de sérieux résultats.

« Me mettre sous l'action de l'Esprit-Saint, en vue d'obtenir les lumières dont j'aurai besoin pour faire le bien que Dieu attend de moi.

« A la prière, ajouter le sacrifice. Multiplier les actes de générosité, de mortification, afin d'obtenir à chaque Frère la plénitude de volonté qui le fera profiter des secours extraordinaires qui seront offerts pendant la retraite.

« Je me perfectionnerai dans mes devoirs eucharistiques, pour obtenir, sous ce rapport, un progrès dans tout l'Institut, et pour demander la multiplication des âmes eucharistiques, qui entrent pleinement dans l'esprit de notre bienheureux Père, sur ce sujet, et qui l'inspirent autour d'elles.

« Je m'attacherai à pratiquer de mon mieux ce qu'il y a de plus difficile dans les vertus vouées, afin, — malgré ma profonde misère et indignité — de faire descendre, sur tous et sur chacun, les bénédictions qui nous feront entrer plus parfaitement dans l'esprit de la formule de nos vœux : *procurer votre gloire, ô mon Dieu, autant qu'il me sera possible et que vous le demanderez de moi.*

« Si je n'obtiens pas plus de résultats, malgré mes efforts et mes ardents désirs du bien, c'est que je ne prie pas assez, que je ne suis pas assez humble, et que je ne pratique pas assez moi-même ce que je veux obtenir des autres. »

Pendant la retraite. — « S'efforcer de se mettre dans les dispositions les plus parfaites, pour entrer pleinement dans l'esprit de chaque exercice, afin d'obtenir à tous les Frères la fidélité à bien répondre aux mouvements de la grâce.

« Prier beaucoup le saint Fondateur et tous les protecteurs de l'Institut, les saints Anges, saint Joseph, Notre-Dame des Sept-Douleurs, et Notre Seigneur, pour obtenir à tous les Frères de tirer les fruits les plus abondants des saints exercices de la retraite. »

Après la retraite. — « Garder le dépôt de mes impressions, sentiments et résolutions. M'exciter à me rendre bien fidèle aux engagements que j'ai pris.

« Prier en faveur de ceux qui ont suivi les exercices

de la retraite, afin de leur obtenir la vigilance et la générosité.

« M'appliquer à pratiquer de mon mieux ce qu'il y a de plus difficile dans les enseignements que j'ai donnés, en vue d'en faciliter aux autres l'accomplissement. »

De telles résolutions ne sont pas lettre morte pour le F. EXUPÉRIEN. « Je lui ai entendu avouer, écrit l'un de nos chers Frères Visiteurs, qu'il s'était préparé pendant plusieurs mois à certaines retraites. En particulier, celles des Supérieurs et des Directeurs de nos maisons de formation le préoccupaient beaucoup. Il ne disait pas en quoi consistait sa préparation ; mais nous savions qu'elle avait pour objet, non de *limer* ce qu'il avait à dire, mais d'attirer les grâces d'en haut, par l'ardeur de ses prières et l'intensité de sa mortification. » L'un des secrétaires du F. Assistant ajoute : « Quand approchait la retraite annuelle des Frères, à Passy, il entrait dans un recueillement plus profond ; il prenait peu de nourriture, couchait sur le plancher de sa chambre — ce que nous remarquions à la poussière de ses vêtements, — ou se reposait sur son lit sans se dévêtir. Il nous faisait écrire des lettres à des communautés ferventes, pour leur recommander *une affaire d'une souveraine importance*. »

Le moment des retraites arrivé, le F. EXUPÉRIEN est réellement sous l'impulsion constante de la grâce. Epuisé, on le voit surmonter son abattement et devenir, après quelques conférences, alerte comme jamais. Atteint d'aphonie, il invoque le F. Irénée, qui, plusieurs fois, lui obtient une subite guérison. « Rien, a-t-on souvent dit, ne remet sur pied le F. Assistant, comme la présidence d'une retraite. »

Et pourtant quelles fatigues ! Assidu à tous les exercices, il préside moins encore les retraites qu'il ne les fait lui-même. « Je n'ai pu dormir de toute la nuit, avoue-t-il à un Frère, tant je me suis trouvé saisi par cette pensée : *Je suis à Dieu ; je vais à Dieu.* » Chaque jour, il se réserve deux conférences à l'ensemble des retraitants. En des réunions supplémentaires, il entretient les Directeurs de leurs obligations spéciales. Se trouve-t-il des Frères-soldats dans son auditoire, il leur donne encore des avis appropriés à leur situation. Cela ne suffit pas à son zèle. Le premier — par un exemple qui s'est peu à peu généralisé parmi nous — le F. EXUPÉRIEN s'est imposé la très féconde, mais écrasante surcharge, de parler en particulier à chacun des retraitants. Et lorsque, pour tous, la journée se termine, il prie de longues heures dans sa chambre, ou à la tribune de la chapelle d'Athis, puis il livre son corps à de rudes macérations. « On a pu se rendre compte, dit l'un de nos chers Frères Provinciaux, qu'il portait sur la poitrine une croix d'assez grande dimension, garnie de pointes acérées. Nuit et jour, il gardait autour des reins une ceinture de fer, et des bracelets à ses poignets meurtris. Son sommeil, torturé par ces instruments de pénitence, était interrompu par des veilles fréquentes. Peut-être plusieurs fois par nuit, il se rendait à la chapelle pour y passer une heure devant le très saint Sacrement. » Afin de dissimuler ses austérités, il n'aimait guère que personne couchât dans une chambre contiguë à la sienne. Isolé, il se trouvait plus libre pour ce que Lacordaire nommait « les petites folies » d'un religieux épris de l'amour de Notre-Seigneur.

Du commencement d'août à la fin de septembre, le F. Exupérien présidait cinq ou six de ces laborieuses retraites, à Passy, Athis, Beauvais, le Puy. Cependant, à l'entendre, il n'y faisait pas grand'-chose. Le mérite revenait aux Frères Visiteurs, ses auxiliaires, et surtout aux prêtres qui donnaient les saints exercices. De ces ecclésiastiques, il parlait avec un respect, une reconnaissance et des éloges qui semblaient croître à chaque retraite. Mais si, dans son humilité, il se tenait pour un serviteur inutile, les Frères admiraient son dévouement absolu, sa science des choses spirituelles, et sa bonté, qui faisait un si heureux contraste avec l'austérité de sa doctrine.

A Paris, on ne se figurait guère une retraite sans le F. Exupérien. Et s'en fût-il absenté, — chose inouïe — que son souvenir se serait présenté, plusieurs fois par jour, à l'esprit de tous : les petites feuilles qu'on remet aux retraitants ou qu'ils entendent lire au réfectoire, ne sont-elles pas de lui ? Avec un esprit de suite que rien ne déconcerta, il ajoutait sans cesse à sa chère collection, dont il adaptait les sujets au plan général de nos retraites.

Mais les *petites feuilles* ne devaient être qu'un rappel de la doctrine exposée par le F. Assistant dans les entretiens généraux ; un supplément de matière pour la méditation, et dont chacun pourrait se servir au mieux de ses attraits ou de ses besoins. L'enseignement principal et vivant du F. Exupérien arrivait aux retraitants par ses conférences.

Dans ces entretiens, la parole du F. Exupérien est simple, abondante, personnelle et pratique. Parce qu'il est sûr de lui-même, et que, par ailleurs, les succès ou les échecs oratoires le laissent indifférent, il n'est troublé ni par le nombre de ses auditeurs, ni par la dignité de leurs fonctions. C'est pour lui un bonheur, non de parler, mais d'exercer l'apostolat par la parole.

Après la prière au Saint-Esprit, — supplication dont le conférencier détache, avec un accent inoubliable, les mots *veni* et *recta sapere*, — il entre de suite dans son sujet. Et comme il est plein de ce sujet, tout s'anime en lui, et sans retard. Les sentiments et les idées qui se succèdent se traduisent sur ce visage, si expressif et si mobile. Il sourit, puis soudain s'attriste. Du reproche véhément, il passe aux appels affectueux ; à une sévérité qu'on dirait sans pitié pour la pauvre nature humaine, succèdent les accents d'une bonté compatissante et attendrie. Son émotion devient-elle intense, il pose un instant les mains devant ses yeux, il croise les bras sur sa poitrine, et sa voix s'altère, comme voilée de larmes. Volontiers il scande ses paroles de coups frappés sur la table. Plus souvent encore, il souligne les expressions, « pleines de sens », par des *oui*, *oui*, qui ne laissent pas d'étonner les auditeurs nouveaux, et parfois de faire sourire les autres. Mais cela n'interrompt ni la véhémence du conférencier ni l'attention de ceux qui l'entendent. Et le nombre peut en être grand, car sa voix claire, élevée, résistante à la fatigue, porte loin, malgré son peu d'ampleur.

Sans arrêt, les idées se présentent et avec abondance : on dirait une source qui s'épanche sans obstacles. L'expression est toujours juste, claire, simple et sans l'ombre de recherche. La connaissance que le Frère Assistant a des meilleurs ascétiques est l'une des causes de cette richesse de pensées et de cette facilité d'exposition ; l'autre, est la méditation habituelle qu'il fait de l'Evangile et des épîtres de saint Paul. Les citations d'auteurs ou de textes bibliques viennent se fondre dans son propre développement avec un rare bonheur, tant il possède son sujet.

Toutefois, il se préoccupe peu de se renfermer dans un plan limité d'avance, et rarement il se tient à la seule question qu'il avait annoncée. Ses maximes favorites, ses considérations familières lui viennent à la pensée ; et, parce qu'elles sont « capitales » à ses yeux, elles font irruption dans les sujets mêmes où, d'abord, il semblait n'y avoir aucune place pour elles.

Il ne faudrait cependant pas croire que les conférences du F. EXUPÉRIEN ne fussent que des improvisations. Il les prépare peu, si, par cette préparation, on entend le travail du bureau ; mais il est toujours prêt à parler, et sans témérité, parce que ses entretiens ne sont que sa méditation continuée à haute voix, et qu'il est toujours occupé des choses divines. Il parle vraiment de l'abondance du cœur, et ce cœur est rempli de Jésus-Christ.

Remarquons — et il se le reprochait à lui-même, sans beaucoup se corriger — qu'il fut une époque où le F. Assistant multipliait les exhortations pendant les retraites. Plus tard, il écrivit dans ses *Notes* : « J'ai trop parlé. Il est temps que je me repose sur Notre-Seigneur du soin de parler aux âmes. » En

1902, une laryngite le contraint de demander au Frère Alban-Joseph, Provincial, de faire quelques conférences à sa place :

« J'ai trop exhorté, écrit-il encore, et pas assez souffert dans ma vie. Donc il est bon que je me taise, et que je laisse à Notre-Seigneur le soin de la retraite. Puis on fera mieux que moi. Il est bon de sentir combien nous sommes peu utiles à l'œuvre de Dieu, et de nous reposer dans un bon acte de confiance envers Notre-Seigneur. Je lui ai demandé de dire au cœur des Frères ce que je ne puis exposer : n'est-ce pas lui seul qui rend efficace la parole humaine ? »

L'un des mérites de la parole du F. Exupérien est son absolue sincérité, en ce sens qu'il pratique excellemment tout ce qu'il recommande. Ses conférences traduisent sa vie spirituelle : de là, une prédominance de l'exhortation sur le développement doctrinal. Le F. Assistant est trop pénétré de la certitude des enseignements divins pour s'arrêter longtemps, dans ses méditations personnelles, à des considérations spéculatives. Il se hâte de conclure au pratique, de s'exciter à mieux servir Dieu, à témoigner un plus généreux amour à Notre-Seigneur. Ainsi procède-t-il dans ses conférences. Peu de raisonnements. En quelques mots, il montre Jésus-Christ ou le saint Fondateur pratiquant une vertu ; puis, de ces modèles un instant contemplés, il se retourne attristé vers l'opposition de notre conduite avec la leur :

« Quelle honte, s'écrie-t-il, d'être les membres si délicats d'un Chef couronné d'épines ! Nous nous plai-

gnons pour des riens : sommes-nous donc chrétiens ?...
Nous nous sommes offerts tout à Dieu et nous reprenons
presque tout, en détail. Que de rapines dans l'holocauste !... Nous sommes aux antipodes de l'Évangile.
Nous n'avons pas le sens de Jésus-Christ : que c'est
douloureux !...

« Qui donc a raison : l'Évangile ou le monde ? Jésus-
Christ ou Satan ? Pauvre Jésus-Christ ! Qui donc l'aime
sans retours égoïstes ? Qui donc le préfère en tout à soi-
même ? »

On le voit, le F. Exupérien ne cherche guère, par
des adoucissements, des atténuations ou des nuances,
à ménager la susceptibilité de ses auditeurs. Il appuie
même sur le trait, au risque de pousser un peu trop
au noir son tableau. Mais si fort qu'il attaque la
lâcheté ou l'inconstance humaines, il s'interdit la
satire, et plus encore le sarcasme. Pendant quarante
ans, il dénonce toutes les faiblesses du cœur, toutes
les inconstances ou les inconséquences de la volonté,
tous les calculs, avoués ou secrets, de l'amour-propre
et de l'égoïsme; il se montre toujours vigoureux,
souvent implacable, avec une tendance à la sévérité
continue ; et cependant jamais il ne fait un portrait
malicieux, qui puisse blesser un coupable en le
désignant aux sourires des auditeurs. Ceux qui ont
connu le F. Assistant savent quelle vue perçante il
avait des travers et des ridicules. Si la charité n'avait
pénétré son cœur, il aurait lancé de ces mots d'une
terrible justesse, qui meurtrissent et qu'on n'oublie
pas. Mais il avait trop d'humilité et de mansuétude
pour en agir ainsi.

Cette constante douceur, dans une nature vive,
impressionnable, énergique contre les misères de

l'homme déchu, est bien une espèce d'originalité qui mérite d'être signalée. D'ailleurs, ce n'est pas la seule chez le F. Exupérien conférencier. Sa parole demeure très personnelle, par l'abondance et la justesse des comparaisons.

Tout lui est matière à comparaisons : le thermomètre, le téléphone, les orgues, la planche noueuse que le rabot aplanit, les microbes que détruit la stérilisation. Le plus souvent, la comparaison n'est qu'indiquée ; le mot fait image, et suggère à l'auditeur d'achever lui-même le développement de la similitude. Ainsi, les âmes séduites par « l'ensorcellement de la bagatelle » sont comme « des ballons captifs dont il faudrait couper les amarres ; » ou comme « des oiseaux de basse-cour, impropres au vol, uniquement occupés à gratter la terre dans le petit enclos où ils sont confinés ». Les grands principes de la vie spirituelle sont comme « des clous » qui maintiennent la solidité d'un ouvrage ; et le F. Assistant interpelle son auditoire, et l'avertit, — pour la vingtième fois — qu'il faut « enfoncer le clou ». Il plaint ceux qui vont « grappillant à toutes les jouissances humaines, sans pouvoir se rassasier d'aucune » ; ne sont-ils pas « des malades, dont le rachitisme spirituel est navrant ? — des fantômes de religieux, qui du Frère ont l'aspect, non la vie ». Par un rapprochement assez inattendu, l'attention et la routine deviennent, l'une, « l'artiste qui joue sur l'orgue de ravissantes compositions » ; l'autre, « un mendiant sordide qui tourne le rouleau de son orgue de Barbarie ». L'histoire vient aussi au secours du F. Exupérien : « Alexandre, dit-il avec saint Liguori, pleurait en pensant aux royaumes qui lui restaient à conquérir ; ne devrions-nous pas pleurer, à la vue de tant de progrès spirituels qui nous restent à faire ? Hélas ! nous piétinons sur place, et nous sommes contents. »

Le F. Assistant ne s'en tient pas toujours à des comparaisons à peine esquissées ; parfois, il en a de plus amples, où sa pensée se développe à l'aise :

« Nous sommes comme des orgues d'abord montées par Dieu, puis détraquées par le péché originel et nos fautes personnelles. Jésus-Christ en est le réparateur, et le Saint-Esprit, qui selon saint Paul, prie en nous avec des gémissements ineffables, tire de ces orgues des harmonies dont la puissance et la qualité varient, selon que nous avons laissé le divin réparateur perfectionner son œuvre. »

« Il ne faut pas que nos retraites, nos récollections et nos communions ne produisent en nous que des modifications passagères, comparables à l'éclat momentané dont brille un métal vulgaire nouvellement décapé, mais qui s'obscurcit bientôt et reste ce qu'il était. Il faut qu'à notre nature misérable s'unisse, en proportion de plus en plus grande, ce métal infiniment précieux qui est Jésus-Christ. Alors et peu à peu tout s'améliore, se spiritualise, se divinise, dans nos affections et nos œuvres. Jésus-Christ nous possède de plus en plus, en attendant qu'au ciel nous soyons pénétrés par l'essence divine. Et quel bonheur ! Selon la parole de saint Jean : *Nous serons transformés en Dieu lui-même parce que nous le verrons tel qu'il est.* »

« Pour faire monter l'eau, le gaz, dans une maison, la première chose à établir, c'est la canalisation. Ainsi doit-il en être dans la vie spirituelle : la canalisation, entre l'âme et Dieu, est établie par l'oraison, et par le recueillement qui en est la condition. »

« Il en est, de certaines fautes, pour le religieux, comme des premiers crachements de sang : c'est un indice alarmant. Il faut y opposer l'air des montagnes, c'est-à-dire l'oraison bien faite ; une nourriture fortifiante, qui est la sainte Communion. Il est indispensable de se garder contre les imprudences, qui sont ici les occasions ; sans quoi, tout s'aggrave et le mal devient sans remède. »

« Tant que les alouettes seront alouettes et les goujons, goujons, on les prendra, les unes au miroir et les autres à l'hameçon. Et nous, si souvent pris au piège du démon, serons-nous donc perpétuellement ses dupes ? »

Nous venons de dire la *manière* du conférencier si personnel qu'est le F. EXUPÉRIEN ; quelle est sa doctrine ? — Elle a pour premier caractère l'élévation, l'austérité. « La vie religieuse, dit-il, est un engagement à pratiquer très parfaitement les maximes évangéliques et la Règle. L'idéal qui s'impose à nous est Notre-Seigneur lui-même. C'est aussi notre saint Fondateur, en qui le divin Maître s'est plu à faire revivre, avec un éclat particulier, certaines de ses vertus : l'amour de la croix, la soumission à la volonté de Dieu, l'esprit de prière, l'humilité et le zèle des âmes. » La méditation et la pratique habituelles de ces hautes vertus ont créé, chez le F. Assistant, un attrait pour ce qui répugne le plus à la nature ; et, de cette spiritualité, chacune de ses conférences est remplie. Vient-on à lui objecter que « *tout l'Evangile, tout le Fondateur* », comme il dit, ne se réduisent peut-être pas uniquement à ces crucifiantes maximes auxquelles il revient avec une si complaisante insistance : il en convient. Il avouera même qu'il devrait commenter plus souvent les pages touchantes où se révèle davantage la bonté de Notre-Seigneur. Mais cette concession faite, il se hâte de prouver que, toutes choses examinées, c'est d'abnégation que les religieux ont le plus besoin, et que l'on peut ramener à l'abnégation l'essentiel de la doctrine du divin Maître et de saint Jean-Baptiste de la Salle.

Toutefois, plus cet idéal est sublime, plus grande, hélas ! est la distance qui nous en sépare. Dans cette disproportion, le F. Exupérien ne voit qu'un motif de nous humilier, et de traiter résolument les maladies qui nous tiennent si éloignés de l'état où nous devrions être. Et le remède qu'il propose, c'est le traitement par la croix. Le résultat sera l'affranchissement de la volonté par l'abnégation, et le bonheur par la souffrance volontaire. La croix, l'abnégation, le renoncement, voilà ce qui revient sans cesse dans les conférences du F. Exupérien, et donne l'unité à sa doctrine. C'est aussi ce qui explique sa prédilection pour certaines maximes, qu'on retrouve dans la plupart de ses entretiens :

Si vous voulez être mon disciple, renoncez à vous-même, prenez votre croix et suivez-moi (S. Luc, IX, 23). *Celui qui ne porte pas sa croix ne peut être mon disciple* (S. Luc, XIV, 27). — *A Dieu ne plaise que je me glorifie en autre chose que dans la croix de Jésus-Christ* (Galates, VI, 14). — *Ceux qui appartiennent à Jésus-Christ ont crucifié leur chair avec ses convoitises* (Galates, V, 24). — *J'accomplis en ma chair ce qui manque à la passion de Jésus-Christ* (Coloss., i, 24). — *La sagesse de ce monde est folie aux yeux de Dieu* (I Cor., iii, 19).

A ses thèses favorites, il ramène encore ces autres textes, qui lui sont très familiers :

Nous avons le sens de l'Evangile (I Cor., ii, 16). — *Je fais tout pour l'Evangile* (I Cor., ix, 23). — *Revétez-vous de l'homme nouveau* (Ephés., iv, 24). — *Ayez en vous les sentiments qu'a eus le Christ Jésus* (Philipp., ii, 5).

L'élévation de cette doctrine vient d'abord de ce qu'elle s'inspire de l'Evangile, dont elle est très souvent un commentaire. Elle doit aussi sa force et son austérité aux écrits et aux exemples du saint Fondateur, que le F. Exupérien cite de préférence à tous autres exemples, à tous autres écrits : « Ils sont pour nous, dit-il, le code et le modèle de notre sainteté. A quelle perfection notre Père nous appelle ! Parlet-il du recueillement ? il le veut profond et continuel ; de l'oraison ? il entend que ce soit le plus aimé de nos exercices, et que tout, même la récréation, contribue à en assurer les fruits. Et lorsqu'il traite de l'esprit de foi et de l'obéissance, il peut être comparé, sans désavantage, avec les auteurs ascétiques les plus célèbres. »

L'idéal du F. Exupérien apparaît d'autant mieux, que, dans la plupart de ses conférences, il y revient comme malgré lui, en ramenant la spiritualité aux points qu'il tient pour essentiels. De là, ces retours continuels à la nécessité de l'abnégation et de la pé-

nitence, au bonheur de porter la croix, à l'inconséquence de ceux qui ne sont pas *tout* à Jésus-Christ.
« Avec leurs répétitions coutumières, nous écrit-on,
ces entretiens laissaient les auditeurs humiliés
d'eux-mêmes, tant le conférencier avait surabondamment poursuivi le vieil homme. Mais en admirant le
saint religieux qui vivait à de telles hauteurs, sans
jamais en déchoir, on aurait souhaité entendre, par
faiblesse sans doute, quelques conseils moins acca-
blants pour la pauvre nature. »

Les amis du F. Assistant lui ont dit quelquefois :
« Votre doctrine n'est-elle pas un peu uniformé-
ment élevée ? Ne craignez-vous pas que plusieurs ne
vous suivent que de loin ? » A quoi il répondait :
« La doctrine que j'expose n'est pas la mienne, mais
celle de l'Evangile et du saint Fondateur. Elle
n'est pas trop élevée ; c'est nous qui sommes trop
terre à terre. » — Que pouvait-on répliquer à cet
argument ?

Quelques pensées extraites des entretiens du
F. Exupérien complèteront ce que, par ailleurs, on
connaît déjà du saint conférencier.

« Tandis qu'un religieux imparfait se pose ce pro-
blème : « *Comment me permettre ce qui me plait, sans
blesser mes vœux ?* le vrai religieux se demande : *Comment me priver effectivement de ce qui est permis, sans me
rendre singulier ?* Entre ces deux limites, qu'il y a de
degrés ! Où en sommes-nous ? »

« Dieu ne se communique familièrement qu'à l'âme
préparée à le recevoir. Il ne souffre pas le partage du
cœur, entre lui et la créature. Quand un flacon bouché

ést jeté à l'océan, l'eau le presse de toutes parts, sans pouvoir y entrer. Que de cœurs sont fermés à l'action divine ! Faire en soi le vide, pour que Dieu le remplisse : c'est l'un des buts de la retraite. »

« Nos progrès sont faibles ; nous sommes des gagne-petit. du moins, ne nous arrêtons pas. Quelle aberration ce serait d'avoir sacrifié une famille, des espérances terrestres, pour entrer en religion, et de n'y pas faire fortune spirituelle !..... Courage ! et luttons toujours. Malheur à celui qui caresse le vieil homme, au lieu de le détruire ! Ce n'est pas assez d'abattre ce Goliath, il faut lui couper la tête. »

Les notes suivantes ont été prises au cours d'une conférence, sur *la nécessité de nous restaurer spirituellement en Jésus-Christ*. Elles montrent à la fois, et la spiritualité du F. Exupérien, et sa manière de parler vers la fin de sa vie.

« Se restaurer en Jésus-Christ, quelle grande chose, et combien elle est nécessaire ! Ce qui importe d'abord, c'est la purification du cœur, et le redressement de ses affections : *Créez en moi un cœur pur, ô mon Dieu !* et *renouvelez en moi l'esprit de droiture.* Qu'aimons-nous ? Qu'affectionnons-nous ?... Ah ! goûtons les choses de Dieu et non celles du monde. Mais il n'y a que l'amour surnaturel, répandu par le Saint-Esprit qui puisse réaliser cela : *Esprit-Saint, embrasez les cœurs de vos fidèles, du feu de votre amour.*

« Cet amour divin transforme le vieil homme ; il en fait l'homme nouveau, l'homme de Dieu. L'homme de Dieu aime le calme, la vie intérieure ; l'homme du monde recherche l'agitation, les choses extérieures. Il faut donc que nos inclinations soient réformées : *Faites, ô mon Dieu ! que j'aime ce que vous aimez, et que je haïsse, ce qui vous déplait.* N'exprimons pas de bouche seulement cette demande que nous formulons chaque soir. Du fond du cœur, demandons à Notre-Seigneur d'aimer ce qu'il aime, c'est-à-dire la croix ; et de haïr ce qu'il déteste, c'est-à-dire le péché.

« ...Que tout, en nous, soit restauré en Jésus-Christ, afin que tout tende à sa gloire : le corps avec ses sens, l'âme avec ses facultés. C'est donc une abnégation totale de nos inclinations perverses ou trop naturelles, un renoncement absolu à nous-mêmes, pour tendre à cette bienheureuse transformation en Jésus-Christ, dont parle l'Apôtre : *Je vis; mais non, ce n'est plus moi qui vis, c'est Jésus-Christ qui vit en moi.* Ainsi nous réalisons ce que demande de nous saint Jean-Baptiste de la Salle : *Ne rien faire naturellement, par coutume ou par motifs humains, mais tout par la conduite de Dieu, le mouvement de son Esprit, et en vue de lui plaire.*

« .. Se restaurer en Jésus-Christ est impossible sans la grâce, une grâce puissante, qui nous donne la victoire sur nos penchants déréglés. Il faut nous vaincre, pour faire triompher Jésus-Christ. Mais pour se vaincre, il est nécessaire de se connaître et de se commander ; cette lumière et cette force nous viennent du Saint-Esprit. Il est donc le rénovateur des âmes, qui restaurera toutes choses en nous, selon Jésus-Christ. Prions-le d'accomplir ce prodige, en nous donnant le courage de nous combattre avec une énergie croissante. A mesure que nous vaincrons, nous serons plus libres de la liberté des enfants de Dieu...

« Qui dira les chutes causées par la fausse liberté, par l'esprit d'indépendance ? Esprit d'indépendance, ou plutôt esclavage, car quiconque s'affranchit de la Règle, quitte la liberté des enfants de Dieu, pour accepter l'esclavage, quel qu'il puisse être, d'une passion immortifiée. L'indépendance dédaigne pratiquement les précautions que la Règle mettait à la conservation de la vertu ; or la vertu vit de précautions .. Il faut poser en quelque sorte notre âme sur des rails, qui sont les Règles, pour la garantir de toute catastrophe, et la faire courir, sans risques, vers une haute perfection. Ainsi la régularité parfaite est un moyen de nous restaurer en Jésus-Christ. Mais sans régularité, c'est la mort...

« Si l'on faisait l'autopsie des cadavres spirituels, que de maladies on trouverait, procédant de l'irrégularité ! Mais notre volonté se fatigue de cette constante sujétion ; il faut la fortifier par la retraite. C'est ce qu'on pourrait appeler refaire le fil de la faux, repiquer la meule ..

« Se restaurer en Jésus-Christ, c'est encore vivre de la vie intérieure. Qu'il y a encore à renouveler en nous sur ce point ! N'aimons-nous pas la vie extérieure ? c'est la ruine de l'âme. Hélas ! il y a des religieux trop extérieurs en qui l'organisme spirituel n'est plus qu'un instrument faussé ! Il ne rend plus que des sons discordants. C'est un magasin qui présente encore un médiocre étalage, mais n'a presque rien à l'intérieur. C'est un mur lézardé, qu'il faut reprendre par les fondations, pour le renouveler en l'établissant sur Jésus-Christ... Quelle joie ce sera pour le religieux et pour la congrégation ! et pour Jésus-Christ lui-même, quand il dira sur nous cette parole, que nous aurons rendue efficace : *Voici que je renouvelle toute chose.* »

Le R. P. Petit, de la Compagnie de Jésus, qui connut intimement le F. Assistant, nous a écrit : « J'ai rencontré peu de religieux aussi versés que le F. EXUPÉRIEN dans les choses spirituelles. » Ce témoignage, dont nous savons la grande valeur, sera approuvé de tous ceux qui ont suivi les retraites présidées par notre vénéré confrère.

Étudier le F. Assistant dans la présidence des retraites annuelles, nous entraînerait à bien des redites. Nous rappellerons seulement un détail : c'est à ses persévérants efforts que nous devons de faire la sainte communion, non plus le sixième jour de la retraite, comme c'était autrefois l'usage, mais le quatrième, quand se terminent les méditations qui correspondent à la première semaine des Grands Exercices. Cette heureuse modification à nos coutumes fut sans doute la conséquence de l'introduction des Grands Exercices parmi nous, introduction dont nous sommes, en grande partie, redevables au F. Exupérien.

Nous n'avons pas à expliquer la part prépondérante qu'il eut dans le vote des arrêtés capitulaires de 1875 et de 1882, relatifs aux Grands Exercices et à la retraite de vingt jours. De son intervention, il ne parlait jamais, pas plus que de ses efforts pour faire appliquer les décisions prises. C'est pourtant l'une des œuvres admirables pour lesquelles Dieu l'avait manifestement suscité.

La première Grande Retraite eut lieu à Paris, en 1875, dans la communauté du Gros-Caillou. Nul ne semblait plus désigné que le F. Assistant pour la présider ; et cependant il y fit envoyer le F. Nicolaüs, puis dès 1876, le F. Angelum, Visiteur : « Parce que les Grands Exercices, écrit-il, sont une nouveauté qui effraie quelques Frères, je vais les attirer en leur donnant pour président un homme qu'ils aiment beaucoup. » Que faut-il admirer le plus, dans cette décision : l'habileté ou l'humilité ?

Dans la suite, il présida cinq fois les Grandes Retraites, avec un dévouement et un succès admirables. En janvier 1880, ce fut à Clamart, où se trouvèrent réunis les Directeurs de nos noviciats. Cette retraite préoccupa le F. Assistant de longs mois à l'avance. Il réclama partout des prières ; il parla de cette œuvre à Mgr de Ségur, qui lui promit de la recommander instamment à Notre-Seigneur. A Clamart, il eut la joie de connaître le vénéré F. Arnould, qui citait de lui cette pensée : « Avez-vous l'horreur de vous-même ? l'horreur du bien-être, de l'honneur, de l'indépendance ? Un seul homme qui marche dans cette voie fait plus de bien que cent religieux fidèles à leurs devoirs, mais qui ne s'élèvent pas à cette hauteur. »

En novembre 1884, avril et novembre 1885, prirent part aux Grands Exercices, faits à Athis, les membres du Régime, les Provinciaux et les Visiteurs. Le F. EXUPÉRIEN les présida. De ces retraites, le Très Honoré Frère Joseph écrivait à un Frère Visiteur, en décembre 1884 :

« Au sortir du Chapitre général — du 15 novembre au 15 décembre — quarante-huit Frères en charge — Assistants, Provinciaux, Visiteurs et Directeurs, — ont fait les Grands Exercices avec une ferveur, un entrain pour les humiliations et la mortification qui font rêver de Vaugirard au temps du Vénérable. »

Le 14 mai 1885 : « Je vous réponds d'Athis, où cinquante Frères en charge — Assistants, Visiteurs et Directeurs — achèvent une retraite de trente jours, qu'ils ont faite avec un entrain de ferveur, de pénitence et de piété, qui édifie et console. Rien n'est plus capable, je vous assure, de m'encourager, et de me donner foi en l'avenir religieux de notre cher Institut. »

Le F. Exupérien demeura l'âme de ce mouvement surnaturel. Les Supérieurs généraux le reconnurent, comme aussi les PP. Jésuites qui donnèrent les Grands Exercices. Voici, à cet égard, le témoignage du R. P. Adigard des Gautries :

Zi-Ka-Wei (Chine), 11 avril 1905.

Mon très cher Frère,

Pax Xti.

Dès que la Malle de France nous eut apporté la nouvelle de la mort du cher Frère Exupérien, je m'empressai d'offrir pour lui le saint sacrifice de la Messe, et de prier Notre-Seigneur de vouloir bien donner à votre Instiut des hommes de son mérite, qui le remplacent dignement.

Les nombreuses Grandes Retraites que j'ai donnée dans son Assistance m'ont mis en contact fréquent et intime avec lui. Tout se résume pour moi dans un seul fait : il fut l'âme et l'organisateur infatigable des Grands Exercices dans votre Institut. La première pensée lui appartient-elle ? je ne sais ; mais personne n'eut une part plus importante à l'exécution.

C'est à la fin d'août 1876 que je fus appelé, pour la première fois, à les diriger ; l'établissement et le préau du Gros-Caillou nous fournirent un local suffisant mais encore bien loin de posséder les avantages d'Athis. Trois hommes alors avaient la haute direction : le très Honoré Frère Irlide, avec sa puissance de conception et de volonté ; et deux de ses Assistants : les Frères

Joseph et Exupérien. Entre ces deux derniers, nombreux étaient les contrastes. Dans une parfaite unité de vues et avec un pareil dévouement à l'œuvre, ils me semblaient se compléter parfaitement l'un par l'autre, comme la suite l'a du reste bien montré.

Le Frère Exupérien avait pénétré l'esprit et le mécanisme des *Exercices* de saint Ignace; il en avait parfaitement saisi l'importance, comme aussi la flexibilité qui leur permet de se prêter à toutes les exigences. Connaissant aussi complètement qu'il le faisait les Règles, les usages et l'esprit de son propre Institut, il sut apporter la plus grande largeur d'esprit à l'adaptation, qui ne semblait pas sans quelque difficulté, avant que l'expérience et la pratique eussent tout simplifié. Dans ce travail d'adaptation, il fut parfaitement secondé par les Frères qu'il sut choisir comme Présidents des Exercices. Je rendrai tout spécialement ce témoignage au cher Frère Angelum, qui présidait au Gros-Caillou, en 1876 et 1877. Son ferme bon sens, sa cordialité, sa claire vue des difficultés et des ressources, son abnégation personnelle, furent très précieux dans ce premier âge et pour cette acclimatation des saints Exercices. Ses successeurs, — et, pour ne point nommer les vivants, le regretté Frère Alban-Joseph, — continuèrent dignement l'œuvre ; les ouvriers de la première heure eurent le mérite et les difficultés d'une première organisation.

L'inspirateur et le guide de tous était le cher Frère Exupérien. Tel je l'avais vu en 1876, tel je le retrouvai en 1895, date de la dernière Retraite où je pris part ; cette fois, il s'agissait d'Exercices spéciaux aux Frères Directeurs, et la grande maison d'Athis donnait aux retraitants toutes les facilités et tous les avantages.

Ce qui me frappa tout d'abord dans le cher Frère Exupérien, ce fut son immense activité, servant admirablement son zèle ardent pour la perfection religieuse de son Institut, et suffisant à tous les voyages, toutes les affaires, toutes les relations qui ne lui laissaient aucun répit. La décision était prompte, sans précipitation, l'exécution rapide et sûre, toujours inspirée par des motifs religieux. Bientôt sa fréquentation intime manifestait l'homme surnaturel, le *religieux avant tout* : et si c'était plaisir de reconnaître les qualités et l'étonnante facilité de l'homme d'action, c'était **grande** édification de constater la piété profonde et **tendre,** les vues élevées et parfaitement justes de l'homme spirituel. Tout ce qui intéressait l'Eglise et l'Institut des Frères des Ecoles chrétiennes ; toutes les œuvres solides de piété, comme tous les perfectionnements scolaires, attiraient son attention. Ce dut être pour lui une bien vive joie que la canonisation de saint Jean-Baptiste de la Salle ; il y avait tant travaillé, et il s'était si constamment efforcé de perpétuer l'esprit, et de faire vénérer la mémoire du saint Fondateur parmi **tous ses** fils ! Il sentait que la fidélité à la pensée du Fondateur, spécialement éclairé de la lumière de Dieu, est le **salut** des familles religieuses, et il y revenait sans cesse. **Ce** qu'il a voulu, tout spécialement par les Grands Exercices, c'est de faire porter à votre Institut tous **les fruits** possibles de perfection religieuse et de **charité chré-** tienne. Il commença son œuvre avant le jour des grandes persécutions : c'était la préparation providentielle. Elle contribuera puissamment, j'en ai la confiance, à maintenir les fils de saint Jean-Baptiste de la Salle à la hauteur de tous les devoirs, surtout pendant **les jours de** tribulation, et à leur préparer un avenir fécond selon l'esprit et dans le plein épanouissement religieux de leur Congrégation, institution chrétiennement démocratique s'il en fut jamais, et au plus beau sens du mot.

Je n'ai pu, mon bien cher Frère, que résumer un ensemble de souvenirs et d'appréciations portant sur une seule œuvre, celle des Grands Exercices. Ces souvenirs me sont précieux; j'aime à compter, parmi mes amis du ciel, les Religieux que j'estimais si franchement lorsque je travaillais avec eux à la glorification de Notre-Seigneur par les Frères des Ecoles Chrétiennes.

Je me recommande, mon bien cher Frère, à vos prières, et au pieux souvenir des nombreux Frères que j'ai eus pour collaborateurs et pour auditeurs.

De tous, le très dévoué serviteur en Notre-Seigneur,

S. ADIGARD,

de la Compagnie de Jésus,
Missionnaire en Chine.

En août 1887, le T. H. F. Joseph inaugurait, dans notre maisou d'Athis, les Exercices du second Noviciat. Le principe de cette institution, voté par le Chapitre général de 1725, avait mis cent soixante ans pour passer dans le domaine des conceptions réalisées. Telles avaient été les difficultés administratives, telle aussi l'impossibilité de remplacer dans leurs classes les Frères qu'on aurait appelés à cette seconde probation, qu'on avait toujours dû surseoir à l'exécution de ce projet. A la veille de la béatification de son Fondateur, les obstacles étant levés, l'Institut donnait à ce bienheureux Père un nouveau témoignage de son désir de perfectionner, par tous les moyens en son pouvoir, la vie surnaturelle des Frères. Grande fut la joie du F. EXUPÉRIEN, qui disait : « Le second Noviciat, c'est ce que j'ai souhaité avec le plus d'ardeur ! »

En effet, dès 1865, il consigne dans ses *Notes* son désir ardent de voir s'établir chez nous le *troisième an*, comme il s'exprime alors. Cette intention lui demeure présente pendant vingt-deux ans ; et, dans ce but, il offre à Dieu des prières et des pénitences, afin de hâter le moment où l'Institut pourra faire profiter ses enfants de cet inappréciable bienfait. A partir de 1873, le F. Assistant étudie, avec les Supérieurs généraux, la réalisation de son cher projet, et c'est lui qui, par ses instances, obtient en 1887 la réunion des premiers Frères pour le second Noviciat.

Au mois de novembre 1887, le F. Exupérien se trouvait à Rome, à l'occasion du décret *de Tuto*, qui terminait les procès poursuivis depuis plus de quarante ans, pour la Cause de béatification de notre Fondateur et Père. Pendant l'audience que Sa Sainteté Léon XIII daigna lui accorder, il lui dit comment notre Institut allait réaliser enfin le vœu du quatrième de nos Chapitres généraux, relativement au second Noviciat. Le Pape en montra une vive satisfaction, dont il chargea le F. Assistant de transmettre l'expression au T. H. F. Joseph.

Nous ne pouvons, croyons-nous, mieux terminer cet aperçu sur l'action du F. Exupérien dans l'organisation et le fonctionnement de nos retraites, que par la lettre suivante. Elle est d'un prêtre qui, depuis plus de vingt ans, a donné à notre Institut les marques de son inaltérable dévouement. Il s'exprime ainsi sur notre regretté confrère :

Paris, 3 février 1905.

Mon Très Honoré Frère Supérieur Général,

Je me permets de vous exprimer mes sincères condoléances, à l'occasion de la mort du vénéré Frère Exupérien.

J'ai eu d'intimes relations avec cet excellent Frère, pendant plusieurs retraites que j'ai prêchées à Athis. Il m'est impossible de citer des faits particuliers; mais je puis affirmer que les vues de ce cher Frère et mes fréquents entretiens avec lui m'ont inspiré la plus haute estime, une vraie admiration, pour ce zélé et fidèle serviteur de Dieu.

Le Frère Exupérien a été, avant tout, un homme surnaturel. Je n'ai jamais remarqué en lui, soit une parole, soit une action, inspirées par la nature. C'est l'esprit de foi qui le conduisait en tout, et le faisait parler et agir. J'ai constaté, dans le cher Frère Exupérien, un sincère et ardent amour de Notre-Seigneur, soutenu et entretenu par l'amour et la pratique de l'oraison et de la pénitence. L'amour du divin Maître le pressait de le faire connaître, aimer et servir fidèlement, surtout par les membres de votre Congrégation.

Affectionné de cœur à son Institut, il s'appliquait avec ardeur à faire progresser ses Frères dans la voie de la perfection. A cet effet, il favorisait de tout son pouvoir les retraites, dont il était, je crois, le principal et le plus zélé promoteur. Par là, il a certainement bien mérité de son Institut. Au milieu de ses travaux pour le bien des âmes, je n'ai jamais remarqué, dans le cher frère Exupérien, la moindre recherche de lui-même ou de l'estime du monde. Par tout ce qu'il me faisait connaître de ses dispositions intimes, il m'était facile de voir que ce cher Frère ne cherchait que la gloire de Dieu et le bien des âmes, avec un parfait oubli de lui-même. Aussi, j'espère que ce fidèle et zélé serviteur de Dieu a déjà reçu la récompense bien méritée par son dévouement.

Veuillez me croire toujours bien attaché à votre Institut, qui subit actuellement la persécution, ou plutôt qui a l'honneur d'être persécuté pour le divin Maître, et de l'aider à porter sa croix.

Agréez, mon Très Honoré Frère Supérieur Général, l'assurance de mes sentiments respectueux et dévoués.

Votre très humble serviteur en Notre-Seigneur,

M. DE HAZA.

CHAPITRE XI

La Vie spirituelle du F. Exupérien : ses moyens de rénovation intérieure.

Pour exposer en détail la vie spirituelle du F. Exu-PÉRIEN, il faudrait une longue étude qui nous conduirait trop loin. Nous nous bornerons à montrer l'usage qu'il fit des moyens de rénovation intérieure, prescrits ou recommandés parmi nous ; puis nous nous arrêterons à quelques-unes de ses vertus et de ses dévotions.

Suivant une comparaison du F. EXUPÉRIEN lui-même, il en est un peu, de notre vie spirituelle, comme d'une machine de locomotion. Le mécanicien doit sans cesse y entretenir le combustible qui produit la force motrice. En cours de route, il lui faut surveiller à la fois, et le chemin où il s'avance, et le fonctionnement général de la machine, surtout celui des organes dont le jeu se fausse avec plus de facilité. A des moments déterminés, une visite minutieuse intervient, pour que soient réparées toutes les avaries, graves ou légères. — Les forces de notre âme, disait le F. Assistant, sont renouvelées chaque jour par les exercices spirituels ; le recueillement la maintient unie à Dieu et s'oppose à la déperdition de ses énergies ; l'examen particulier remédie aux déviations qui tendent à devenir habituelles ; enfin les récollections hebdomadaires et mensuelles, les retraites annuelles et les Grands Exercices, complètent ces moyens de rénovation. Ainsi protégée, notre marche vers le ciel se poursuit avec plus de sécurité.

Sur ces divers points, le F. Exupérien a-t-il pratiqué ce qu'il recommandait aux autres ? — Remarquons d'abord que, suivant le mot de l'*Imitation* : « Faites place à Jésus-Christ dans votre cœur, et fermez-en l'entrée à tout le reste », sa préoccupation de vivre uni à Notre-Seigneur a été constante et intense. Et cette constance, jointe à cette intensité, est peut-être ce qu'il y a de plus admirable dans cette vie intérieure. Plusieurs en ont été frappés. Cependant, à lire les *Notes* de retraites du F. Assistant, il semblerait qu'il va de déchéances en déchéances ; qu'il ne sait ni aimer Notre-Seigneur, ni se mépriser lui-même ; que plus il vieillit dans la vie religieuse, moins il en pratique les devoirs. Ce ne sont là, sans doute, que les accusations générales dont l'humilité des saints est coutumière, et ceux qui ont vécu avec notre vénéré confrère savent à quoi s'en tenir sur ces reproches personnels.

Le F. Exupérien n'est jamais content de lui-même, parce que, toujours, il veut aller jusqu'au bout de ses obligations. A chaque instant on trouve, sous sa plume ou sur ses lèvres, des expressions comme celles-ci : « se dévouer *à fond*, se renouveler *à fond*, entrer *à fond* dans l'esprit d'un mystère. » En lui, rien de superficiel. Il est tout à Dieu, mais il souffre de se voir « un serviteur si pauvre et si lâche » du bon Maître qu'il a l'honneur de servir.

« Nos exercices spirituels, disait le F. Assistant, sont le grand moyen de réparer nos forces, que l'action extérieure épuise incessamment ; ils sont aussi la solde que l'Institut doit à ses membres, pour les œuvres auxquelles il les applique. Ils sont notre bien personnel : n'en perdons rien. » A la chapelle de la Maison-Mère, son esprit de religion, sa ferveur, sont admirables pendant les exercices communs. Il est toujours à genoux ; à moins que les règles liturgiques n'indiquent une autre posture. Sa voix domine pendant les prières vocales ; souvent elle prolonge, en manière d'écho, deux ou trois syllabes lorsque l'ensemble de la communauté a prononcé les formules. Il semble goûter, savourer le sens renfermé dans chacune des paroles. « Nos formules de prières, dit-il, sont si pleines du suc, si riches de la moelle de la plus haute spiritualité ! »

L'esprit d'oraison du F. Assistant, sa dévotion à la sainte Messe, son amour de la sainte Communion trouveront place dans les chapitres suivants. Ici nous ne parlerons que de son goût pour les lectures ascétiques et de sa vigoureuse constance dans la pratique de l'examen particulier.

Les livres auxquels il revient le plus volontiers sont ceux dont il a formé sa doctrine spirituelle ; il y retrouve, plus qu'en tous autres, ses propres sentiments. Au premier rang de ces ouvrages préférés, sont ceux du saint Fondateur ; ils lui sont vraiment assimilés. Les ascétiques de la Compagnie de Jésus ont aussi ses prédilections : les citations des PP.

Rodriguez, Lallemant, Hayneuve, Huby, Bourda-
loue, Caussade, émaillent ses conférences. A mesure
que le F. Exupérien avance en âge, les ouvrages de
Mgr Gay le charment davantage, et la *Correspondance* du saint évêque d'Anthédon excita l'un de ses
derniers enthousiasmes.

Il lisait lentement, et souvent prenait quelques
notes après sa lecture.

« L'âme, disait-il, ne se nourrit pas de ce que lisent
les yeux, mais de ce que médite le cœur... On aime
comme on connaît, et l'on veut comme on aime : faisons donc la lumière en nous par la lecture spirituelle ;
les saintes résolutions naîtront comme le fruit de cet
exercice. Que notre lecture spirituelle soit comme une
demi-oraison ; alors la lumière qu'elle apporte à l'esprit s'accompagnera d'une onction céleste qui pénétre-
ra le cœur. »

Il recommandait avec insistance les livres spirituels d'une doctrine forte, élevée, « substantielle » :
« Les petites brochures, disait-il, sont bonnes pour
les petits-novices ; les ouvrages fortement pensés
sont pour les hommes. »

De notre vénéré confrère, comme de plusieurs
saints, on peut dire que son grand moyen de perfectionnement spirituel, fut l'examen particulier.
Pendant les Grands Exercices faits à Clamart, en
1880, il s'était engagé par vœu à n'y manquer jamais. Comme le plus fervent novice, il se servit toujours des petites industries qui en facilitent le contrôle : « Sans mon *bernard*, disait-il, je ne vaux rien.
Je suis comme un marchand qui se ruine, parce

qu'il ne tient pas ses comptes. » Il marquait chaque jour les résultats de son examen, et il s'imposait de généreuses sanctions pour réparer les manquements constatés.

Quel était le sujet le plus ordinaire de l'examen particulier du F. EXUPÉRIEN ? On pourrait l'inférer de ce que l'on connaît de sa vie spirituelle ; mais nous avons à cet égard un renseignement précis. Dans un moment d'expansion, il dit à l'un de nos chers Frères Visiteurs que, pendant plus de trente ans, il s'était examiné sur la manière dont il se conformait à cette maxime de notre saint Fondateur : *Ne rien faire naturellement, par coutume ou par motifs humains ; mais tout par la conduite de Dieu, le mouvement de son Esprit, et en vue de lui plaire.* Ainsi, l'examen particulier le perfectionnait dans l'abnégation totale, dont la doctrine lui était si familière. Rappelons encore, à ce propos, que le F. Assistant disait un jour à un Frère Directeur : « Pendant dix-huit ans, presque toutes mes méditations se sont rattachées à la promesse de renoncement absolu que nous faisons chaque matin dans la grande formule de notre prière (1). »

Comme on le voit, une tendance constante pousse le F. EXUPÉRIEN vers le plus parfait. En a-t-il fait le

____

(1) « Ne souffrez plus, ô mon Dieu ! qu'il y ait rien en moi qui s'oppose à votre sainte volonté. Détruisez toutes mes mauvaises inclinations, et anéantissez en moi tous les sentiments de la nature qui voudraient s'emparer de mon cœur, afin qu'il ne se conduise plus que par votre divin Esprit. Je m'engage, pour l'amour de vous, à toutes les violences qu'il faudra me faire, pour mourir à moi-même et ne plus vivre que pour vous. »

vœu ? — C'est la croyance des Frères qui l'ont intimement connu ; mais de cela, nous n'avons encore trouvé aucune attestation écrite. On lit seulement dans ses *Notes* de juin 1867 : « Que je voudrais, Seigneur, avoir une preuve si vous voulez que je fasse le vœu du plus parfait ! Demandez ; et en retour de vos grâces, je vous donnerai tout ce que vous voudrez. »

Plus une âme lutte avec ardeur pour établir en elle le règne parfait de la grâce sur la nature, plus elle sent le besoin de contrôler souvent, non ses progrès, mais ses défaillances. D'où la pratique tant recommandée des revues hebdomadaires et mensuelles. L'âme y *refait le point*, pour orienter de nouveau sa route, et la continuer sans déviation. Le F. Exupérien était fidèle à ces récollections, et les notes qui nous en restent seraient fort intéressantes à parcourir. Quelques citations, d'époques différentes, suffiront à nous montrer ses efforts, dans sa marche ascensionnelle vers la perfection :

Décembre 1865. — J'offre à Jésus, pour l'établissement de son règne dans mon cœur, la destruction de moi-même. J'ai senti l'insuffisance de mes propres forces et des moyens humains ; une grande confiance en Dieu, marquée par l'abandon entier de ma volonté, pour me conformer à toutes les prescriptions de la Règle.

Mars 1866. — Impressionnabilité toujours trop grande. Que j'aime l'estime !

J'ai éprouvé à plusieurs reprises qu'un rien suffirait à me troubler profondément, à briser tout ressort. Que vous êtes bon, mon Dieu, de vouloir vous servir d'un être tel que moi ; vous n'êtes pas difficile, vraiment !

Avril 1866. — Tout rattacher à la Règle pour moi et les novices. L'observer et la faire observer. Que mes mortifications et ma vigilance tendent à ce but.

Septembre 1866. — Que l'acquisition de *l'esprit de l'Institut* soit le point central de ma vie spirituelle et de mes enseignements, soit au noviciat, soit dans les retraites. Le puiser à la source : me nourrir de *nos* livres et en inspirer l'estime.

Janvier 1867. — Un mathématicien, un littérateur se fortifient par des études constantes. Il n'est pas étonnant qu'ils fassent des progrès. Et moi ? Je n'écoute pas assez Dieu ; je ne dépends pas assez de l'Esprit-Saint. Je ferai des visites plus fréquentes et plus longues au très saint Sacrement, pour prendre le mot de Dieu. J'offre l'ensemble des mortifications et des prières pour prévenir les illusions du zèle. Ne rien entreprendre d'important sans avoir prié, sans attendre un signe de Dieu.

Février 1868. — J'ai fortifié ma confiance en Dieu. Toute crainte, toute défiance l'outrage : y prendre garde. Je m'attriste trop. Dieu peut tout arranger : les âmes le regardent plus que moi. S'affliger, mais non se troubler. L'Esprit du bon Dieu conduit à une soumission amoureuse en tout... Toujours un peu de précipitation, et pas assez d'union à l'Esprit-Saint. Travailler avec plus de suite et de générosité à entrer dans la dévotion à l'Esprit-Saint, et à y faire entrer les autres. C'est la voie abrégée de la perfection. — Tout est là pour moi.

Décembre 1868. — J'ai un désir véhément de la sanctification. M'efforcer surtout d'acquérir l'humilité ; ne pas plus compter sur moi que sur le néant... Ne pas voir la sainteté en gros, dans le lointain, comme une chose inaccessible ; mais m'arrêter à un mois, à une sémaine, à un jour, à l'action présente, sans me préoccuper de l'avenir, hors le nécessaire, ni m'inquiéter du passé. La sainteté est aussi nécessaire que la vie ; donc Dieu la donne à chacun suivant son état. S'il faut des miracles, il en fera... Il n'est pas nécessaire de recevoir beaucoup de lumières, mais il est souverainement important de profiter de celles qu'on reçoit.

Mai 1886. — Après avoir bien prié, bien cherché, j'ai écrit les lignes suivantes, qui me paraissent résumer un travail intérieur à faire, et une volonté de Dieu sur moi :

1. Tu donnes trop à l'action ; pas assez à la prière et à la pénitence.

2. Tu fais plus pour la sanctification des autres que pour la tienne ; et, dans cet ordre d'idées, il y a plus à l'action qu'à ce qui doit perfectionner l'instrument.

3. A tout prix, il faut devenir un homme d'union à Dieu. Cela est plus important, pour atteindre les âmes, que la multiplication des moyens extérieurs : livres, conférences, avis. Dieu opère des merveilles de grâce par ceux qui savent prier, communier et souffrir.

... 10. L'esprit de suite, la constance, l'ordre, l'enchaînement des choses me manquent en tout... M'en humilier, me contrôler et me faire contrôler. Nul n'en à plus besoin que moi ..

Concentrer mon action sur ma sanctification personnelle. Pour le prochain, faire mieux, en entreprenant moins. Mûrir davantage toute chose ; appeler les bénédictions d'en haut par la prière, l'humilité, l'abnégation.

Les récollections mensuelles ne suffisent pas au F. EXUPÉRIEN. Sans doute, il y consacre jusqu'à six heures à l'oraison ; autant que possible, — et surtout avant 1871, — il passe de longs moments auprès de son directeur de conscience, qui était alors le P. Caubert ; mais, de cette journée, les sollicitudes administratives viennent encore occuper bien des instants. Il lui faut de plus longs repos, au milieu de son épuisante activité ; et c'est en des retraites multipliées, dans une solitude absolue et au loin, qu'il cherche sa *trêve de Dieu*.

La permission obtenue, le F. Exupérien quitte Paris et s'enferme à Laon, Chartres, Amettes ou Vals (près le Puy). Seul avec Dieu, il ne songe plus qu'à son âme, pour en scruter les tendances, et pour la préparer, par la prière et les saintes macérations, à une action plus impersonnelle et plus féconde.

Le *Journal des Retraites* du F. Exupérien, malheureusement incomplet, montre les transformations progressives que la grâce opère en son âme. Peu à peu s'y modère l'extraordinaire activité du zèle et s'y développe le sentiment de son impuissance. Des pages entières sont un long cri d'humilité. La dévotion au Saint-Esprit, à la Sainte-Enfance, à l'Eucharistie, à la très sainte Vierge s'y révèle par des résolutions généreuses ou des effusions attendries. Plus encore y domine l'abandon à l'adorable volonté de Dieu, qui devient la Règle souveraine, le repos, le bonheur de sa vie.

Retraite de 1864. — « Je veux être le soldat de Jésus-Christ et non son garde national. Je veux porter la croix, me renoncer, me haïr. Mon Dieu ! établissez solidement votre règne en moi, et d'une manière durable, afin que je vous fasse régner dans les âmes que vous me confiez malgré mes misères. »

« Détachement de tout moi-même ; donc :

1o Détachement plus absolu des biens de la terre, par une conviction profonde de leur néant ;

2o Détachement plus complet de toute créature, et rénonciation totale à toute affection tant soit peu naturelle : Jésus crucifié tout seul ;

3o Donation de tout mon être à Dieu, pour tout état d'âme ou de corps où il voudra me mettre ; pour tout ce qu'il voudra faire de ce corps et de cette âme, selon ses intentions, quelles qu'elles soient. »

« ... J'ai été moins touché par l'espérance d'une éternité de bonheur que par la pensée de l'amour. Je veux servir Dieu, me dévouer tout à lui, pour lui-même. Je veux le servir parce que c'est mon devoir, que la reconnaissance m'y oblige, et que c'est une dette du cœur. Le reste viendra par surcroît. »

Fin de la retraite. — « La retraite de 1864 me semble en progrès sur celle de 1863. Dans les âmes, le Saint-Esprit travaille selon un plan : il esquisse, il ébauche, il peint. Quel prodige de miséricorde et de sagesse dans la conduite de Dieu à mon égard ! Gloire à Dieu ! honte et confusion à moi-même, qui réponds si imparfaitement à ses vues.

« Dieu m'a donné, pendant ces jours, beaucoup de lumières pour ma sanctification et pour celle des novices. Ne pas craindre l'emploi de ce moyen (les retraites solitaires) ; il n'y a pas de temps mieux employé. »

Retraite de 1865. — « Il faut que l'abandon à la Providence, la conformité à la volonté de Dieu devienne ma dévotion favorite. Tout me porte à cela.

« Lire souvent le P. Caussade. Entrer et faire entrer dans la doctrine de l'abandon... Bien voir Dieu en toutes choses est éminemment la doctrine de notre Fondateur. »

« Faire une plus grande attention à la lecture de la *Sainte Ecriture*. Demander souvent et instamment la grâce de la mieux retenir, et surtout de la mieux comprendre. »

« Faire encore une retraite de trois jours vers Pâques. On balaie plus souvent les appartements où il y a beaucoup de mouvement. »

5 août. — « Une forte inspiration m'est venue d'aller à Saïgon. Je ne ferai pas de demande ; mais si l'on me faisait la moindre ouverture, je serais tout prêt. —

« Si Dieu ne me veut pas à Saïgon, j'offrirai ma démission motivée. Etre quelque temps inférieur me ferait beaucoup de bien. Si cette mesure se généralisait, quel bien ce serait pour l'Institut ! De quelles précieuses grâces, cette abnégation ne serait-elle pas la source ?... Si l'on n'accepte pas ma démission, je me ferai aussi dépendant de mes Supérieurs que Jésus l'était de sa Mère. J'ai demandé aussi instamment qu'il m'était possible l'amour de l'abjection, de la dépendance. J'ai fait la sainte communion pour solliciter cette grâce. »

Retraite de 1866. — « Seigneur, si vous voulez me refuser ces consolations intérieures que vous accordez surabondamment à quelques-uns de vos amis, je me soumets à votre adorable volonté. Mais si des lumières spéciales doivent m'aider à vous mieux connaître et à mieux former mes Frères, je vous les demande pour moi et pour eux.

« L'horreur de soi-même est le triomphe de l'humilité. Tout faire pour y arriver. Ce sera le point particulier de mon examen et mon travail principal, jusqu'à la prochaine retraite. Dieu seul accorde cette faveur ; la lui demander sans cesse. Simplicité, simplicité. »

Promesse d'humilité. — « 1° Faire tous les matins et tous les soirs un minimum de trente actes d'humilité intérieurs ou extérieurs.

2° Travailler à acquérir la défiance, le mépris de moi-même.

3° Rapporter fidèlement à Dieu tout succès, toute grâce.

4° Combattre avec soin toute pensée de complaisance.

5° M'appliquer à recevoir les humiliations avec joie, et les louanges avec peine.

6° Ne rien faire, ne rien dire de propos délibéré pour m'éviter une humiliation, m'attirer quelque louange.

7° Offrir souvent à Dieu l'acceptation volontaire de toutes les humiliations qu'il voudra m'envoyer.

8° Noter les fautes les plus considérables pour m'en humilier et m'en corriger plus facilement. Si c'est possible, soumettre cette note, ou du moins ce qu'il y aura de plus pénible, une fois par mois »

Retraite de Mazas (14 mai) : *Sur mes devoirs de Formateur.* — « Modèle de tous, Jésus-Christ est principalement celui des Directeurs dans la conduite qu'ils doivent tenir avec leurs inférieurs. Or il a pratiqué avant d'enseigner, et beaucoup plus longtemps pratiqué qu'il n'a enseigné. Il s'est abaissé, anéanti, pour ceux qu'il a voulu former, sauver. (S. Jean. xii, 24, 25, 32.)

« Le Directeur doit profiter largement de ce qu'il dit, c'est-à-dire qu'il lui faut le mettre en pratique avec perfection. Il est juste que le laboureur qui travaille soit le premier à profiter des fruits (II Tim., ii, 6) : c'est vrai surtout pour le laboureur apostolique qui, le premier, doit s'appliquer ce qu'il enseigne, et en faire le fond même de sa vie.

«... Tout Formateur doit pouvoir dire, comme Notre-Seigneur : *Je ne cherche pas ma gloire.* Dans la supériorité, Jésus-Christ n'a pas vu des droits à l'honneur, à l'estime, au bien-être, à toutes les commodités de la vie, à l'indépendance, à l'omnipotence ; il n'a vu qu'une charge, qu'une immolation. Méditer ses conseils aux apôtres : S. Math., x, et xx, 25-28. — Il a donné sa vie, pour ses brebis (S. Jean, xiii, 12-18) ; il ne les a pas exploitées.

«... Un Directeur doit aux siens la direction, l'instruction, l'affection, le dévouement paternel. Soyez père, ami, guide, apôtre, et faites ce que vous voudrez. Méditer les admirables Epîtres de saint Paul à Timothée et à Tite ; y voir moins tel conseil, tel détail particulier, que l'esprit général qu'il faut acquérir et appliquer aux diverses situations.

«... Un Formateur, un Directeur ne doit pas gouverner, instruire, former, d'après son caprice, mais suivant son Institut. Donc, en prendre l'esprit et l'inspirer. C'est l'important. Il n'y a de bénédiction pour un Directeur, qu'à proportion qu'il se renonce, qu'il s'efface, pour faire gouverner le Fondateur, les Supérieurs. Dans une foule de fonctions civiles, on s'efface devant le règlement ; c'est surtout dans l'ordre de la foi que cela devrait se pratiquer. Il ne suffit pas que ce que l'on fait dans une société, soit bien ; il faut encore que ce soit réglé, conforme à l'esprit général. C'est humainement nécessaire pour assurer l'unité ; spirituellement pour attirer la bénédiction de Dieu. »

Devenu Assistant, le F. Exupérien est, plus que jamais, tourmenté du besoin de multiplier ses retraites personnelles ; mais ses occupations ne lui laissent pas, pour y vaquer, autant de loisirs qu'il le souhaiterait. Quand il le peut, il ajoute une retraite à celle dont il suit les exercices avec ses collègues du Régime : puisqu'il y fait chaque jour une conférence, depuis 1884, ne doit-il pas se réserver quelques jours de solitude absolue ? « Plus on a charge d'âmes, dit-il, plus il faut que la nourriture spirituelle soit abondante et substantielle. » — « Il faut, dit-il encore, que je remonte les poids de l'horloge, qui sont toujours très bas. »

Longtemps, ce fut à Vals qu'il passa ces jours de recueillement. En 1878, 1879, 1881, son *Journal de Retraites* est daté de Vals, de cette maison où avaient vécu le P. de Ravignan, le P. Ramière, le P. Lyonnard. Il y fait les *Exercices spirituels*, sous la direction d'un Père de la Compagnie de Jésus. Mais il s'inspire, avant tout, de la doctrine de notre Fondateur, car, lui avait dit à Laon le P. Fouillot : « vous devez vous traiter avec les simples de votre jardin. » En 1879, une deuxième retraite le conduit à Paray-le-Monial, auprès du P. Ginhac, dont le procès ordinaire, pour la cause de béatification, a été terminé en 1904.

En 1882 et 1883, c'est à Amettes qu'il se retire, dans la résidence des PP. Maristes. M. l'abbé Bourgeat, alors supérieur, nous écrivait le 6 mars 1905 :

« Le F. Exupérien m'a fait l'impression d'un *saint*, et, après vingt-trois ans, son souvenir est resté vivant en mon esprit.

« Un fait s'est gravé dans ma mémoire : c'est sa manière recueillie et mortifiée de faire le chemin de la croix, à genoux sur les dalles, sans appui. A chaque station, il s'inclinait jusqu'à terre, et baisait le sol en signe de componction, et aussi de compassion pour les souffrances du Sauveur Jésus.

« Cette tenue humble et pénitente excitait une sainte émulation parmi les personnes présentes, et plusieurs ont imité son exemple, tant les vertus des âmes saintes ont d'influence sur ceux qui en sont les témoins. »

Deux des retraites du F. EXUPÉRIEN, celles de 1879 et de 1894, ont un caractère spécial ; elles pourraient être nommées *eucharistiques*. Il y médite sur les quatre fins du sacrifice, sur la présence réelle de Jésus-Christ dans les chapelles de nos communautés, sur l'apostolat et la réparation eucharistiques, sur les âmes eucharistiques, et sur ce qu'il appelle ses *projets eucharistiques*. Aux *Notes* très développées de ces deux retraites, nous empruntons les extraits suivants :

Retraite de Paray-le-Monial, avril 1879. — « On est tout puissant quand on se confie en Dieu », disait le P. de la Colombière. — Jésus-Christ est dans l'Eucharistie pour nous apprendre à prier, et pour attacher à nos prières une efficacité infinie.

« S'il faut souffrir, il faut aussi prier toujours, en union avec Notre-Seigneur, dans les mêmes dispositions et pour les mêmes fins que lui. Le *Pater* exprime tous ses vœux, toutes ses prières : ne rien désirer autre, ne demander que cela et ce qui s'y rapporte.

« Demander tous les jours, par Notre-Seigneur, le *don de piété*, l'esprit de prière, qui me rendra facile ce que Jésus veut de moi. — Nous prions peu et nous prions mal. Nos prières sont inattentives, molles et sans persévérance. On désire peu : *Ce peuple m'honore des lèvres, mais son cœur*, son désir, *est loin de moi.*

« Offrir la prière de Jésus au Tabernacle pour mes imperfections et mes misères. — Je suis plus homme d'activité que de prière ; devenir homme d'oraison : c'est le trait caractéristique des saints, des vrais apôtres.

« Demander par Jésus au Tabernacle ; entrer pratiquement dans les dispositions exprimées par le *Pater*. Demander surtout ce qui a rapport à nos devoirs eucharistiques.

« Réparer, faire amende honorable par Jésus au Tabernacle, pour tant d'hommes qui ne prient pas ou prient mal. *Il est toujours en état de sauver ceux qui, par lui, vont à Dieu, étant toujours vivant pour intercéder en notre faveur.*

« Je fais peu de bien, parce que j'agis plus que je ne prie : *Seigneur, apprenez-nous à prier !* »

Retraite de 1894. — « Que faire en retour de tout ce que Notre-Seigneur m'a prodigué dans l'Eucharistie ? Remplir d'abord tous mes devoirs eucharistiques, avec la perfection dont je suis capable ; il reste ensuite à exercer un fécond apostolat au dedans et au dehors. C'est une dette de reconnaissance qui s'impose, une source inépuisable de bienfaits qui s'ouvre, car Notre-Seigneur rendra au centuple ce que l'on fera pour le glorifier, et pour établir son règne eucharistique.

« *Au dedans*. — Veiller à ce que tous les devoirs eucharistiques soient bien remplis à tous les degrés... Dieu bénira l'Institut à proportion qu'il y sera glorifié dans cet auguste sacrement. Ce point sauvegardé, tout le reste s'en ressentira, la dévotion pratique et fervente envers la très sainte Eucharistie étant le moyen le plus efficace pour maintenir la régularité dans les communautés, et ainsi pour conserver les vocations.

« *Au dehors*. — Que les Frères s'efforcent d'instruire les élèves de leurs devoirs eucharistiques : assistance à la sainte messe, fréquentation des sacrements. Surtout prendre tous les moyens possibles pour organiser les confessions et les communions. S'entendre avec le clergé pour aplanir les difficultés pratiques.

« Seigneur, donnez la générosité nécessaire à tous et à chacun, pour que soient remplis les devoirs eucharistiques, personnels et professionnels. Rien ne répond plus aux désirs de notre bienheureux Père et aux besoins des âmes.

« Un des caractères des âmes eucharistiques est de chercher à plaire à Dieu en toutes choses, et à entrer dans l'esprit de victime. Le point de départ, la condition essentielle est le silence, le recueillement et l'ensemble des moyens proposés par le Bienheureux pour devenir intérieur. Avoir, à l'égard de Notre-Seigneur, les délicatesses de quelques natures privilégiées que j'ai connues.

Qu'il est exquis le parfum de ces âmes ! Quelle puissance d'élévation, d'amour, de poésie, de dévouement, développe en elles l'amour de Notre-Seigneur dans l'Eucharistie ! Mon Dieu ! achevez votre œuvre en moi et dans les miens ; mais quelle matière rebelle, résistante, mon cœur ne vous offre-t-il pas ? »

Dans ce cœur qui n'offre à Dieu qu' « une matière rebelle et résistante », s'il en faut croire le F. Exupérien, la sainte Eucharistie a fait s'épanouir d'admirables vertus. Nous les connaissons déjà. Mais à étudier les principales d'entre elles, nous sentirons se fortifier en nous le désir d'y faire des progrès constants.

CHAPITRE XII

La Vie spirituelle du F. Exupérien :
quelques-unes de ses vertus.

A l'âme dont il fait sa demeure, l'Esprit-Saint apporte la grâce sanctifiante, les vertus théologales, les vertus morales infuses, et les sept dons qui perfectionnent l'intelligence et la volonté. Tandis que la grâce habituelle nous met en état d'accomplir des actes méritoires de la vision béatifique, les vertus théologales nous orientent efficacement vers notre fin, qui est Dieu lui-même. Les vertus morales naturelles sont engendrées, développées en nous, selon les seules lumières de la raison et l'énergie de la volonté ; mais elles sont incomparablement surpassées par les vertus morales infuses, qui naissent, comme les vertus théologales, par l'action divine et s'accroissent par cette action, accompagnée de notre coopération personnelle. Que sont les actes les plus éclatants dans l'ordre humain, comparés à cette merveilleuse effloraison des vertus surnaturelles dans l'âme des Saints ?

La biographie du F. Exupérien et le tableau abrégé de ses œuvres nous ont déjà permis d'admirer l'action de la grâce en lui. Une étude sommaire de ses principales vertus nous introduira plus avant dans l'intime de son âme.

Mais comment choisir, entre les autres, les vertus à contempler de plus près ? En lui, les vertus mo-

rales font un si magnifique cortège aux vertus théologales, que S. G. Mᵍʳ l'Evêque de Troyes a pu dire :
« Le F. Exupérien avait toutes les vertus. » Puisqu'il faut nous borner, nous caractériserons princï-
palement celles qui resplendissent en lui d'un éclat
spécial, et qui constituent, pour ainsi dire, les
grandes lignes de son édifice spirituel. Ce sont, avec
les vertus théologales, le zèle, l'humilité, l'esprit de
prière et de sacrifice.

La force vitale d'un arbre dépend de la puissance
de ses racines ; ainsi la vie surnaturelle d'une âme
dépend de la foi, « principe du salut, fondement et
racine de la justification », comme s'exprime le
concile de Trente. Chez le F. Exupérien, la foi est
d'abord une adhésion absolue aux vérités révélées :
foi pure, qui se tient aux enseignements de la chaire
infaillible, et ne se laisse séduire par aucune dan-
gereuse nouveauté ; foi calme, que le doute ne semble jamais avoir atteint ; foi agissante, qui règle les
pensées, les jugements et les actes.

A propos de certaines discussions retentissantes,
touchant l'Ecriture Sainte ou l'apologétique, il se
borne à dire : « Croyons simplement tout ce qu'enseigne l'Eglise ; laissons aux savants les débats pour
lesquels nous ne sommes pas faits, et ne nous occu-
pons que de mettre notre conduite en harmonie complète avec notre foi. » Ce n'est pas que le Frère Assistant ne soit grand amateur d'ouvrages qui traitent
les questions religieuses ; mais il délaisse ce qui ne
peut lui être utile et ne serait que pure satisfaction
intellectuelle : « Le temps est trop précieux, dit-il,

pour que nous en détournions rien au détriment de nos devoirs. »

De cette foi vive et des lumières qu'il reçoit dans l'oraison naissent, chez lui, le respect, la vénération pour tous les mystères. Très particulièrement, il est attiré vers celui de la très sainte Trinité et ceux que, dans sa divine charité, Jésus-Christ a daigné accomplir en notre faveur. C'est une vénération mêlée d'amour, où se rencontrent l'esprit et le cœur, où la conviction et le sentiment conduisent à la pratique; car la foi du F. Assistant n'est pas seulement une conception spéculative : c'est un principe d'action, c'est l'esprit de foi.

L'esprit de foi ! combien le F. EXUPÉRIEN en a rappelé la nature, la nécessité, les effets ! Combien surtout sa propre conduite en était animée, jusque dans les plus petits détails ! Voir Dieu dans tous les événements, personnels ou autres ; ne juger des hommes et des choses que par la lumière qui vient de Dieu ; agir en tout pour plaire à Dieu et le glorifier ; souffrir avec un filial abandon à la volonté de Dieu, n'est-ce pas la préoccupation constante de cet *homme de Dieu* que fut le F. EXUPÉRIEN ?

Dans sa cellule, à la chapelle, dans les rues, partout il se sait sous le regard de Dieu. Et il se tient uni à lui, par l'esprit et le cœur, par le respect, l'amour et le sacrifice. « Le F. Assistant perd-il jamais la pensée de la présence de Dieu ? » se sont demandé plusieurs Frères. Nous ne savons ; mais il s'y était singulièrement affermi, par une prière et un recueillement continus. De là, chez lui, une gravité, une possession de lui-même, une habitude de consulter

Dieu sur toutes choses, de se tourner vers lui comme par un mouvement spontané. Il vivait vraiment tout en Dieu, au milieu d'une incessante activité.

C'est Dieu dont il reconnaît et adore la main, à travers toutes les choses de ce monde. Pendant les douloureux événements qui ont bouleversé les Congrégations en France, il manifesta plusieurs fois sa peine de constater que l'on s'arrêtait beaucoup trop aux causes secondes, au lieu de s'élever d'abord jusqu'à Celui sans la permission de qui rien n'arrive. *C'est le Seigneur qui a tout fait*, disait-il avec un profond sentiment de foi ; et, pour arrêter les récriminations contre les actes dont on se plaignait, il ajoutait : « Au lieu de vous lamenter, dites donc avec le Psaume : *Je me suis tu, Seigneur, parce que c'est vous qui l'avez fait.*

Les principes de foi ont à ce point pénétré le F. Assistant, qu'il ne juge rien que par eux. Il estime un homme suivant l'intensité de son esprit chrétien, un ouvrage, d'après son orthodoxie et le bien spirituel qu'il peut produire ; un emploi, selon la volonté de Dieu qui nous le confie ou nous en retire. Les fatigues, les souffrances, les contradictions, les injustices, la prison, tout lui est cher, de ce que l'Evangile a béatifié.

Les maximes évangéliques sont, en effet, la grande règle que le F. Exupérien suit pour lui-même, et qu'il propose à ses Frères.

« La règle de la vertu, dit-il, n'est pas dans nos idées personnelles, ni dans l'opinion, mais dans les maximes évangéliques. Les élus doivent être conformes, non au goût du monde, mais à Jésus-Christ. Jésus-Christ est le Législateur qui est venu rétablir et perfectionner les préceptes oubliés de tous. C'est le divin Médecin qui s'est présenté à l'homme malade : les maximes évangéliques sont la *potion selon la formule.*

« Soyons les hommes de l'Évangile, dans nos paroles et nos actes : pour ceux-là seulement, le joug du Seigneur est doux, son fardeau léger. Dieu n'est-il pas blessé, par notre incrédulité pratique à l'égard des maximes évangéliques, autant que par l'opposition de ses ennemis déclarés ?

« Que des religieux pensent, parlent, agissent, comme le monde, ce serait l'abomination dans le lieu saint. Il importe que les âmes fidèles prennent résolument la contre-partie de cet esprit de naturalisme, qui s'infiltre partout. »

L'esprit de foi, qui rendait le F. Exupérien heureux dans les souffrances, le portait aussi à féliciter ceux de ses Frères qu'éprouvait la tribulation. Il écrivait à l'un d'eux :

« Je suis heureux d'apprendre que vous avez des épreuves de tout genre. Dieu en soit béni ! Aux enfants, le lait ; à ceux qu'il veut rendre forts, le pain de l'épreuve. Que celui qui est l'onction spirituelle de nos âmes, nous fasse goûter le bonheur de souffrir pour Jésus-Christ. Demandons, espérons cette grande grâce. Le Seigneur a prié pour nous avant sa mort ; et qu'a-t-il demandé, sinon la vraie sainteté, la grâce de comprendre et de goûter les maximes évangéliques ? Pouvons-nous ne pas être exaucés, en sollicitant ce qu'il a réclamé et mérité pour nous ? »

De tels sentiments sont inpirés au F. Exupérien par la lecture et la méditation assidues des saintes

Écritures. Directeur des novices, il en lisait chaque jour quelques pages « plume en main ». A la prison de Mazas, il consacrait quatre heures par jour à l'Évangile et aux Épîtres de saint Paul. Dans ses conseils, il recommandait aux Frères de s'acquitter avec foi de la prescription régulière relative à la lecture dans le Nouveau Testament. Il écrivait :

« Vous avez tous les jours le devoir de lire la sainte Écriture : appréciez cet avantage, et mettez-vous dans les dispositions pour en profiter. Cherchez à vous pénétrer vivement des maximes évangéliques ; qu'elles soient la lumière qui dirige vos pas, la manne sacrée qui nourrit votre âme. Vous devriez savoir par cœur le *discours sur la montagne* et le *discours après la Cène*, que l'on explique pendant les retraites. Appliquez-vous à régler toute votre vie sur ces enseignements du divin Maître. »

Pendant les retraites, l'explication du saint Évangile fournissait au F. Assistant le sujet de ses plus belles conférences. Voici quelques notes, prises au cours d'un entretien sur ces paroles : *Ma nourriture est de faire la volonté de mon Père* (S. Jean, IV, 34).

« *Ma nourriture*, déclare Jésus-Christ, *est l'accomplissement de la volonté de mon Père* ; c'est comme s'il disait que seule, cette divine volonté soutient son âme. La volonté divine, marquée par la Règle et l'obéissance, voilà ce qui devrait être l'aliment de l'âme religieuse. Hélas ! combien d'affamés vont mendier à toutes les portes, hors à celle de leur Père céleste !...

« On mendie quelques satisfactions auprès de ceux

qui peuvent flatter l'amour-propre. Quelle nourriture creuse ! Les éloges ne satisfont pas ceux qui les reçoivent ; ils sont rarement sincères de la part de ceux qui les donnent, et ils nous font perdre le mérite. On en sait le vide, et on les savoure quand même....

« On demande quelques miettes — car ce n'est que cela — à la curiosité des lectures inutiles, à des voyages non justifiés. Que de sacrifices méritoires on ferait, si l'on savait se priver de ces enfantillages ! (Et il s'étendait longuement sur le devoir de réfréner le désir de tout savoir, de tout connaître)

« Si nous recherchions en tout la volonté de Dieu, quelle joie ! quelle plénitude de rassasiement ! La volonté propre fait le tourment de ceux qui la suivent ; la volonté divine, la félicité de ceux qui s'y abandonnent. »

Après la sainte Écriture, il n'est rien que le F. EXUPÉRIEN goûte autant que les prières liturgiques. Il connaît de mémoire un grand nombre de collectes et de postcommunions ; il les cite dans les conférences, il les commente fréquemment à la Maison-Mère, soit aux novices, soit aux scolastiques. Il en tire, disent ses auditeurs, d'admirables enseignements. Sa foi s'y délecte, car c'est la prière même de l'Église, « plus pleine, plus savoureuse, plus substantielle, que toutes les autres formules. » Ses *Notes* révèlent que, pour recommander à Dieu divers ordres de besoins personnels, ou de préoccupations administratives, il priait par les collectes.

Rempli comme il était de l'esprit de l'Évangile et de celui de l'Église, le F. EXUPÉRIEN devait se poser en adversaire décidé de l'esprit du monde, qui en est la négation. Il n'y manqua pas. D'ailleurs, le

F. Philippe mourant ne lui avait-il pas dit, en 1874 : « Combattez l'esprit du monde, c'est le grand ennemi. Le naturalisme cherche à se glisser aujourd'hui dans les communautés religieuses ; s'il venait à s'y établir, ce serait leur ruine. » Le F. Assistant tint cette suprême demande pour un mot d'ordre : on sait si, pendant toute sa vie, il fit au naturalisme bonne et rude guerre. Pour lui-même, sa devise était : « Ne rien faire *naturellement* » ; et le surnaturel était devenu l'élément où sans cesse il se mouvait. Il avertissait les Frères de se garder contre tout ce qui peut favoriser le naturalisme :

« Avec des idées naturelles, dit-il, il se peut qu'on évite les fautes graves ; mais on ne sera ni heureux, ni saint, ni apôtre. Quelle perte ! Le monde est ordonné en opposition avec l'esprit de Notre-Seigneur. On vit comme aux antipodes de son humilité, de son obéissance, de sa pauvreté, de son abnégation. Il faut prendre, contre cette contagion, des précautions analogues à celles qu'on prend contre le choléra. »

La vigueur même de telles expressions montre combien était robuste la foi du F. EXUPÉRIEN. Son espérance ne l'était pas moins, dans ses deux manifestations principales : la confiance en Dieu et l'abandon total à la volonté divine.

La confiance que le F. Assistant met en Dieu est absolue. Il la fonde sur la puissance et la bonté du Père que nous avons dans les cieux, et sur les mérites de Jésus-Christ qui intercède pour nous. De là, sa pratique d'offrir à Dieu, un grand nombre de fois chaque jour, le sang de la divine Victime immolée sans cesse sur les autels du monde, et de demander, par elle, les secours nécessaires pour son propre salut et celui de ses Frères. De là encore, son recours perpétuel à une prière humble et filiale. Si désespérées que soient les causes, il se tourne vers Dieu sans trouble ni hésitation, soumis d'avance à ce que la volonté souveraine ordonnera.

On a souvent dit, et avec raison, que le F. EXUPÉRIEN était un optimiste. En lui, cette disposition naissait beaucoup moins d'une tendance naturelle à tout voir à travers de généreuses illusions — il avait plutôt un penchant à exiger le mieux en toutes choses — que d'une immense confiance en Dieu, d'une grande charité pour le prochain, et d'une conviction expérimentale que les œuvres divines progressent à travers les oppositions les plus acharnées. De 1873 à 1905, il avait vu se multiplier les rafales de la tourmente : tracasseries administratives, laïcisations, service militaire, menaces, vexations, fermetures d'écoles, rien ne nous fut épargné. Si donc il avait attendu le calme, pour entreprendre les œuvres que nous avons dites, ne seraient-elles pas encore à créer ? Mais il eut ce mérite de tirer parti de toute parcelle de liberté. Il crut à la bonne volonté de gens qu'il savait meilleurs que leur entourage, et il s'entremit, non sans succès, pour obtenir quelque adoucissement qui laissât place à l'action même diminuée.

Chose extraordinaire, ou plutôt admirable, les déconvenues, les mécomptes ne le rebutèrent pas. Pendant que la lassitude, la résignation découragée amortissaient tant d'ardeurs d'abord combatives ou provocantes, lui, il poursuivait son labeur obstiné, malgré l'inclémente succession des événements contraires. Jusqu'à la fin, il se refusa de croire que les mesures oppressives prévaudraient contre le sens chrétien de la nation française, troublé mais non détruit. Et contre la persistante hostilité des adversaires, il espéra dans le concours plus persévérant encore des vrais catholiques, et surtout dans l'aide accordée par Dieu à ceux qui se confient en lui.

Tous ceux qui ont connu le F. Exupérien ont signalé ce trait de son caractère ; plusieurs même se sont étonnés qu'il y fût si saillant. Mais les hommes d'action n'ont-ils pas besoin de croire à la stabilité relative des institutions sociales ? Cela ne les aide-t-il pas à travailler avec courage, joie et confiance ?

Le courage, la confiance, la joie même dans les épreuves, voilà ce que le F. Assistant recommande à ses Frères :

« Ce qui offense le plus la bonté divine, leur dit-il, c'est notre défaut de confiance. Il faut avoir en Dieu une confiance indéracinable, et ne se décourager jamais, jamais.

« Ne broyez pas de noir ; nous avons tant de motifs de nous réjouir sans cesse ! Nous vivons sous le même toit que Notre-Seigneur ; nous pouvons lui être constamment unis ; nous travaillons et nous souffrons pour lui : donc, confiance et joie quand même.

« Notre grand défaut, dans nos rapports avec Dieu, est de le regarder de travers, d'en avoir peur. Et cependant il ne nous veut que du bien. »

Oui, Dieu ne nous veut que du bien, et c'est pourquoi le F. Exupérien s'abandonne en tout à son adorable volonté.

Il semble même que le pivot de la vie spirituelle,

chez le F. Exupérien, soit un abandon total, amoureux et actif, à la volonté de Dieu. Total, car il n'exclut rien ; amoureux, car il repose sur la certitude que « personne n'est père autant que Dieu » ; actif, car il s'unit à un zèle extraordinaire pour procurer la gloire divine. Plus le F. Assistant progresse dans les voies surnaturelles, et plus il ramène tout à cet *unique nécessaire* : « Contenter Dieu, en accomplissant tout ce qu'il veut de nous. »

« Autrefois, écrit-il en 1868, je faisais des projets, et j'en demandais à Dieu la réalisation, avec de grandes instances ; aujourd'hui, je ne sais plus que m'abandonner à sa volonté, pour tout ce que je voudrais. »

En 1870: « Je viens d'écrire au T. H. F. Supérieur, pour lui soumettre un projet qui me paraît propre à faire beaucoup de bien. Autrefois, j'aurais tenu extrêmement à sa réalisation ; aujourd'hui, tout en faisant mon possible pour en assurer le succès, j'abandonne tout au bon Dieu... C'est le moyen d'être tranquille, d'éviter toute illusion, et d'attirer les bénédictions célestes. Pousser trop, même à une bonne chose, a son danger ; l'abandon à la Providence vaut toujours beaucoup mieux. Ce n'est pas l'activité, l'adresse, que Dieu bénit, mais la dépendance, la défiance de soi.

« Le point capital est de laisser Dieu agir, sans le gêner par des désirs impétueux. Pour m'encourager sans doute, il me fait toucher du doigt cette vérité. Je vois, je sens qu'*il peut faire plus que nous pouvons comprendre et désirer*, comme dit l'Apôtre. »

L'abandon à la volonté de Dieu ne coûte guère quand tout réussit au gré de nos désirs ; combien il est méritoire dans les traverses qui ruinent nos projets, dans les peines qui brisent le cœur, dans les épreuves spirituelles qui sont à l'âme, un tourment indicible ! De ces dernières, le F. Exupérien en connut de très fortes, spécialement entre les années 1866 et 1872. Le P. Caubert lui disait alors : « Il est indispensable de se pacifier dans les ténèbres spirituelles. Il n'est pas nécessaire de voir clair dans nos opérations, mais de nous conduire avec simplicité, droiture, abandon ; de nous détacher de nos plans, de nos projets, quelque saints qu'ils puissent être, et de ne vouloir, pour nous et pour les autres, que ce que Dieu veut. »

Cette doctrine du parfait abandon, où le F. Exupérien s'exerce, il la recommande aux âmes qu'il sait capables de s'y engager généreusement. Il écrit à des Frères :

« Fortifiez en vous, par la méditation, l'abandon le plus absolu à la conduite de la Providence à votre égard. Ne vous plaignez de rien. Entrez dans la délicatesse de cet abandon amoureux, si glorieux à Dieu et si plein de suaves consolations pour ceux qui le pratiquent. »

« *Tout tourne au bien de ceux qui aiment Dieu.* Nous avançons plus nos affaires spirituelles par nos échecs que par nos succès. L'humiliation de notre personnalité, et notre abandon absolu entre les mains de Dieu voilà le solide de la vertu. Mais que la théorie est facile, et que nous sommes faibles dans l'occurrence ! »

« Vous voulez savoir ce qu'on va faire de vous ? Le saurais-je, que je ne vous le dirais pas, pour vous don-

ner occasion de faire, pendant quelques jours, une re-
mise totale de vos intérêts entre les mains de Dieu. »

« La différence entre les *saints* et les *hommes*, c'est
que les hommes agissent par eux-mêmes, en suivant
leurs idées, et que les saints ne sont que des instruments entre les mains de Dieu, auquel ils s'abandonnent. »

« En dessin, on se sert de règle pour tracer des lignes
droites ; dans la vie morale, la règle c'est la volonté
divine, et notre activité personnelle doit la suivre pour
aller droit au devoir et au bonheur. »

« Que risquez-vous, en vous jetant à corps perdu
entre les bras et sur le cœur de Dieu ? Il est si bon et
il le faut tant aimer ! »

L'amour de Dieu est, pour le F. Assistant, le
grand mobile qui doit diriger les religieux. Selon
qu'il le répète, la crainte est nécessaire ; mais c'est
par amour qu'il faut prier et communier, se repentir
et réparer, se dévouer aux âmes pour procurer la
gloire de Dieu. Le divin amour s'était établi si
fortement en lui, il le possédait et le guidait si bien,
qu'on peut lui appliquer ces paroles que l'Ecclésiastique dit du roi David : *Il a loué le Seigneur dans
toute l'étendue de son cœur ; il a aimé le Dieu qui
l'a fait.* De tout son cœur, le F. Assistant a aimé
Dieu : d'un amour de complaisance, pour ses ama-
bilités infinies ; d'un amour de reconnaissance, pour
ses continuels bienfaits ; d'un amour de condoléance,
pour les outrages infligés à la Majesté divine ; puis,
avec une ardeur incroyable de zèle, il s'est employé
à étendre sa gloire.

L'union du F. Exupérien avec Dieu était intime et constante. Sa pensée, au milieu même des tracas, ne se détournait guère de cet objet de son amour. Avec lui, toute conversation amenait le nom de Dieu ; toute démarche était pour la gloire de Dieu ; toute correspondance parlait de Dieu ; tout projet n'était qu'en vue de Dieu. Mais cette union était beaucoup moins un repos tranquille, une contemplation aux pieds du Maître, qu'une courageuse activité dans les entreprises du zèle. La différence est donc grande entre le F. Assistant et le F. Bérain-Denis, par exemple, ou le F. Arnould. Toutefois, il ne lui semble pas impossible d'unir la part de Marthe avec celle de Marie. Il s'en explique à un Frère qui souhaitait fort goûter la divine familiarité, au milieu d'accablantes occupations :

« Dans notre situation si agitée, au milieu de tant de courants qui nous entraînent, il nous est bien difficile d'arriver à la vie d'union. C'est possible toutefois, et nous devons y tendre ; mais le doigt de Dieu seul peut accomplir ce prodige. Veillons sur nous ; humilions-nous de nos fautes, et des obstacles qu'elles créent à notre parfaite union avec Dieu ; mais surtout prions, désirons, *cherchons*. Tout est dans cette recherche de Dieu, dans ce désir sincère et pur de s'unir à lui, de s'appuyer sur lui. Quand dirons-nous en esprit et en vérité avec le Prophète : *Je me lèverai* (au-dessus de la nature) *et je chercherai celui que j'aime de* TOUTE *mon âme... Mes yeux sont* TOUJOURS *tournés vers vous...* Dieu s'emparera de nos puissances, quand notre désir de nous unir à lui sera pur et généreux.

« Que nos efforts personnels sont peu de chose, pour arriver à ce résultat ! Quand nous avons fait tout ce

que nous pouvons, considérons-nous comme des serviteurs inutiles; mais abandon et confiance en Celui
qui peut tout. Nos efforts pour nous recueillir, prier,
c'est le pain, c'est le vin, c'est l'eau, qui sont nécessaires pour les sacrements, mais qui sont loin d'être
suffisants. »

Il est superflu de prouver que, chez le F. Exupérien, le zèle pour la gloire de Dieu était la forme
ordinaire que prenait le saint amour. On l'a vu par
toute sa vie. Il suffira de reproduire un fragment
de ses *Notes*, où se traduisent ses ardentes dispositions :

« Chevaliers de Dieu, nous ne devons aspirer qu'à
défendre ses droits et à étendre son empire. Que fait-on
en religion, quand on ne fait pas cela ? Pauvre huma-
nité ! Que d'ignorance, d'oubli, de faiblesse, d'illo-
gisme ! Seigneur, ayez pitié de nous ! Donnez-nous la
grâce de comprendre et de remplir notre mission à
l'exemple du Bienheureux, qui n'a cherché qu'à faire
régner Dieu en lui et dans ses Frères, pour lui soumettre les enfants. Il faudrait des larmes de sang, pour
expier l'esprit superficiel des religieux et des maîtres
qui ne se donnent pas tout à Dieu, et ne cherchent pas
à tout gagner à Dieu.

« Ces dispositions fondamentales ne s'enseignent pas
par des paroles ; ce sont des fruits de la grâce... Seigneur, affranchissez-nous par la vérité, et guérissez en
nous le fonds de concupiscence, source de toutes nos
fautes et de tous nos maux.

L'une des manifestations les plus délicates du
saint amour est la reconnaissance ; mais qu'elle est
faible et rare en beaucoup d'âmes ! Le F. Exupérien
le déplorait ; il rougissait même d'un « si honteux

penchant dans notre misérable nature ». A chacune des retraites qu'il présidait, il insistait sur le devoir de la gratitude : « On demande, disait-il, on supplie, on s'impatiente de ne pas recevoir aussi vite qu'on le souhaite. Le bienfait accordé, on ne pense plus au bienfaiteur. Quelle pitié ! N'avons-nous donc pas de cœur ? Combien une telle conduite montre peu d'intelligence de nos véritables intérêts ! Si la reconnaissance est la clef qui ouvre les trésors célestes, l'ingratitude force en quelque sorte Dieu de se montrer moins libéral à notre égard. »

Dans sa vie spirituelle, le F. Assistant fait une large place à la reconnaissance. Souvent il offre à Dieu les mérites de Jésus-Christ, pour toutes les grâces accordées à l'Institut. Il communie en action de grâces ; il médite sur les prières d'actions de grâces que nous récitons. Après la période des retraites, il se prescrit une neuvaine, parfois une quarantaine, de recueillement et de pénitence, pour remercier Dieu de ses bontés à l'égard des Frères ; et, suivant sa maxime favorite, il se propose de témoigner sa gratitude, surtout par le soin de pratiquer très parfaitement lui-même ce qu'il a recommandé aux autres.

Les épreuves nous viennent de la même main que les bienfaits : elles ne doivent donc pas nous en faire perdre le souvenir. Aussi, lorsque les événements de 1904 vinrent attrister les cœurs, le F. Assistant rappela le devoir de remercier Dieu pour les bienfaits reçus depuis cent ans : « Pendant un siècle, Dieu nous a permis de travailler à son œuvre : n'est-ce donc rien ? L'avenir, quel qu'il soit, ne diminue pas notre dette pour le passé. » A un Frère qui le

visitait dans sa dernière maladie, il demanda de
l'aider à remercier Notre-Seigneur pour toutes les
grâces qu'il en avait reçues pendant la vie. Ainsi se
révélaient, en toutes circonstances, les délicatesses
de cette âme à l'égard de son Dieu.

Puisque c'est Dieu que la charité aime dans le
prochain, se pouvait-il que le F. Exupérien, si embrasé du divin amour, ne fût pas bon, patient, doux
et compatissant avec les hommes ?

Toutefois, il se tenait trop en garde contre son
propre cœur, pour se permettre de grandes effusions
avec personne. Sa bonté était donc peu démonstra-
tive d'ordinaire, mais combien on la sentait sincère,
large et surnaturelle ! Il savait accorder une faveur,
sans la faire acheter à d'onéreuses conditions. Ses
pardons étaient complets, sans que persistât aucun
froid dans les relations ultérieures. « Dieu, disait-il,
m'a pardonné cent fois, mille fois mes fautes, et il
les a oubliées ; et je n'oublierais pas les petits torts
qu'on peut avoir eus à mon égard ? »

La condescendance du F. Assistant parut même
parfois excessive, surtout pendant les dernières
années. Mais ce sont les excès des saints, qui parti-
cipent d'autant plus à l'infinie longanimité de Dieu,
qu'ils s'approchent davantage de lui en se quittant
eux-mêmes. « Comment, disait-on un jour au
F. Exupérien, vous qui êtes si rigide dans vos enseignements, avez-vous pu accorder de telles autorisations ? » Et il répondit : « Si les communautés
comptaient autant d'hommes morts à eux-mêmes
qu'il s'y trouve de religieux, on pourrait les conduire tous par le seul amour de la croix. En atten-

dant que Dieu fasse ce miracle, je ne renonce pas
à des mobiles moins élevés, pourvu que la Règle ne
soit pas violée et que les âmes s'attachent à Notre-
Seigneur. » Ainsi, et en bien d'autres circonstances,
ce qui aurait pu paraître bonté extrême, n'était que
crainte de fermer un cœur, désir de le gagner par
un procédé aimable, pour le donner plus fervent à
Jésus-Christ.

La charité est douce, dit l'Apôtre ; *elle ne fait
pas acception des personnes*. Si le F. Exupérien
avait eu des préférences, il les aurait réservées pour
ses contradicteurs. « Que le premier titre à mes fa-
veurs, écrit-il dans ses *Notes*, soit de m'avoir fait
de la peine. » Les multiples œuvres dans lesquelles
il fut engagé, son ardeur de zèle, certains de ses
procédés administratifs, la forme un peu intransi-
geante de sa doctrine, lui suscitèrent parfois des
oppositions. D'ailleurs pouvait-il se flatter de ne
rencontrer, dans les milieux si divers où il fut conduit par ses fonctions, que des hommes bienveil-
lants? Quels que fussent les adversaires, il ne
manifesta jamais ni impatience, ni dépit. Son
impressionnabilité était extrême ; mais il la maîtri-
sait si bien, que beaucoup ont pris pour une disposition naturelle cette parfaite douceur, acquise au
prix de longs combats. « Le F. Exupérien était,
écrit-on, de ces rares hommes auxquels on peut tout
dire sans qu'ils se déconcertent. Il écoutait les redites,
les demandes indiscrètes, les plaintes, les récriminations, les découragements, les reproches même,
avec une imperturbable douceur. »
Une lettre lui arrive, violente et injuste, écrite

dans un premier mouvement d'humeur : il la renvoie au signataire avec ces simples mots : « J'ai lu. J'ai tout oublié. »

« Un jour, nous dit un Frère, je crus devoir m'opposer, par de respectueuses et fermes observations, à un projet du F. Assistant. Il parut d'abord contrarié. *Dix minutes* après, je dus recourir à lui pour une autorisation : il m'accueillit avec une amabilité souriante qui m'émerveilla. »

Encore un trait : « Je me reprocherai toute ma vie, écrit un Frère, de m'être impatienté contre le F. Exupérien, à propos d'une décision administrative. Dans mon dépit, j'oubliai quelle profonde déférence était due à son âge, à ses fonctions, à ses hautes vertus. Je parlai sans trop le regarder, et lui, il m'écouta sans m'interrompre. Ma plainte terminée, je le considérai : ses mains jointes étaient posées sur le bureau, et ses yeux demeuraient baissés. Il était en prière... Il me congédia ensuite avec une douceur qui brisa mon orgueil. J'avais offensé un saint. »

Cette douceur, avons-nous dit, était militante. L'un des secrétaires du F. Assistant l'a vu, en des circonstances délicates, heurter violemment sur la table ses poignets entourés de bracelets de fer, ou se frapper, pour se meurtrir le corps sur la cruelle ceinture que, jour et nuit, il portait autour des reins. « J'ai une nature violente », dit-il un jour à un Frère. — On aurait pu lui répondre : « Vous l'avez singulièrement matée. »

Jointe à une affectueuse compassion, cette douceur se révélait très particulièrement à l'égard des malades. « En 1901, écrit un Frère Directeur, je dus subir une opération très douloureuse. Avant de me remettre entre les mains du chirurgien, j'allai demander la bénédiction du F. Assistant. Après un court entretien sur les souffrances de Notre-Seigneur et la soumission à la volonté divine, il me bénit avec tendresse. Mes anxiétés, mes frayeurs, avaient disparu, et la résignation était entrée dans mon âme. Pendant quatre mois, je restai à l'infirmerie, où je reçus régulièrement les visites de ce tendre père. Je soupirais après, car elles étaient un véritable soulagement à mes douleurs corporelles, et elles apportaient un peu de calme à mon âme torturée par de cruelles angoisses. La vue de ce saint, son amabilité, son bon sourire, me faisaient un bien que je ne saurais exprimer. Il s'asseyait près de mon lit, et, mes mains dans les siennes, causait avec affection ; il me parlait de Jésus en croix, du bonheur des élus dans le ciel. Un soir, croyant toucher à ma fin, je le fis appeler. Il accourut, malgré l'heure tardive ; il me bénit et me rassura disant : « Mon enfant, vous ne mourrez pas de cette maladie-là. » Et pendant six jours que je fus entre la vie et la mort, il ne cessa de me répéter : « Vous ne mourrez pas de cette maladie-là. » L'événement lui donna raison. »

« Dans les visites que le F. Assistant faisait aux malades, rapporte un autre Frère, il commençait par leur offrir de l'eau bénite, et souvent il les bénissait ensuite par un signe de croix sur le front. Il leur recommandait surtout la résignation joyeuse. On ne pouvait lui faire un plus grand plaisir que de répondre à sa question : « Comment allez-vous ? par ces mots : « Comme le bon Dieu veut. » Il exhortait à souffrir avec des vues apostoliques, notamment pour l'Institut persécuté, et pour la sauvegarde des vocations. Il engageait les malades à faire le sacrifice de leur vie, si Dieu jugeait bon de les rappeler à lui : « Que vous mouriez ou non, disait-il, vous aurez le mérite de l'offrande. »

« Je vis le F. Exupérien pleurer auprès de mon lit, écrit un Frère. Il vint me voir souvent, et deux fois voulut me faire une lecture pour me distraire un peu. »

« Un jour, il trouve dans une communauté un pauvre Frère dont une horrible maladie décomposait les chairs. On osait à peine le lui faire voir. Il s'approche du malade, lui parle affectueusement et l'embrasse avec effusion. »

Les jeunes Frères retenus à l'infirmerie avaient une large part à ses délicates attentions. « En 1904, dit l'un d'eux, étant lui-même dans la chambre où il souffrit si longtemps, il s'informait de mon état, et chargeait l'un des Frères Infirmiers de me dire : « Recommandez au Frère X... d'offrir toutes ses souffrances pour les intérêts de l'Institut ; à mon tour, je prierai et j'offrirai mes douleurs pour lui. »

Il avait une grande confiance aux prières des malades. Avant les retraites, il ne manquait pas de réclamer leur intercession auprès de Dieu : « On prêchera, disait-il, on fera des conférences ; mais si vous êtes pleinement résigné, vous serez le vrai prédicateur, le vrai conférencier, puisque vous obtiendrez les grâces efficaces qui transforment les cœurs. »

« Connaissez-vous le F. Alpert ? disait le F. Exupérien à un jeune religieux. Allez donc le voir, et regardez comment souffre un saint. Quelle science cet homme a reçue de Dieu : savoir souffrir avec joie ! Ce que nous lisons de plus beau dans la vie des saints, je le trouve dans sa cellule, où je vais pour m'édifier. Allez vous recommander à ses prières. Heureuses les communautés qui ont de tels intercesseurs auprès de Dieu ! Le F. Alpert, c'est le paratonnerre de notre maison. »

Le F. Assistant n'aimait pas qu'un religieux prît un soin excessif de sa propre santé : « Il y en a, disait-il, qui sont toujours préoccupés d'eux-mêmes comme s'ils avaient fait vœu de se bien porter. Ce ne seront jamais des apôtres. Ils multiplient les essais, souvent capricieux ou nuisibles ; ce serait beaucoup plus sage de mener rondement leur machine, et surtout plus chrétien d'accepter ce que Dieu leur envoie. »

Exhortant un malade, il lui dit un jour : « Il y a bien des sortes de malades : les joyeux, les résignés, les révoltés et les imaginaires. Les joyeux ont trouvé la perle de l'Évangile : le bonheur sur la croix ; — les résignés ont la paix, mais ils ne connaissent pas encore toute la joie que peut apporter la souffrance ; — les révoltés sont misérables, puisque, par leurs dispositions malheureuses, ils ajoutent à leurs douleurs ; — les imaginaires sont bien à plaindre, car ils sont à charge à eux-mêmes et à tout le monde. »

Voici encore quelques paroles du F. Assistant à des malades :

« Vous croyez que ni le médecin, ni les infirmiers ne

connaissent rien à votre maladie ? Oh ! qu'il est bon d'être ou de se croire incompris, et de souffrir pour Dieu seul ! Prenez par obéissance tous les remèdes prescrits. Abandonnez-vous à ceux qui vous soignent, et, s'il le veut, Dieu donnera l'efficacité à des choses qui, naturellement, n'en auraient peut-être guère. »

« Quand nous sommes malades, nous pouvons travailler à l'œuvre de Dieu plus que nous ne le ferions en santé. Mais nous travaillons à l'envers de la tapisserie ; Dieu seul voit le résultat. »

« Devant Dieu, rien n'est grand comme la souffrance joyeuse. Continuez donc à vous abandonner à toutes les vues de la Providence sur vous, vous efforçant de ne rien perdre des mérites que vous pouvez acquérir par la patience. Dieu récompense toujours le sacrifice par le bonheur. »

« Rien ne nous est plus utile que l'impuissance et la douleur, quand nous les supportons avec patience, pour honorer la passion de Notre-Seigneur. Demandez à Notre-Seigneur qu'il multiplie parmi nous les religieux intérieurs et les Directeurs surnaturels. Priez, souffrez à cette intention. »

Ainsi donc les malades sont, pour le F. Assistant, une force surnaturelle qu'il faut appliquer au salut des âmes et aux besoins de l'Institut ; ils deviennent, par leur impuissance même, de précieux instruments de zèle.

Pour ceux qui n'ont connu le F. Exupérien que par le dehors, le zèle semble résumer toute sa vie. Ça a été seulement, nous le savons, une des formes de son activité surnaturelle, mais pourtant une forme principale, et si bien, qu'en étudier ici toutes les manifestations serait reprendre l'exemple de sa très féconde existence. On a osé faire juridiquement le procès de la vie religieuse, et la condamner sous prétexte qu'elle amoindrit la personnalité. Combien le zèle ardent d'un apôtre comme était le F. Assistant présente la réfutation péremptoire d'une telle calomnie ! Parce qu'il est religieux, il entreprend et poursuit des tâches qu'aucun salaire ne ferait accepter ; parce qu'il est religieux il joint durant cinquante-cinq années une activité toujours en éveil à une simplicité, une humilité que rien n'altère ; parce qu'il est religieux, il tente des entreprises audacieuses et fécondes, et il s'oublie lui-même, avec un complet désintéressement. Est-ce donc là une annihilation de la personnalité ?

Le zèle du F. EXUPÉRIEN fut humble. Jamais il ne parlait des œuvres qu'il avait entreprises, des négociations auxquelles il avait été mêlé, des projets dont la réalisation était due à son initiative. Et aujourd'hui que sont morts ceux qui l'ont vu agir à certaines époques déjà lointaines, ce silence du digne religieux ne fait pas l'un des moindres embarras de son biographe. « En vingt ans, dit le T. H. Frère Supérieur Général, à peine l'ai-je entendu deux ou trois fois, et comme par surprise, avouer qu'il était pour quelque chose en de grandes œuvres où nous savions qu'il avait eu un rôle prépondérant. »

Le désintéressement du F. EXUPÉRIEN dans son action apostolique fut égal à son humilité. Aucune recherche de la reconnaissance, sous quelque forme qu'elle pût lui arriver : « Cher Frère Assistant, lui disait-on un jour, vous vous donnez beaucoup de peine pour vos Œuvres de persévérance ; la plupart des jeunes gens ne vous connaissent pas même : ils ne vous en seront guère reconnaissants. » A quoi il répondit : « Est-ce donc aux bonnes grâces des hommes qu'il faut prétendre ? Je me dépense pour les âmes autant que je puis, mais ce n'est pas en leur nom qu'est faite ma facture. Celui qui la soldera est un bon payeur. »

Le F. Exupérien se réjouissait du bien réalisé, où et par qui que ce fût. Lui parlait-on de « concurrence » entre les œuvres catholiques, il rappelait aussitôt le plaignant à plus de largeur de vues : « Ne dites pas *concurrence*, car il ne saurait y en avoir entre apôtres ; dites *émulation*. » Il a eu le mérite d'applaudir et d'aider à des formes nouvelles d'apostolat, que n'avaient pas connues les hommes de sa génération : « Il faut, disait-il, que les méthodes de zèle se renouvellent. Les principes, qui ne changent pas, doivent être adaptés à des besoins qui varient. Soyons de notre temps, ou, du moins, laissons faire les jeunes. »

Le zèle du F. Exupérien fut ardent ; toujours le saint homme était en quête de nouveaux moyens d'apostolat, pour perfectionner les œuvres établies. Il écrit dans ses *Notes* : « Notre devoir professionnel est l'amour des âmes : faisons donc le bien, à quelque prix que ce soit. » Aussi le voit-on toujours aller de l'avant, lorsque la gloire de Dieu est engagée. Certes, on a pu différer d'opinion avec lui, sur l'opportunité de telle ou telle mesure, mais on n'a pu qu'admirer la droiture de ses intentions et la pureté de son zèle. « Le Frère Exupérien ? disait Mgr d'Hulst, quel homme exubérant pour le bien ! Il a toujours quelque bonne œuvre à proposer, quelque service à solliciter, mais jamais pour lui-même. On ne peut lui accorder ce qu'il réclame ; mais il insiste et si bien, il fait appel à de si hauts motifs, qu'il finit par gagner sa cause. »

Une si constante activité dans l'apostolat est-elle pure de tout alliage humain ? — On se le rappelle : lorsque le F. Exupérien arrive à Paris, en 1859, une impulsion spontanée, irrésistible, le pousse à l'action. Volontiers il a quitté Béziers, pour faire plus de bien ; et tout d'abord, ce « plus de bien » lui semble lié à la multiplicité des entreprises. Il y avait là une impétuosité naturelle qu'il fallait restreindre ; une tendance à l'initiative indépendante, qui devait être soumise à l'obéissance ; un besoin de mouvement, que la grâce allait modérer, pacifier. Cette transformation fut le grand travail intérieur auquel les directeurs de conscience du F. Exupérien l'appliquèrent pendant de longues années. Sur ce point, il se suit lui-même avec une vigueur, une continuité dont ses *Notes* rendent témoignage :

« Je suis un soldat de la ligne, écrit-il : je ne dois pas trop faire le franc tireur... Il faut se posséder en travaillant ; et, si surchargé que l'on soit, agir de telle sorte que Dieu nous possède.

« Le zèle bien réglé consiste, non à beaucoup agir, mais à n'agir qu'avec esprit intérieur... La gloire de Dieu se procure surtout par la sainteté de la vie, c'est-à-dire par l'esprit de prière, d'humilité, de mortification, et par l'abandon à la Providence. Tout cela est bien faible en moi.

« Que d'illusions dans mon zèle ! Que d'aveuglement ! Le champ de la sanctification personnelle est illimité ; on travaille à coup sûr. Il n'en est pas de même pour le bien extérieur. Cœur de Jésus, formez-moi ! Rendez mon cœur semblable au vôtre. »

Ce n'est pas en vain que, jusqu'à la fin de sa vie, le F. Assistant s'efforça de surnaturaliser les mouvements de son activité. Un prêtre qui l'a beaucoup connu lui rend ce témoignage : « J'ai vu quelles luttes il livra contre son ardeur naturelle. Esprit extrêmement lucide, volonté toujours orientée vers Dieu, il va de suite à l'action et veut y entraîner. Sans qu'il fasse le moindre fonds sur sa valeur personnelle, il se lance, pour saisir le plus grand bien, aussitôt et tel qu'il lui est apparu. Pas de retard : cela lui semble être au détriment des âmes... Mais quels progrès il avait fait, dans la pondération ! Il revenait sur ses premières idées, les modifiait, acceptait les délais providentiels, avec une patience parfaite. » Toutefois, le F. Assistant ne se tint jamais pour vainqueur : « L'activité débordante, note-t-il, est toujours le défaut à combattre. Etre plus victime d'humilité que prodige d'activité et d'initiative. »

« Celui, dit saint Grégoire, qui veut élever haut l'édifice de sa propre perfection doit d'abord poser le fondement stable et profond de l'humilité. » C'est à quoi travailla constamment le F. Exupérien. Et c'est un triomphe de la grâce, qu'un homme qui commanda aux autres pendant quarante-cinq ans, qui exerça pendant trente ans une influence hors de pair, ait porté l'humilité à un si haut point.

Que pensait-il de lui-même, ce religieux qu'on regardait comme un saint ? Il est impossible de transcrire tous les jugements sévères — beaucoup trop sévères — par lesquels il se condamne lui-même. En voici quelques-uns :

1879. — « Je suis une déception pour tous ceux qui me connaissent ; je donne des espérances qui ne se réalisent pas. C'est bien plus marqué à l'égard de Dieu : quelle banqueroute ! »

« Je comprends très bien que les autres doivent être saints par leurs œuvres ; je leur expose vivement cette nécessité, et moi je reste misérable, orgueilleux, délicat. Quelle abîme de faiblesse et d'inconséquence ! »

1880. — « Personne n'a autant de défauts que moi. Je suis un prodige de présomption, de vanité et d'habileté à rechercher mes aises. »

(Et le F. Exupérien développe très longuement les manifestations de ces défauts qu'il reconnaît en lui-même.)

« Je manque de pénétration, de clairvoyance, de finesse. Le mal est dans le peu de profondeur de mes sentiments. »

1881. — « C'est vraiment pitié de voir le peu de solidité de mes dispositions, l'insignifiance de mes progrès. Seigneur ! secourez-moi pour votre gloire, et pour le bien des âmes au salut desquelles je puis contribuer. »

1882. — « Je ne sais ni être recueilli, ni être attentif à mes prières, ni me mortifier vigoureusement. Le bois n'étant pas sec, il ne brûle pas ; il répand de la fumée, au lieu de faire briller la flamme. Le mal est incurable. »

« De moi-même, je ne sortirai pas de ce rachitisme spirituel. Tout ce qui est bon, curatif, capable de porter remède au mal profond qui me ronge, est faible en moi. Seigneur ! guérissez ce paralytique. Etre appelé à faire marcher les autres, le vouloir avec obstination

et faire si peu soi-même, c'est ridicule, pitoyable, in-
conséquent au premier chef. *Seigneur! celui que vous
aimez est malade.* »

1884. — « Il n'y a de bon en moi — et cela me trompe
et m'illusionne — qu'une certaine pureté d'intention et
de la bonne volonté. Mais quel besoin de me surveiller, de m'humilier, de consulter! Que je suis propre à
peu de choses, et surtout à diriger ! »

1894. — « Je rougis en votre présence, aimable Sauveur ! non pas de ce que je manque de science, mais,
étant aussi peu éclairé que je le suis, d'avoir si peu de
retenue et de réserve à me produire, et au lieu d'apprendre des autres ce que je ne sais pas, de me mêler de
leur enseigner ce que je n'ai jamais appris. Guérissez
mon orgueil et ma présomption, Seigneur ! par votre
modestie et votre humilité. »

1898. — « Que de misères senties en moi ! Je vois
mieux que je suis un homme surfait. Dieu veut bien
m'aider à diminuer la couche d'amour-propre qui m'a-
veuglait. Quel vide de qualités intellectuelles, administratives et, ce qui est le plus grave, de vertus surnaturelles ! Comment ai-je pu me faire ainsi illusion ?
Comment a-t-on pu se faire tant d'illusions à mon
endroit ? »

La pierre de touche de la véritable humilité est
de joindre, à la sincérité avec nous-mêmes, la douceur et la reconnaissance à l'égard de ceux qui nous
avertissent de nos défauts. Le F. Exupérien avait
chargé l'un de ses secrétaires de lui rendre ce bon
office. « Les seuls défauts que j'ai remarqués chez
le F. Assistant, écrit ce Frère, — encore c'étaient de
purs oublis — étaient des négligences d'ordre maté-

riel. On dit qu'il n'est pas de grand homme pour son valet de chambre : le F. Exupérien, avec qui j'ai vécu vingt-deux ans, ne m'est jamais apparu que comme un *saint*. Lors donc que je l'avertissais d'un léger défaut, il me remerciait chaque fois avec une si parfaite bonne grâce et une si profonde humilité, que j'en étais confus. Puis il apportait tant de bonne volonté à se corriger, qu'on ne pouvait plus le surprendre dans le même cas. »

L'humilité du F. Exupérien, autant que sa prudence, apparaît dans les conseils spirituels qu'il donne à ses Frères. Nous avons dit en quelles limites il se tenait alors. Voici, à cet égard, le témoignage d'un prêtre qui l'a souvent vu agir dans les retraites : « En plusieurs circonstances, j'ai entendu le F. Exupérien se défendre énergiquement d'être directeur d'âmes (*et il entendait l'âme des Frères*). « Nous autres Frères, disait-il, nous ne sommes que des chiens de bergers, dont l'unique tâche, en fait de direction, est d'amener aux prêtres le troupeau. »

Le F. Exupérien était trop persuadé du rôle que doit jouer l'humilité dans toute vie spirituelle pour n'en pas recommander instamment la pratique. Là encore, nous n'avons qu'à choisir parmi les pages où se trouvent exposés ses sentiments à cet égard :

« Il faut s'équilibrer, mais comment ? Le point d'appui véritable est le *mépris de soi-même*. En dehors de là, il ne peut y avoir que trouble, incertitude, découragement. On vit à la remorque de tout ce qui passe ; on demeure dans l'instabilité et le malaise. »

« Le fond, l'étoffe de toute vertu, c'est l'humilité.
Nous serons utiles à proportion que nous serons anéantis. Pour sauver la France, l'Institut, il faut des hommes
anéantis. C'est le néant que Dieu cherche et qu'il féconde... *Verbum, caro :* quel abîme entre ces deux paroles ! Que sont les plus beaux enseignements sur
l'humilité, comparés à la force de cet exemple ? Une
faible bougie comparée à l'éclat du soleil.

« La mesure d'humilité dans une âme est aussi la
mesure de sa paix, de sa force, de son mérite, de sa
puissance d'action apostolique. L'humilité de cœur
nous avance plus, en un mois, que toute autre pratique
en plusieurs années. Il devrait nous en coûter fort peu
d'être humbles : les misères de notre cœur nous en
donnent de si grands motifs ! »

« Demandons sans cesse cette lumière intime qui
nous révèle notre fond de corruption native. Répétons
la parole de saint Augustin : *Seigneur, que je vous connaisse et que je me connaisse!* L'humilité est le fruit de
la prière : donc l'implorer. Faire un acte de foi en notre
misère, et mériter ainsi de voir la nudité, la pauvreté
de notre âme. L'humilité est comme la sève de l'âme ;
Dieu la donne abondamment à tous ceux par lesquels
il veut agir. »

Plus profonde est l'humilité dans une âme, plus
intense est son esprit de prière. Elle ne compte pas
plus sur elle-même que sur le néant : aussi se tourne-
t-elle vers Dieu, pour en être éclairée, soutenue,
relevée. Le F. Exupérien avait reçu, à un degré peu
commun, l'esprit de prière. Partout il priait, et les
occupations les plus distrayantes ne suspendaient
guère son occupation intérieure avec Dieu.

« Que ma cellule, écrit-il dans ses *Notes*, soit

comme une chapelle. » Et de fait, c'était bien une chapelle où il priait sans cesse, où il offrait à Dieu de douloureux sacrifices, en union à Jésus Victime. « Nous entrions chez le F. Assistant, disent plusieurs Frères, avec un sentiment de profonde vénération, comme en un sanctuaire où ce saint homme se tenait uni à Dieu, par une oraison ininterrompue. »

En circulant dans la Maison-Mère, le F. EXUPÉRIEN priait. Souvent on l'entendait murmurer les oraisons jaculatoires qui lui étaient familières ; on le voyait appliquer sa main sur le cœur, en un geste de dévotion. Les jours ne suffisant pas à son besoin de prier, il y consacrait encore de longs moments lorsque la communauté reposait. Quelque affaire importante lui survenait-elle, c'étaient plusieurs heures et même la nuit entière qu'il passait en oraison. De cela, nous avons des preuves indiscutables. En ces dernières années, il se plaignait de ce que, même dans les circonstances graves, il ne pouvait plus passer en prière « que quelques heures pendant la nuit ». Qu'était-ce donc autrefois ?

Que pouvait être l'oraison du F. EXUPÉRIEN ? Beaucoup moins une méditation des pensées qui doivent convaincre l'intelligence, qu'une contemplation affectueuse des exemples de Jésus-Christ, qui peuvent embraser le cœur et soulever la volonté. Elle était surtout un long acte d'humilité et un colloque avec Notre-Seigneur. En un mot, il y procédait par une vue très simple des choses divines, une prière intense et une résolution courageuse de suivre Jésus-Christ par la pratique de tous les renoncements. Dans ce saint exercice il trouvait toute joie, toute consolation, en même temps que toute force. Aussi ne comprenait-il guère qu'un religieux ne se tînt pas constamment uni à Notre-Seigneur par une prière intime, et qu'il ne se livrât pas à ses occupations en esprit de prière. Il disait :

« Tout le bonheur de ce monde est dans l'oraison. »

« Plus que jamais je suis convaincu que ce qui manque aux hommes apostoliques, c'est la prière pratique, constante, animant tout, vivifiant tout. La prière est le supplément de tout ce qui nous manque. C'est notre *outil*, pour l'œuvre du salut. Tout religieux devrait en faire sa *spécialité* ; c'est en cet art surtout qu'il devrait exceller. »

« Quand nous ne faisons aucun progrès ou trop peu dans la vie spirituelle, quand nous manquons de force pour corriger un défaut ou acquérir une vertu, c'est le plus souvent la négligence de la prière qui en est cause. Le religieux qui prie trop peu devient semblable à une barque bien construite, bien gréée, flottant sur un lac dont l'eau s'échappe par une vanne, sans qu'un apport vienne compenser les pertes. Que l'on rame ou que l'on tende la voile, la barque touche à fond et n'avance plus. Oh ! que l'âme devient inerte quand la prière lui manque. »

« L'histoire des saints est incompréhensible sans leurs prières ; et toutes les décadences s'expliquent par l'abandon de la prière. A tout affaiblissement de prière, correspond un affaiblissement de vertu. »

« Ce qui nous manque le plus, c'est l'esprit de prière. Nous oublions que la part de Marie est la plus importante, que l'action n'est fécondée que par la prière. L'emploi nous use et nous perd, parce que le contrepoids de la prière n'est pas suffisant. Il faut faire comprendre aux Frères que nous pouvons, non selon nos talents et notre autorité, mais selon notre esprit de prière ; il faut rappeler aux vieillards, aux infirmes, aux Frères servants, la puissance de leurs prières. »

« Il y a, au fond de notre cœur, une réserve secrète de présomption, dont les âmes d'élite seules soupçonnent l'existence, et qui est le principe de presque tous nos maux. Une des choses qu'on apprend le plus tard, dans la vie spirituelle, est celle-ci : « *Je ne puis rien de moi-même.* » Demandez-vous si vous désespérez de vous-même, pour attendre tout de Dieu ; si vous priez plus que vous n'agissez ; si vous faites vos actions en esprit de prière, par la conduite de Dieu, le mouvement de son Esprit et en vue de lui plaire. »

Le F. Assistant écrit à un jeune Frère :

« Votre état, comme religieux, est un état, une profession de prière : perfectionnez-vous dans votre métier. Les gens du monde ont un talent merveilleux pour se perfectionner dans leur état, quel qu'il soit : ils inventent sans cesse, abrègent la durée de la fabrication, la rendent moins pénible, moins coûteuse : ils font sans cesse plus beau, plus commode : n'y aura-t-il que nous qui resterons toujours maladroits à nous servir des instruments de notre profession ? Manions de mieux en mieux l'oraison, qui est notre principal outil... Vous sentez que vous ne pouvez être heureux et opérer le bien sans devenir homme de prière, mais vous n'avez pas le courage et la constance de vous rendre régulier silencieux, modeste, mortifié. Or, ne prenant pas ces moyens nécessaires, vous n'obtenez pas le résultat que vous semblez désirer.

« Écoutez ces paroles que vous adresse Notre-Seigneur dans l'*Imitation :* « Mon fils, vous ne pouvez jouir d'une parfaite liberté et vous unir à Dieu, si vous ne renoncez entièrement à vous-même. Ceux qui gardent un esprit de propriété, qui s'aiment eux-mêmes, qui sont avides, curieux, inquiets, cherchant leurs aises préférablement à Jésus-Christ, sont autant d'esclaves. Ils forment souvent des projets qui n'ont point d'exécution, car tout ce qui ne vient pas de Dieu se réduit à rien ». Voilà l'explication de l'inutilité de vos efforts et de vos désirs. Tout est compromis par votre manque de vigilance sur vous-même, et par votre peu de constance à vous renoncer et à vous vaincre.

« Prenez de généreuses résolutions sur ce point, car, comme on l'a dit avec raison, « le religieux qui fait oraison est un saint, ou il le deviendra certainement ; mais celui qui ne prie pas ne fera jamais rien qui vaille. » Que vous seriez heureux si vous deveniez enfin un homme d'oraison ! »

De l'oraison, le F. EXUPÉRIEN parle à propos de tout, et toujours comme un artiste parle d'un art aimé, où il est passé maître :

« L'oraison est la résultante de la vie, car on s'unit à Dieu dans la proportion où l'on sort de soi-même. Or, on ne meurt à soi-même que par les renoncements volontaires, les épreuves saintement supportées, la mortification constante, les anéantissements de l'humilité, la destruction de la vie des sens. »

« Le premier soutien de l'Institut est, sera toujours l'oraison ; non seulement soutien spirituel, mais soutien de l'œuvre extérieure, des classes. Rien ne pourra nous nuire, si nous cherchons Dieu ; rien ne pourra nous sauver, si Dieu nous manque. »

. Voici encore quelques pensées détachées, relatives à l'oraison :

« Que le sujet ordinaire de votre oraison soit un mystère de la vie de Notre-Seigneur, à moins que vous ne préfériez quelque parole de notre saint Fondateur. »

« Dans l'oraison, donnez-vous à Notre-Seigneur par un abandon total de votre volonté. Cela vaut mieux que les plus hautes considérations. »

« Le goût senti de l'oraison est une grâce de Dieu ; mais l'oraison la plus consolée n'est pas toujours la meilleure. L'essentiel est de faire tout le possible et de ne se décourager jamais. »

« Qui dira la vertu curative, fortifiante, transformante de l'oraison? L'oraison est notre pharmacie spirituelle ; chacun y prend des remèdes, suivant la nature de son mal. »

« Dans les sécheresses, il faut faire monter la garde à notre volonté, et lui enjoindre d'écarter toute distraction volontaire. »

« Vous êtes de glace devant Dieu? Eh bien ! restez là comme le moineau qui, par le froid de l'hiver, fait le gros dos et crie. Dieu vous entendra ; il vous donnera la nourriture, et peut-être même réchauffera-t-il votre cœur. »

« Les aridités tiennent de l'intelligence, et les sécheresses, du cœur. Quel que soit votre état, ne changez pas le temps de l'oraison en lecture pieuse, ou en récitation du chapelet. Faites quand même oraison, et Dieu sera content.

« Voulez-vous savoir où vous en êtes pour l'oraison? Quel empressement mettez-vous à parler des choses divines pendant les récréations? Quelle joie éprouvez-vous à en entendre parler ? »

« Les hommes immortifiés goûtent trop les choses terrestres pour que leur âme s'élève avec facilité jusqu'à Dieu au temps de l'oraison. Le don d'oraison est la récompense de l'humilité et de la mortification. »

Nous avons dit combien profonde était l'humilité du F. EXUPÉRIEN. Déjà, quelques faits nous ont révélé la rigueur de sa mortification ; mais cette vertu est trop dominante en lui, pour ne pas nous y arrêter encore.

Comme les saints, le F. Assistant eut vraiment le génie de la mortification : comme eux, il ne pouvait vivre sans souffrir ; comme eux aussi, il tomba dans les pieux excès qui effrayent notre pusillanimité. En union à Jésus souffrant, il faisait à la divine Majesté un holocauste de tout lui-même : de son corps, par les macérations ; de son cœur, par le renoncement à toute affection naturelle ; de son activité, par la répression des impulsions instinctives ; de son intelligence, par un recueillement profond ; de sa volonté, par une constante sujétion au devoir de chaque heure, et par une résignation totale à toutes les épreuves providentielles. Il souffre pour expier, pour réparer, pour mériter ; il souffre pour ressembler à Jésus, pour détruire en lui-même tout ce qui déplaît à Jésus ; pour coopérer en quelque manière à l'œuvre de Jésus, qui veut bien accepter cette collaboration de ses pauvres créatures. C'est par amour qu'il souffre : amour pour Dieu, dont l'autorité est tant méconnue; amour pour les hommes, qu'il veut aider à se libérer à l'égard de Dieu.

Ce qui l'attirait, dans la vie des saints, du Fondateur et des Frères qui ont laissé parmi nous une réputation de sainteté, c'était l'esprit de pénitence. Il aurait voulu pratiquer leurs mortifications les plus extraordinaires ; il essaya même de celles qui étaient le moins compatibles avec ses fonctions et ses relations ; mais il les cessa, après quelques observations qu'on lui fit pour l'en dissuader.

Constamment il portait un cilice ; son corps, ses bras, ses jambes étaient serrés par des chaînes de fer dont les pointes entraient dans les chairs. Aussi les Frères lingers trouvaient habituellement ses draps et son linge tachés de sang. Suspendait-il son travail de bureau, il plaçait dans ses mains de petits disques garnis de pointes acérées, qu'il serrait fortement. Assis, il ne s'appuyait pas au dossier de la chaise ; à la chapelle, il demeurait à genoux. Sauf en cas de maladie et par ordre des Frères Infirmiers, il n'avait jamais de feu dans sa chambre, et ne souffrait pas qu'on lui en fît. Des mortifications, comme ne jamais se plaindre de ses douleurs ni de l'intempérie des saisons ; ne jamais rien accepter en dehors des repas ; ne rien visiter de curieux, soit à Paris, soit en voyage, étaient choses si ordinaires au F. Exupérien, qu'il n'y voyait pas grand mérite.

Au réfectoire, il ne faisait guère attention à ce qui était servi, sinon pour réserver ce qu'il appelait « la bouchée du bon Dieu. » Cette bouchée, c'était le mets qui lui agréait le plus ; les fruits, dont il goûtait rarement ; les primeurs surtout, qu'il faisait porter soit à un malade, soit chez les concierges pour les pauvres. Dans son tiroir, il avait toujours du pain en réserve, pour ne manger que du pain dur; il ne buvait presque pas de vin; et souvent, à la dérobée, il répandait sur ses légumes des poudres amères.

Seule, la lecture l'intéresse à table : « Pendant les retraites, écrit un Frère Directeur, elle le met hors de lui-même. » On l'entend se dire : « Que c'est beau ! que c'est vrai ! » Et parfois il ne peut s'empêcher, soit d'arrêter le lecteur pour faire reprendre un passage particulièrement « plein de doctrine », soit même de dire tout bas, au Frère Visiteur son voisin : « Allons-nous entrer à fond dans cette voie? » Il promène ses regards sur les auditeurs, comme pour voir si les pensées pénètrent dans les cœurs. Assez souvent, la lecture l'absorbe à tel point, qu'il oublie un peu l'heure. Sa main se lève pour donner le signal de la fin : mais la période commencée est si belle, qu'il faut la laisser terminer. Puis un autre développement se présente, tout aussi « plein de sens » : et la main reste toujours suspendue, prête à frapper, et ne frappant jamais. Autour de lui on sourit ; d'aucuns s'impatientent même un peu...

Le F. EXUPÉRIEN observait strictement les jeûnes d'Église et les jeûnes de Règle. En cela, il faisait consister sa première mortification dans les repas. — Un vendredi soir, qu'il avait manqué un train à la gare du Nord, il vint collationner à la communauté du F. Alpert, avant de reprendre le train suivant. On lui servit des œufs. Il les refusa :

— Ce serait la première fois que je mangerais des œufs à la collation. Frère Alpert, je vous remercie de votre sollicitude ; mais je ne les prendrai pas.

— Mon cher Frère Assistant, vous allez voyager de nuit : vous pouvez accepter cet adoucissement.

— Tentateur ! Je n'en ferai rien : ce n'est pas nécessaire.

— Cher Frère Assistant, dit alors le F. Alpert avec beaucoup d'amabilité, vous n'êtes pas ici en visite régulière ; vous êtes un voyageur qui passe : ne me devez-vous pas un peu d'obéissance ? Faites-moi le plaisir de manger ces œufs.

— Si vous invoquez l'obéissance, je suis vaincu.

Ainsi, pour une fois du moins, la charité triompha de la mortification du F. Exupérien.

« Le F. Assistant reçoit-il des étrangers, écrit l'un de nos chers Frères Provinciaux, il est gai convive, maître de maison charmant pour ses hôtes, habile à faire causer chacun sur le sujet qui lui est familier. Il n'attire pas l'attention sur lui-même : de plusieurs des plats, il accepte quelque chose, mais si peu qu'il ne satisfait pas son appétit. — Lorsqu'il a été retenu par quelque affaire, et qu'il prend son repas après la communauté, il faut se hâter de le servir. En cinq ou six minutes, tout est terminé, et l'on peut se demander ce qu'il a mangé. Jamais on ne l'a entendu formuler une appréciation sur un mets ; jamais on n'a pu savoir lequel était le plus de son goût. »

Vraiment il avait *crucifié sa chair avec ses convoitises* (Galat., v. 24), et il usait *des choses de ce monde sobrement et pieusement comme n'en usant pas* (Tite, II, 12 ; I Cor., vii, 31). Cette vie très austère, il la mena cinquante années durant, sans adoucissement, sans trêve autre que celle de ses très rares séjours à l'infirmerie.

Si admirable que soit, chez le F. EXUPÉRIEN, un tel assujettissement aux saintes rigueurs de la pénitence, son abnégation mérite plus encore d'être signalée. L'abnégation ! Quand il prononçait ce 'mot, il y mettait toute son âme ; il semblait y prendre plaisir. Et de fait, le renoncement résume toute sa vie. Il immolait les pensées inutiles, par l'exercice continuel de la sainte présence de Dieu ; les vues humaines, par l'empire que prenaient sur elles les seuls motifs de foi ; les craintes, les inquiétudes, par un abandon absolu à la volonté divine ; les mouvements de sa nature impétueuse, par une douceur, une charité constante et toujours égale. Lutter contre ses imperfections naturelles, se vaincre, fut sa grande occupation. De ce corps à corps, il retira de précieux avantages : le mépris de lui-même, le support du prochain, l'indulgence dans les jugements, le besoin de recourir à Dieu par une prière continuelle. « Se vaincre, disait-il, c'est gagner la plus grande des batailles. » Il était arrivé, dans cette stratégie, à un tel point de perfection, que des hommes qui ont vécu avec lui dix, vingt, trente ans, ne se rappellent pas l'avoir vu suivre une inclination quelconque de la nature immortifiée, ni s'accorder rien à titre de délassement. L'un de ses secrétaires écrit : « Je ne crois pas l'avoir surpris une seule fois, en vingt ans, agir pour prendre une satisfaction personnelle. Nous, ses secrétaires, étions tellement habitués à cette domination parfaite du

surnaturel en lui, que nous n'y faisions plus attention. »

Pendant les trente-deux ans qu'il fut Assistant de
Paris, on ne le vit jamais se promener au jardin de
la Maison-Mère pour s'y délasser. Le jeudi, il restait dans sa chambre, prêt à recevoir les Frères, qui
n'avaient de libre que ce jour-là, pour lui parler.
On se demande — et ce n'est pas la moindre de ses
pénitences, — comment il pouvait suffire à tout le
travail que les circonstances lui imposaient. On
l'importune, on l'assiège, on lui soumet les questions les plus diverses : il est tout à tous. On se
plaint, il conserve une parfaite égalité d'humeur :
« Vous me connaissez assez, dit-il à un Frère, pour
savoir que je ne me formalise de rien. »

La charge d'Assistant, exercée pendant de si longues années, à des époques si critiques, apporta au
F. Exupérien bien des tracas, bien des peines, bien
des brisements de cœur. Il les accepta, il les aima
comme une croix providentielle et chaque jour re-
nouvelée. Jamais ils n'altérèrent son ardeur dans
l'apostolat, ni son affectueuse cordialité à l'égard
des Frères. Lorsque des épreuves particulièrement
pénibles lui survenaient, il redoublait ses prières et
ses pénitences ; il se jetait entre les bras de Dieu,
par un plus complet abandon.

« Les meilleures épreuves, écrit il, les plus sancti-
fiantes et les plus propres à enlever la rouille de nos
imperfections, sont celles qui sont attachées à notre
emploi, à nos relations, à notre caractère. N'en laissons
rien perdre ; considérons-les comme une suprême bénédiction. Plus elles nous crucifient, plus elles nous

sanctifient. L'essentiel n'est pas d'avoir de grandes lumières, de faire du bien à telle ou telle âme, mais de boire le calice que notre Père nous a préparé. »

Chez un tel religieux, le détachement extérieur des parents est complet. Nous disons *extérieur*, car, dans ce cœur où règne si parfaitement l'amour de Dieu, toutes les affections légitimes subsistent, mais soumises à la grâce. Sauf en 1885 et 1887, — et parce que des nécessités administratives l'appelèrent dans le midi — le F. EXUPÉRIEN ne revit guère les siens, depuis son départ de Béziers. Avant cette époque, un de ses frères, saluant un jour à Marseille le T. H. F. Joseph, lui demanda d'user de son autorité pour envoyer le F. Assistant vers ceux qui désiraient tant le revoir. Le Supérieur ne voulut pas, en cette occasion, donner l'ordre formel qui seul aurait pu décider le F. EXUPÉRIEN ; il répondit : « J'ai été trop longtemps l'inférieur du F. Assistant pour lui commander cela. »

Le F. EXUPÉRIEN était intarissable lorsqu'il parlait de l'abnégation, de l'esprit de sacrifice et de pénitence. On serait tenté de l'être aussi, en rappelant sa doctrine sur ce point. Nous la résumerons en quelques pensées choisies :

« La plus grande grâce que Dieu puisse faire à un homme, est de lui inspirer l'estime, l'amour, la pratique de la souffrance. »

« L'esprit de pénitence est comme l'essence du christianisme... De nos jours, il y a des compagnies d'assurances contre tous les risques : la pénitence est l'assurance contre l'enfer. »

« Il faut se faire un régime de pénitence, comme un régime hygiénique. Cherchez la mesure de pénitence qui convient à vos besoins personnels et à vos fonctions, et soyez-y fidèles. »

« La grande ruse du démon est de montrer le sacrifice comme ennuyeux. Ce qui crucifie sanctifie et béatifie ; mais pour goûter les douceurs de la pénitence, il faut s'y livrer vigoureusement. Notre malheur est que nous sommes comme des enfants, qui mordent dans l'enveloppe verte et amère de la noix, sans aller jusqu'à l'amande. »

« Il n'y a que ce qui déplaît à la nature qui sauve. La sensualité matérialise l'âme, et la mortification spiritualise le corps. »

« Le moyen d'imiter Jésus-Christ est de pratiquer le renoncement. Le renoncement, c'est l'accomplissement de nos vœux et l'observance de la Règle ; ce sont aussi les fatigues de l'apostolat. C'est tout saint Jean-Baptiste de la Salle ; c'est donc notre grand devoir. »

« L'esprit de sacrifice est à ce point l'esprit du christianisme, que, pour symboliser la religion qu'il fondait, Notre-Seigneur n'a pas choisi l'Eucharistie, mais la croix. »

« La plus grande grâce que Notre-Seigneur puisse nous accorder, c'est de nous faire boire à son calice. Plus la part est amère et copieuse, plus elle est digne de notre reconnaissance. »

« La souffrance est la voie la plus sûre pour nous conduire à Dieu et nous unir à Jésus-Christ. La part des amis intimes de Notre-Seigneur est de souffrir beaucoup, de souffrir avec joie, de souffrir sans consolation, ni de Dieu, ni des hommes. »

« L'âme que l'épreuve n'a pas suffisamment éclairée et affranchie se laisse aller, presque sans qu'elle s'en aperçoive, à de continuels retours égoïstes sur elle-même. »

« Voulons-nous savoir si nous sommes fous ou sages ? — En quoi notre cœur trouve-t-il son repos et son contentement ? Si nous nous réjouissons dans la croix, quelle grâce et quelle sagesse ! »

« On a besoin de la croix pour se prouver à soi-même l'existence de l'amour dans son cœur. La marque qui ne trompe pas, c'est la douleur acceptée, le sacrifice accompli, le désir réel de l'immolation. »

« La croix est ce qu'il y a de plus précieux et de plus commun : ce qu'il y a de plus précieux, parce que nos petites souffrances, unies à celles de Jésus-Christ, doivent produire en nous *le poids immense d'une éternelle et incomparable gloire;* ce qu'il y a de plus commun, car tout est croix dans la vie pour qui veut se crucifier à son devoir. — Il y a un art de prendre la croix, et un art de fuir la croix : dans lequel sommes-nous habiles ? »

Ces fortes et austères pensées du F. Exupérien expriment ce qu'il y a peut-être de plus intime dans sa vie spirituelle. Mais l'amour de la croix, l'esprit de pénitence, le zèle et les autres vertus qu'il pratiqua, ont eu pour soutien les grandes dévotions que l'Église recommande. Il chercha toujours à en faire passer l'esprit dans sa conduite : c'est ce qui nous reste encore à montrer en lui.

CHAPITRE XIII

La vie spirituelle du F. Exupérien : quelques-unes de ses dévotions.

Ainsi que pour ses vertus, nous ferons un choix parmi les dévotions du F. Exupérien. Nous indiquerons par quels sentiments et quelles pratiques se traduisaient son culte envers le Saint-Esprit, envers Notre-Seigneur dans les mystères de la Sainte-Enfance, de la Passion et de l'Eucharistie et son amour envers la très sainte Vierge et notre saint Fondateur.

La dévotion du F. Exupérien au Saint-Esprit est profonde, éclairée, pratique. Selon ses propres expressions, il veut « vivre dans un recueillement continuel, pour être toujours aux écoutes de l'Esprit de Dieu. » Il l'invoque par des prières fréquentes ; il suit avec docilité ses inspirations, et cherche, en toutes choses, à n'agir que par sa conduite.

Mais le F. Assistant sait dans quelles illusions une âme peut tomber, sous prétexte de se mettre à l'école du Saint-Esprit. Aussi, de tous les mouvements intérieurs, il tient pour les plus sûrs ceux qui le portent au parfait accomplissement des Règles, à une entière soumission aux ordres des Supérieurs, à la pratique courageuse des solides vertus. Toujours humble, circonspect, défiant de lui-même, il fait contrôler ses inspirations, surtout celles qui le portent à des œuvres de zèle.

Dans ses résolutions de janvier 1888, et comme préparation personnelle aux fêtes alors prochaines de la béatification de notre Fondateur, le F. Exupérien écrit :

« 1° Je veux approfondir davantage la doctrine et la conduite du Vénérable de la Salle, à l'égard du Saint-Esprit : c'est l'un des points saillants de sa perfection.

« 2° Je m'efforcerai de vivre dans une atmosphère de foi, de recueillement, d'éloignement du monde ; de me détacher des choses extérieures, si propres à tenir en échec l'action du Saint-Esprit.

« 3° Fuir l'empressement, la précipitation, la multiplicité excessive des occupations, l'activité humaine, un zèle mal réglé qui porte à faire beaucoup plutôt qu'à bien faire.

« 4° Faire une attention spéciale aux prières à l'Esprit-Saint. Les multiplier. Ne rien dire, ne rien faire de tant soit peu important, sans m'être recueilli un instant pour prendre le mot de Dieu. Aux prières ordinaires, en ajouter de particulières et des sacrifices, pour mériter de recevoir les lumières dont le besoin est vivement senti.

« 5° Quand les choses sont considérables, consulter des personnes de sainteté : leur soumettre mes vues, mes inspirations ; réclamer leurs prières et leurs conseils. »

Demandait-on un avis au F. Exupérien, réclamait-on de lui une solution, on le voyait se recueillir un instant pour s'abandonner à l'Esprit de Dieu, selon la recommandation de saint Jean-Baptiste de la Salle. Aussi les Frères étaient-ils persuadés que les conseils qu'ils recevaient de lui venaient de Dieu même, et parce qu'il leur parlait en son nom en qualité de supérieur, et parce qu'il s'efforçait d'être son interprète, en écoutant intérieurement sa voix.

Il avait cette conviction, que la dévotion au Saint-Esprit devrait être très grande en tous les Frères, particulièrement en ceux qui exercent l'autorité.

« Il est très important pour nous, écrit-il, d'approfondir la dévotion au Saint-Esprit. J'ai pris pour pratique de demander les sept dons à chacune de mes communions. Parfois j'en détaille les principaux effets pendant l'action de grâces : je ne sais pas le moyen de demander, pour moi, quelque chose de plus utile, de plus étendu. »

« Le bien ne dépend pas de l'action que l'on a sur les autres, mais de celle que le Saint-Esprit exerce sur nous. Hélas ! je fais naturellement des actions surnaturelles ; j'agis par tempérament, plus que par la conduite du Saint-Esprit. »

Cette dévotion au Saint-Esprit, le F. Assistant la tenait pour un grand moyen de progrès dans les voies intérieures. Chaque année, il faisait des conférences sur ce sujet, comme préparation à la fête de la Pentecôte. C'est après l'un de ces entretiens, qu'il écrivit la lettre suivante :

« Mon bien cher Frère,

« Je vous ai exposé, dans la conférence de ce matin, le fond de mon âme, mes convictions les plus intimes et les plus fermes. Je ne m'élève pas à la pratique de ce que j'ai enseigné ; mais je sens que là est le devoir dont l'accomplissemant assure notre bonheur, même ici-bas Jetons-nous à l'eau ; méprisons toutes choses, pour ne nous attacher qu'aux biens véritables que l'Esprit-Saint peut seul nous faire comprendre, goûter et conquérir.

« Cette doctrine si lucide, mais dont la pratique est si difficile à notre nature corrompue, devient facile quand on entre sérieusement dans la dévotion à l'Esprit-Saint. Efforcez-vous de comprendre la nécessité, la portée des sept dons, et que votre grande préoccupation soit désormais d'étendre et de fortifier dans votre âme le règne de l'Esprit-Saint.

« Pour y réussir : méprisons les créatures qui nous amusent et nous enlisent ; mettons notre affection dans nos exercices, et détachons-nous de mille petites attaches qui arrêtent ou affaiblissent en nous l'action de la grâce. Tout faire en vue de plaire à Dieu, à l'imitation de notre bienheureux Père. Plus nous serons généreux, plus nous serons agréables au bon Maître, plus nous serons véritablement heureux, et plus nous ferons du bien. Que le bon Dieu nous donne lumière et force, pour entrer dans cette voie et y marcher avec un courage persévérant et progressif.

20 mai 1899.   F. Exupérien.

Persuadé que l'apostolat devient fécond, quand celui qui l'exerce est l'instrument humble et docile du Saint-Esprit, le F. Exupérien insiste pour que les Frères se mettent dans les conditions qui laissent toute liberté de direction à ce Maître intérieur.

Voici quelques-uns de ses conseils sur ce sujet :

« Tout vient du Saint-Esprit ; mais il nous donne sa lumière et sa force, lorsque nous les attendons comme une aumône. Il ne fait de grandes choses que lorsqu'il jette les yeux sur notre néant, connu et aimé de nous. »

12.

« La sainteté des dispositions intérieures est la voie la plus courte pour arriver à la lumière divine. En faisant très bien ce que l'on sait, on mérite d'apprendre ce qu'on ne sait pas, et d'y conformer sa vie. »

« Saint Jean dit que *l'onction de Dieu nous enseigne toutes choses* : écoutons ce Guide intérieur, qui instruit sûrement dans le silence et la pureté du cœur. Malheureusement, nous n'avons pas une oreille assez attentive. Les bruits du dehors, et plus encore ceux du dedans, nous empêchent de recevoir les inspirations célestes. Comme nous le recommande notre Père : *Faisons en sorte que notre esprit soit si attentif sur lui-même, qu'il puisse recevoir les lumières de l'Esprit de Dieu et se conduire ensuite selon ces lumières avec sagesse en toutes ses opérations.* Notre grand malheur est de ne pas nous mettre suffisamment sous la direction de l'Esprit-Saint. L'entendre et lui obéir devrait être notre étude ; mais nous consultons, nous écoutons tout, excepté cet unique Maître. »

La marque qu'une âme se conduit par l'Esprit de Dieu, c'est lorsqu'elle s'attache fortement à la connaissance, à l'amour, à l'imitation de Jésus-Christ et à l'union avec lui. Cette connaissance, cet amour, cette imitation et cette union étaient la grande étude du F. Exupérien ; c'était toute sa vie.

Pour lui, Jésus-Christ est « le seul désirable ». Cette toute beauté, cette toute amabilité, cette toute suavité, possède son esprit et son cœur. S'il travaille, Jésus-Christ est présent à son esprit, et souvent il lui exprime son amour en d'ardentes jaculatoires. S'il médite, c'est d'ordinaire sur l'un des mystères opérés par Jésus-Christ, et toujours son oraison est un affectueux colloque avec cet unique

Ami. S'il exhorte les Frères, il ramène presque tous les sujets à l'amour de Jésus-Christ ; alors il est véhément, persuasif, attendri, et parfois son visage s'échauffe, s'éclaire, comme par le reflet d'une flamme intérieure. Jésus-Christ lui est tout en toutes choses. Ses travaux, son zèle inlassable, ses pénitences constantes, son humilité, son détachement, tout s'explique par l'amour de Jésus-Christ, dont il est embrasé, et dont il voudrait embraser tous les cœurs.

Il écrit :

« Jésus-Christ est seul grand, seul beau, seul puissant, seul aimable. En lui, nous avons tous les biens ; il est le remède à tous nos maux. Quelle consolation on éprouve à penser à ses perfections, à son amour, à son dévouement pour nous ! Que l'homme est petit, misérable, auprès de lui ! Il inspire toute confiance, mérite tout amour, épuise toute admiration. Qu'ils sont à plaindre ceux qui n'appliquent pas leur intelligence à le connaître, leur cœur à l'aimer !... Développer un amour sans bornes, un dévouement absolu à celui qui nous a aimés le premier et qui a tout sacrifié pour nous... Faire à Jésus-Christ des conquêtes ; lui procurer des amis fidèles ; ne pas se donner de repos, jusqu'à ce qu'on lui ait gagné des amis dévoués. »

Attirer les âmes à Jésus-Christ, le faire aimer uniquement de celles qui lui sont consacrées, ç'a été la grande, la seule passion du F. EXUPÉRIEN. Et l'une de ses paroles les plus familières était celle-ci : « Tout faire, tout sacrifier, et surtout nous sacrifier pour contenter Jésus-Christ. » Il ne comprenait pas qu'un religieux pût avoir d'autre préoccupation que de « contenter Jésus-Christ » et » d'éviter, par amour, tout ce qui déplairait tant soit peu à Jésus-Christ. » Il s'attendrissait lorsqu'il répétait cette parole, qu'il appliquait à lui-même et à son auditoire : *Philippe, il y a si longtemps que vous êtes avec moi, et vous ne me connaissez pas !* (S. Jean, XIV, 9.) Parfois il ajoutait : « Où sont les âmes assez intimement et délicatement unies à Jésus-Christ, pour placer son bon plaisir au-dessus de tout ? »

Ainsi que ses exhortations, la correspondance et les autres écrits du F. Assistant ont pour but principal de faire aimer Jésus-Christ :

« Je vous recommande surtout de prendre Notre-Seigneur pour votre confident et votre ami... L'union intime à Notre-Seigneur est la gloire, la consolation de la vie ; c'est aussi le grand désir du Maître ; la récompense de la générosité avec laquelle on s'abandonne à Lui. C'est le remède au rationalisme pratique qui fausse la voie d'un si grand nombre d'âmes ; le contrepoids au jansénisme froid et méticuleux, qui glace ou rétrécit tant de cœurs. Et il ajoute : « J'aurais dû entrer dans cette voie ; mais je n'ai eu ni assez de générosité, ni assez d'énergie pour le faire. »

« Il ne suffit pas de vouloir imiter Notre-Seigneur ; il faut s'affectionner à lui de toute son âme. C'est la garantie la plus efficace contre les difficultés et les dangers ; le moyen le plus sûr de faire un grand bien, de surmonter les ennuis, de résister à toutes les séductions et tentations. Beaucoup de fruits se détachent de l'arbre, parce qu'ils manquent de cette sève. »

Pour développer en soi la connaissance et l'amour

de Jésus-Christ, le F. Exupérien recommandait instamment de prendre les mystères du Sauveur pour sujets ordinaires des méditations :

« Préoccupez-vous fortement, écrit-il, de l'étude des mystères. Le christianisme pratique est là. Il n'y a si peu de solides vertus que parce qu'on ne connaît pas Notre-Seigneur, et on ne le connaît pas, parce qu'on ne l'étudie pas dans ses mystères. »

Les âmes qui ont vraiment en elles les sentiments du Christ Jésus souffrent en voyant Dieu si peu aimé, tant méconnu, si grièvement offensé. Pour offrir à la Majesté suprême quelque compensation, elles opposent les expiations aux outrages, la fidélité à l'indifférence. Elles réparent en union avec Jésus-Christ, Victime réparatrice, qui veut bien se les adjoindre pour expier avec lui. Heureuses les âmes choisies pour cet apostolat de la réparation ! Le F. Exupérien fut de ce nombre, et l'on peut affirmer que l'esprit de réparation fut l'un des attraits les plus puissants que la grâce ait créés dans son âme. « Jamais, dit un des Frères qui l'ont intimement connu, il ne put se consoler de voir ou de savoir Dieu offensé. Les attentats publics contre le règne de Jésus-Christ, la haine dont le poursuivent les sociétés secrètes, les profanations cachées ou publiques, l'indifférence qui envahit le monde, les scandales qui séduisent les âmes, la violation des droits de l'Église, les indélicatesses et les fautes des âmes religieuses, tels sont les sujets pour lesquels le F. Assistant livrait sa vie à la réparation. »

La messe et la communion réparatrices, les macérations réparatrices, les *réparations selon l'espèce,* sont les moyens qu'il emploie pour protester, devant Dieu, contre tant d'outrages. Et qu'entend-il par ces « réparations selon l'espèce ? » Il offre une messe supplémentaire pour la violation du précepte relatif à la messe du dimanche ; il prépare avec plus de soin quelques-unes de ses communions, pour réparer les négligences de ceux qui s'approchent sans amour de la sainte Table ; il se macère, pour expier les sensualités ; il observe plus fidèlement tel ou tel point de Règle, pour compenser les négligences de ceux qui les violent.

De 1865 à 1904, on trouverait, dans les *Notes* du F. Assistant, de très nombreuses pensées relatives à cet esprit de réparation qui l'a constamment animé. A partir de 1880, il groupa quelques Frères en une sorte d'association intime de réparation. Il les animait à la générosité ; il proposait à leurs sacrifices des motifs variés, pour l'Eglise et notre Institut. « Quant à moi, écrit-il dans une *Note*, je dois me faire victime pour tous ceux qui exercent l'autorité parmi nous, à quelque degré que ce soit. »

La dévotion du F. Exupérien à la divine Enfance fut toujours très vive. En 1866, il écrivait à un Directeur des novices :

« L'amour de la sainte Enfance devrait être la dévotion favorite des maîtres de la jeunesse. Il y a peu de dévotions dont nous ayons un plus grand besoin: c'est notre dévotion d'état. Demandons pour nous et pour tout l'Institut l'esprit de la sainte Enfance. »

« Dans l'Institut, écrit l'un de nos chers Frères

Provinciaux, cette dévotion semblait sommeiller un peu jusqu'à ces derniers temps. La récitation quotidienne des *Offrandes à la sainte Enfance* et la consécration annuelle à Jésus dans sa crèche, en étaient les seules pratiques. Il faut en attribuer le réveil au généralat du T. H. F. Joseph, si fécond en œuvres destinées à soutenir notre piété ; mais je soupçonne fort le F. Exupérien d'avoir été l'inspirateur des mesures qui furent prises. Du moins, il fut l'un de ceux à la demande desquels le Chapitre général de 1897 statua que, le 25 de chaque mois, serait indiquée, dans notre calendrier religieux, une communion de dévotion en l'honneur de la sainte Enfance, à l'intention de notre Institut et de nos élèves. »

Il avait fait rééditer le *Mois de la Sainte-Enfance*, par Mgr Le Tourneur, dont on entendait la lecture au réfectoire de la Maison-Mère, pendant les fêtes de Noël. Chaque année aussi, le F. Assistant exhortait les Frères à développer en eux-mêmes un tendre amour pour l'Enfant-Jésus :

« Peu de Fondateurs, disait-il, ont eu, autant que saint Jean-Baptiste de la Salle, la dévotion à l'Enfant-Jésus. Il nous a placés sous sa tutelle, et il nous a prescrit, pour chaque jour, des prières spéciales en l'honneur de ce divin Enfant. Sa volonté expresse est donc que nous l'honorions beaucoup. Mais il faut entrer à fond dans l'esprit de cette dévotion. Aimons un Enfant si aimable. Demandons-lui l'humilité ; par sa Mère la conservation de la virginité ; par son Père adoptif, la docilité au Saint-Esprit. »

Toujours humble, le F. Exupérien écrivait en 1895, sur le même sujet :

« Quels hommages Marie n'a-t elle pas rendus à son divin Fils ! Qu'elle me serve de protectrice et de modèle dans cette dévotion qui est à créer en moi, que j'ai laissé dans le vague, et qui n'a rien produit de vivant et d'efficace. Que Marie développe dans mon âme cette dévotion que je voudrais répandre. Quelle change mes idées ; qu'elle me dépouille de tout ce qu'il y a en moi de mondain. Qu'elle me fasse entrer dans la plénitude des vertus que le divin Enfant est venu enseigner à la terre, et qui restent inconnues même à un certain nombre de religieux, trop épris de maximes de la sagesse humaine, et fermés aux jouissances intimes réservées aux âmes qui vivent de l'esprit de l'Enfant-Dieu.

« Divin Jésus, éclairez-moi ! Transformez les inclinations de mon cœur. Donnez-moi de vous faire aimer dans les mystères de votre Enfance. Bénissez les désirs que vous m'inspirez, et accordez-moi, quoique je le mérite si peu, la consolation de ranimer parmi nous la dévotion à votre Enfance. O Marie ! ô Joseph ! fécondez mes efforts pour faire connaître Jésus-Enfant.

« Dans la méditation de la Passion, comme dans un bain salutaire, écrit le F. Exupérien, se forment les âmes héroïques qui sont la force et deviennent la gloire véritable d'une Congrégation. » Sans le vouloir, le F. Assistant nous livre, en ces quelques lignes, un des secrets de sa propre perfection et de la fécondité de son apostolat. Il eut toujours un attrait spécial pour Jésus souffrant. Il méditait souvent les mystères de sa douloureuse Passion, et chaque jour souvent deux fois, il suivait les stations du chemin de la Croix. L'esprit de pénitence, d'humilité et de réparation, l'amour des âmes, l'ardeur à se sacrifier à toute bonne œuvre, la joie dans la souffrance, il avait tout appris à l'école de Jésus humilié, flagellé, crucifié.

« Rien ne porte à une piété solide, disait-il, comme la méditation de la Passion. Rien ne dispose mieux un homme apostolique à se dévouer efficacement aux âmes, que l'étude des dispositions avec lesquelles Notre-Seigneur s'est livré pour la gloire de son Père et pour notre salut. Demander l'esprit des mystères douloureux, sources de lumière et principes de force. »

« La nature viciée est en nous comme un terrain marécageux qui ne produit rien de bon, et qui exhale des miasmes pestilentiels. Le drainage spirituel se fait par la contemplation des souffrances de Notre-Seigneur, l'acceptation résignée des souffrances, et surtout par l'estime et l'amour des croix. »

Cette contemplation de Jésus souffrant lui était si chère que, de toutes les pratiques qu'il proposait aux Frères, il n'insistait sur aucune plus que sur le chemin de la croix, et la pieuse récitation des *Aspirations affectueuses* que nous disons avant chaque repas. Lorsqu'arrivaient, pendant les retraites, les méditations sur les mystères douloureux, il paraphrasait avec une extrême tendresse de cœur l'oraison qui termine ces aspirations :

« Chers Frères, disait-il, nous demandons à Dieu, chaque jour, l'*estime*, l'*amour* et la *pratique* des souffrances. L'estime, c'est-à-dire la grâce de *voir*, de comprendre que rien n'est beau comme la croix, n'est fécond comme la croix. L'amour, c'est-à-dire la **grâce de** *goûter*, par compassion, quelque chose des souffrances de Jésus-Christ, et de *savourer* ce qu'il y a de doux dans les humiliations, les privations, les sacrifices **endurés pour lui**. La pratique, c'est-à-dire la grâce de *vouloir* efficacement imiter Jésus humilié, condamné, **flagellé, mis à mort. Ah ! si nous étions sincères dans nos demandes**, quels pénitents nous serions, et des pénitents par amour! C'est ce que veut de nous notre saint Fondateur. Songez donc que, même le jour de Pâques, **il nous fait demander le désir des souffrances. »**

Le F. Exupérien écrivait à un Frère : « L'essentiel ne vous manquera pas, tant que vous aurez Notre-Seigneur. Or, n'avez-vous pas toujours la croix et l'Eucharistie ? » — Parce qu'il sut lui-même trouver Notre-Seigneur sur la croix et dans l'Eucharistie, et toutes choses avec lui, le F. Assistant a été le grand religieux dont nous admirons les vertus. La pensée de la croix l'animait à souffrir ; la présence de Jésus dans l'Eucharistie l'excitait à tous les dévouements. Avec Jésus au Tabernacle, Jésus immolé sur l'autel, Jésus reçu dans la sainte communion, tout lui était possible. Il a été l'adorateur fervent de l'Eucharistie, l'apôtre infatigable de la dévotion à l'Eucharistie.

Chaque matin, il reçoit la sainte communion et, dans cette visite de l'Ami divin, il trouve lumière, consolation, ardeur, pour le reste du jour. Pendant son action de grâces, il s'entretient familièrement avec Jésus-Christ et il lui répète : « Seigneur, prenez sur moi toute la possession qui vous est due. » Il s'humilie d'être toujours « si prompt aux résolutions, si lâche au bon combat » ; il répare pour lui, et pour tous les pécheurs ; il expose ses propres besoins, et les besoins de tous ceux qui attendent de lui secours et direction. Les sept dons du Saint-Esprit, les sept demandes du *Pater*, le début de la formule de nos vœux, sont pour lui comme des programmes dont il présente successivement à Jésus-Christ les diverses parties. Les visites de l'Hôte divin dilatent son âme dans la charité, et, parmi les Frères, il est bien connu que soumettre une requête au F. Assistant après qu'il a communié, c'est courir grand'chance de la voir exaucer : « Après que Jésus-Christ lui a tant accordé, il ne refuse rien de ce qui est possible. » L'action de grâces du F. Assistant est aussi longue que la journée : le plus souvent, c'est aux post-communions qu'il emprunte la formule de sa reconnaissance et de ses demandes. Il a aussi pour pratiques d'offrir à cette fin, les trois *Gloria Patri* qui suivent l'*Angelus :* le premier, pour remercier Dieu de l'institution de la sainte Eucharistie ; le second, de la présence permanente de Jésus-Christ dans les tabernacles ; le troisième, du don que Jésus-Christ fait de lui-même aux âmes qui le reçoivent par la sainte communion.

Le F. Exupérien s'est donné pour mission de répandre, parmi ses Frères et leurs élèves, la dévotion à la sainte Eucharistie. « Je dois tout à l'Eucharistie, écrit-il ; j'ai donc pour devoir de lui faire rendre tous les hommages que je pourrai. »

C'est le F. Assistant qui fit établir, à notre Maison-Mère, l'adoration du premier vendredi de chaque mois, usage qui s'est ensuite généralisé dans toutes nos maisons de formation. C'est lui qui organisa, dès 1876 pour les Frères, et à partir de 1882 pour les jeunes gens des patronages, les adorations nocturnes à Montmartre. Jusqu'en 1895 — c'est-à-dire tant que ses jambes lui permirent cette longue course à pied — il accompagna assez souvent les Frères qui montaient à la Basilique.

L'une des pratiques familières au F. EXUPÉRIEN était de se transporter par la pensée dans les chapelles et oratoires de nos communautés qui ont le bonheur de posséder la sainte Réserve.

« Heureuses, dit-il, les maisons qui possèdent ce trésor ! Mais quels devoirs cela impose aux Frères ! *Jésus-Christ m'a aimé et s'est livré pour moi* dans l'Eucharistie, doit dire chacun de nous. Qu'il soit **dans une** cathédrale, dans une communauté nombreuse, **cela est** moins frappant ; mais qu'il réside dans une **communauté** de six, quatre et quelquefois trois Frères, **quel** amour ! et quel motif de le dédommager ! »

Dans la même pensée, il recommande par des supplications touchantes le respect et l'amour pour Notre-Seigneur, présent parmi nous ; il rappelle le devoir de lui faire des visites affectueuses, où tout le cœur s'épanche en son cœur. Il écrit :

« Que de choses vous apprendrez devant le saint Sacrement, si vous savez vous abandonner à l'action de la grâce et écouter ce que Jésus vous dira du tabernacle. Que de progrès nous ferions si nous ouvrions les yeux à la lumière directe, au lieu de chercher toujours la lumière réfléchie dans les paroles et les livres des hommes ! Jésus instructeur, moteur, auteur : c'est tout le christianisme et l'esprit spécial de notre Institut. »

Il écrit à un Frère directeur :

« Quand vous ne pouvez vous épancher auprès des hommes, allez trouver Notre-Seigneur. Il comprend tout et peut tout adoucir. Si nous savions nous recueillir au pied du Tabernacle, exposer avec simplicité nos peines, nos doutes, quels flots de consolation et de lumière n'en jailliraient pas sur nous ! Occupés comme nous le sommes, nous ne pouvons consacrer un long temps à la visite au très saint Sacrement ; mais que de choses ne peut-on pas faire en un instant ! Un regard ne suffit-il pas à deux amis pour se comprendre, se consoler, se soutenir ?

« Allons à Notre-Seigneur au moins par la pensée, quand nous ne pouvons nous rendre à la chapelle : c'est le moyen d'arrêter notre impétuosité, de montrer, par des actes positifs, que nous protestons contre notre activité trop naturelle et que nous attendons tout de Dieu. Je vous dis ces choses, et je sens le besoin de me reprocher de ne pas les faire assez. »

Prudemment, le F. Exupérien exhorte les Frères à la communion fréquente, et c'est en grande partie à ses exhortations et à ses industries diverses, à ses prières et à ses sacrifices, qu'est dû l'accroissement du nombre des communions parmi nous. « Vivez de telle sorte, répétait-il souvent, que votre confesseur vous permette une communion de plus. » Et il ajoutait :

« Faites à Notre-Seigneur ce plaisir de le recevoir souvent et avec ferveur ; c'est un Hôte qui paie bien son loyer... Dans l'Eucharistie, Jésus est le remède à tous nos maux, le spécifique contre chacune de nos maladies. Heureux celui qui communie avec ferveur, et qui sait trouver tout dans l'Eucharistie ! »

« Que le fruit principal de vos communions, disait-il encore, soit d'apprendre de Notre-Seigneur les secrets de la vie spirituelle, et de réaliser le mot de saint Paul : *Ayez en vous les sentiments qu'a eus le Christ Jésus.*

« A la communion, demandez un de ces cœurs généreux, ardents, auxquels Dieu a donné une telle capacité d'aimer que Lui seul peut les remplir ; et une volonté si déterminée qu'aucun sacrifice ne peut la rebuter. »

La sainte communion est la grande force des sociétés religieuses, comme elle est celle des individus. Le Frère Assistant lui attribuait la persévérance des vocations et le bien qui s'opère dans nos classes :

« Que serions-nous, sans l'Eucharistie ? Le peu que nous valons, c'est à la communion que nous le devons, et il ne tient pas à Notre-Seigneur que nous ne valions bien davantage. »

« Si nous sommes restés debout, si nous avons fait quelque bien, c'est à la sainte Communion que nous le devons. Témoignons-en notre reconnaissance en communiant mieux et plus souvent, et en contribuant autant qu'il nous sera possible à faire glorifier Jésus dans l'Eucharistie. »

Un religieux aussi dévoué à l'Eucharistie que l'était le F. Assistant, devait être tendrement affectionné au Sacré-Cœur. Cet amour s'était allumé dans son âme alors que, jeune homme, il achevait ses études au pensionnat de Béziers. Il y grandit avec les années. La lecture des écrits de la bienheureuse Marguerite-Marie avait vivement impressionné le F. Exupérien ; elle lui fit comprendre que cette dévotion est faite de générosité et de réparation.

« On parle beaucoup de persécution, écrit-il et l'on oublie que le grand persécuté, c'est le Sacré-Cœur de Jésus, dans l'Eucharistie. »

« Il faut se faire une juste idée de cette dévotion, qui consiste surtout en deux sentiments : *aimer* et *réparer*. Notre-Seigneur nous dit : *Aimez-moi comme je vous ai aimés* ; voilà le modèle de notre amour. Or trois mots caractérisent l'amour de notre Seigneur : *tendrement, véritablement, généreusement*. Essayons de les comprendre, et prenons-les pour règle de l'amour si juste, si nécessaire, que nous devons à celui qui nous a tant aimés lui-même, et qui nous a aimés le premier...

« Pour honorer vraiment le Sacré-Cœur, il faut vivre de la vie de Notre-Seigneur, et se pénétrer de l'esprit des maximes évangéliques. En Jésus-Christ surtout, la bouche a parlé de l'abondance du cœur : les maximes évangéliques sont donc sorties de son cœur. C'est à lui de nous en donner le secret. »

Une page du F. Exupérien nous montre, avec beaucoup de détails, qu'il a choisi le Sacré-Cœur pour protecteur spécial des grands intérêts qu'il souhaite voir sauvegardés parmi nous. Ajoutons que son intervention se retrouve dans la décision du Chapitre général de 1873, relative à la consécration annuelle de l'Institut au Sacré-Cœur. Il écrit dans ses *Notes* à la date du 10 juin 1873 :

« J'ai engagé ce matin le Très Honoré Frère Philippe à prendre l'initiative, pour la consécration de l'Institut au Sacré-Cœur, le jour de sa fête. Prions, afin que la pensée se réalise. La cause est avancée ; elle n'est pas gagnée. Il faudra y revenir, et faire agir ceux qui ont de l'influence. »

Quelques jours après, la décsion capitulaire était prise.

Moins expansive que son amour pour Notre-Seigneur, la dévotion du F. Exupérien envers la très sainte Vierge est tendre et confiante. Il l'honore comme l'initiatrice, le modèle idéal de la vie religieuse. Parce qu'en cette divine Mère seule, la rédemption eut tout son effet, il lui demande l'intime connaissance et l'amour de Jésus Rédempteur. En des consécrations qu'il a composées, il lui rappelle qu'il lui a tout abandonné : ses progrès dans la vie spirituelle, les œuvres dont il s'occupe, les intérêts de l'Institut, l'éducation chrétienne de l'enfance, la persévérance de la jeunesse.

« Je ne puis rien par moi-même, écrit-il, mais j'attends tout de la très sainte Vierge, ma mère, chargée de pourvoir à mes besoins. Que, par elle, Dieu multiplie parmi nous les intercesseurs, les apôtres, les saints...

« Arriver à la pleine possession de moi-même par la dévotion cordiale à Marie. Dans tout embarras, toute difficulté imprévue, me jeter entre ses bras pour obtenir, par elle, lumière, force et secours opportuns, et l'intimité avec Notre-Seigneur.

« Tout par Marie et en vue de lui plaire. Lui recommander le salut de la Congrégation et la sanctification de ses membres, le fruit complet des diverses retraites, la prospérité de Saint-Labre et des autres Œuvres de persévérance. Qu'elle nous obtienne l'horreur des péchés les plus légers, le mépris des créatures, l'affaiblissement de la concupiscence et la volonté de servir Dieu par amour. »

Très particulièrement le F. Assistant invoque la très sainte Vierge sous le vocable de Notre-Dame du Cénacle, et il la prie de bénir toutes les retraites qui se font dans l'Institut.

« J'ai donné à Marie l'intendance générale de nos retraites ; je lui en ai confié la direction et le succès.

« C'est par elle que je fais mon immolation en faveur de l'œuvre des retraites. Cette immolation, je la fais dans toute son étendue, y compris le troisième degré d'humilité ou d'amour. *Devenir le Barmier des retraites* pour que chacune soit une Pentecôte. Je veux tout souffrir pour obtenir, par les retraites, des progrès marqués dans la vie spirituelle, l'intelligence de la sainte Ecriture, l'esprit d'oraison, la ferveur des communions, l'amour de la croix et l'esprit de victime. »

Le F. EXUPÉRIEN honorait la très sainte Vierge par la fervente récitation du chapelet et souvent du rosaire. Surtout, il s'ingéniait à « tirer, de l'exercice du chapelet, les fruits les plus abondants, par la méditation des mystères et la direction de l'intention. » Il avait composé, à son usage personnel, des méthodes pour la pieuse récitation du chapelet. Une de ses pratiques était de se rappeler, pendant les neuf premiers *Ave Maria* de chaque dizaine, les sentiments correspondant aux neuf actes de la seconde partie de notre méthode d'oraison, et de les appliquer au mystère médité. Dans ce qu'il appelle le *chapelet apostolique*, il appliquait les cinq dizaines aux grands intérêts de l'Institut. Il proposait aussi de réciter les trois *Ave Maria* qui suivent le *Credo* : le premier pour les petits-novices, le second pour les novices et le troisième pour les scolastiques : Je « n'y manque jamais », affirmait-il un jour. A propos de la sixième dizaine, il dit :

« En nous donnant Marie-Immaculée pour protectrice spéciale de notre Congrégation, le saint Fondateur a voulu demander à cette Reine toute-puissante l'extirpation du péché, en nous et dans les enfants. Que ce soit l'intention de la sixième dizaine du chapelet. »

L'un des moyens employés par le F. Assistant, pour obtenir de la très sainte Vierge quelque insigne faveur, était l'exercice des *quinze samedis*. Il consacrait le samedi de quinze semaines consécutives à honorer très spécialement un des mystères du rosaire, par des méditations sur ce mystère, et des sacrifices, « pour en obtenir l'intelligence et le goût. » Directeur des novices, il se rendait parfois, ces jours-là, en pèlerinage au sanctuaire de Notre-Dame des Victoires.

Chacune des fêtes de la très sainte Vierge était, pour le F. EXUPÉRIEN, une occasion de ranimer sa dévotion et de préciser les bienfaits qu'il souhaitait obtenir. Aux principales de ces solennités, il se préparait par une neuvaine de prières et de sacrifices. Le 8 décembre 1901, il écrit :

« J'ai fait avec confiance une neuvaine pour obtenir, par Marie, ce que je ne puis produire par mes efforts personnels : l'horreur pratique du péché, l'horreur des plaisirs des sens, la vie de foi, et l'accomplissement plus parfait de mes devoirs envers la très sainte Eucharistie. »

Le 25 mars 1896, il consigne, dans ses *Notes*, les pensées suivantes :

« Que j'ai besoin de Marie ! et que tout Supérieur, qui veut ardemment le bien des âmes, doit sentir combien lui est indispensable ce puissant concours ! Que peut l'homme par lui-même ? rien, ou presque rien. Que de choses lui échappent ! Que d'esprits et de cœurs il ne peut atteindre ! Que son action est éphémère ! C'est à Dieu, par Marie, qu'il appartient de tout réaliser, de tout féconder, de tout conserver. J'ai senti aujourd'hui ma radicale impuissance, et pour moi-même, et pour les intérêts qui me sont confiés. Marie ! protégez-moi ; aidez-moi à faire un bien solide et durable, par les moyens que vous voudrez. Dirigez-moi. Je ne suis bon à rien ; merci de me le faire comprendre.

Le 26 avril 1899, en la fête de Notre-Dame de Bon-Conseil, le F. Assistant écrit :

« Que ce soit l'une de mes pratiques, d'invoquer Marie sous ce vocable. Elle a tant de titres à nous transmettre les dons du Saint-Esprit ! Lui demander les dons de conseil et de force, qui répondent si bien aux besoins des Supérieurs. Réclamer, par elle, les lumières pratiques qui me sont nécessaires. En toutes choses, ô Marie ! inspirez-moi ce que je dois faire, et obtenez-moi la force d'accomplir ce qui est le plus propre à procurer la gloire de Dieu et le bien des âmes. O Marie ! jetez les yeux sur mon ignorance et ma faiblesse. Venez à mon secours ! »

C'est tout particulièrement aux petits-novices et aux jeunes Frères, que le F. Assistant recommande la dévotion à la très sainte Vierge :

« Dans vos joies, dites *Ave Maria !* dans vos peines, *Ave Maria !* le matin, le soir, *Ave Maria !* pendant le travail ou le repos, *Ave Maria !* en sortant de vos classes, en y rentrant, *Ave Maria !* Que ce soit toujours *Ave Maria !* (Fête du Saint Nom de Marie, 1904.)

A tous les Frères, il rappelle quelle était l'extraordinaire dévotion de saint Jean-Baptiste de la Salle envers la très sainte Vierge, et comment ce bienheureux Père y insiste dans ses écrits. C'était, à ses yeux, un motif de plus pour honorer Marie : le désir, la volonté du saint Fondateur, n'est-ce pas le désir, la volonté de Dieu même ?

La grande passion qui excite le zèle du F. EXUPÉRIEN, c'est, avec l'amour de Jésus-Christ, l'amour de saint Jean-Baptiste de la Salle. De là, chez le F. Assistant, une constante étude de la vie et de la doctrine du Fondateur ; une courageuse application à reproduire ses vertus ; un zèle obstiné à parler de lui, pour lui susciter de fidèles imitateurs.

Sur ce point encore, le F. EXUPÉRIEN commence par pratiquer lui-même ce qu'il veut inspirer aux autres. L'esprit de foi et de zèle de saint Jean-Baptiste de la Salle, son amour pour Jésus-Christ, son abandon à la volonté divine, son esprit de pénitence, son obéissance et son humilité, revivaient chez le F. Assistant.

Son *Journal des Retraites* et ses *Notes* offrent les très nombreux témoignages de cette préoccupation : « Imiter le saint Fondateur, me remplir de ses vertus ». Il écrit en 1879 :

« 1. Je dois prendre le Vénérable de la Salle pour

modèle ; étudier sa vie et sa doctrine, en lire tous les jours quelque chose.

« 2. Je dois le proposer pour modèle et docteur. Citer fréquemment ses paroles et ses exemples, commenter ses enseignements.

« 3. Faire de la *Règle*, du *Recueil* et des *Méditations* le fond de tout. Que ce soit en moi plus visible et plus constant.

« 4. Ramener sa doctrine aux points importants :

« *Estime de la régularité qu'il faut préférer à tout.*

« *Tout par la conduite de Dieu et le mouvement de son Esprit.*

« *Ne se servir de ses sens que pour le besoin et non pour le plaisir.*

« *Renoncer à son propre esprit, et le soumettre en tout à l'obéissance.*

« *Amour du silence, du recueillement ; fuite du monde.*

« *Les souffrances, considérées comme la récompense du zèle.*

« *Abandon complet à la Providence.*

« *Amour des pauvres.*

« *N'y a-t-il que ce qui regarde Dieu, qui vous soit sensible ?*

« 5. Intéresser le Fondateur à tout ce qui se fait pour la prospérité de son œuvre. L'invoquer souvent et le faire invoquer.

« 6. Saisir les grands traits de la vie et de la doctrine du Vénérable, pour les imiter et s'en inspirer.

« ... J'ai souvent reçu de vives lumières sur ces points ; mon inconstance a tout paralysé. Mon enseignement, mon administration, ne se sont pas assez sentis de ce principe essentiel, que tout, dans l'Institut, doit s'inspirer de l'esprit du Fondateur. »

C'est là une accusation au moins exagérée, car le F. Assistant a fait, des vertus du Fondateur, l'objet de sa très courageuse imitation ; par tous les moyens, il a cherché à augmenter en ses Frères un amour filial pour leur Père.

Pour que soit mieux connue la doctrine de saint Jean-Baptiste de la Salle, le F. EXUPÉRIEN avait entrepris, dès 1867, un classement méthodique de tous ses écrits. Dans sa pensée, ce n'était encore qu'un travail provisoire destiné aux Noviciats. Plus tard, il le reprit et en fit le précieux ouvrage qui parut sous le titre de *Doctrine spirituelle*. En mourant, il laissait encore un abrégé de cette *Doctrine*, qui vient d'être publié. Vers 1881, il obtint de faire réimprimer la seconde partie de la grande *Vie* de notre Fondateur, par le chanoine Blain : l'*Esprit et les Vertus de Monsieur de la Salle*.

Par ces conférences de retraites, le F. Assistant ramène souvent la pensée de ses auditeurs sur notre Bienheureux Père. Il est curieux à entendre, dans ses rapprochements entre les grands ascétiques et notre saint Fondateur : « Ce qu'ils disent est admirable, mais nous avons cela dans telle méditation de saint Jean-Baptiste de la Salle. » Et il ajoute : « C'est le pain de chez nous. »

Il exhorte ceux qui président les saints exercices à « remonter à cette source, car l'eau y est plus pure ». Il écrit à un Frère Directeur chargé de la présidence d'une retraite :

« Le but essentiel d'une Retraite doit être de renouveler ceux qui la suivent dans l'esprit de leur vocation. Et le moyen le plus direct, pour y réussir, est de prendre la pensée du Fondateur, de la creuser, d'en faire la matière des instructions. On ne peut suivre une voie plus sûre que celle que le Bienheureux a tracée lui-même. La retraite la plus pratique et la plus solide sera celle qui fera entrer plus en avant dans l'esprit du Fondateur.

« Après avoir expliqué l'*Esprit de l'Institut*, ses effets, les moyens qu'on doit employer pour l'acquérir, il serait convenable d'appeler fortement l'attention sur ce qui a paru le plus important et le plus essentiel au Fondateur lui-même. Qui peut savoir mieux que lui ce qui convient à ses enfants ?

« Tout ce qu'il y a de substantiel pour l'Institut se trouve indiqué dans les premières pages du *Recueil*. Rien ne pourrait être plus opportun que d'appuyer, d'une manière forte et pratique, sur ces points essentiels, en entrant le plus possible dans la pensée du Fondateur, prenant dans le *Recueil* le thème habituel des instructions. Ce serait une garantie certaine qu'on ne substitue point sa pensée personnelle à celle du Fondateur ; surtout, ce serait donner aux enseignements un cachet plus spécial et une autorité plus forte. »

Avec une joie filiale, le F. Exupérien vit les phases successives de la glorification de son bien-aimé Père. En 1872, il s'occupe avec une extrême ardeur de la souscription ouverte pour l'érection du monument de Rouen. Et toujours dominé par les vues de foi, il écrit à cette occasion : « Il est plus facile de faire élever une statue au Vénérable, que de former des disciples qui lui ressemblent. » En 1880, ce sont les fêtes du second centenaire de la fondation de notre Institut. On se rappelle comment elles prirent, dans le monde entier, un éclat auquel n'avait guère songé le T. H. F. Irlide en les organisant. Le 15 novembre 1887, le F. Assistant entendit, au Vatican, Léon XIII déclarer qu'on pouvait, en toute sûreté, décerner au vénérable Serviteur de Dieu Jean-Baptiste de la Salle les honneurs de la béatification. En mars 1888, il suivit les divers triduums célébrés à Paris. Le P. Tissot et Mgr Gay, à la Maison-Mère ; le P. Tesnière, au second noviciat d'Athis ; Mgr Germain et Mgr de Cabrières, à Saint-Sulpice, le jetèrent dans le ravissement. Mais la splendeur des fêtes où triomphait saint Jean-Baptiste de la Salle n'était, pour le F. EXUPÉRIEN, qu'un très solennel avertissement donné aux Frères de se fortifier eux-mêmes dans les vertus pratiquées par leur Père. En 1887 et 1888, il ne cessa de parler « des fruits que doit produire la béatification » : ce fut le thème ordinaire de toutes ses exhortations. Et lui-même il s'avertit de l'obligation où il est, de progresser dans l'esprit du Fondateur :

« Je m'attacherai à entrer davantage dans la lettre et l'esprit des Règles ; à mieux prendre pour guide la doctrine du Fondateur, et à lui donner sur moi toute l'autorité qu'elle comporte.

« La béatification doit produire en nous les fruits suivants : 1° nous pénétrer intimement de l'esprit du Fondateur ; 2° nous ranimer dans l'observance des Règles ; 3° nous donner une grande confiance en l'intercession du Bienheureux, et en son autorité doctrinale. »

Avant d'être admis, comme nous l'espérons, à contempler au ciel la gloire dont jouit saint Jean-Baptiste de la Salle, le F. Assistant devait passer par des épreuves douloureuses et multiples.

CHAPITRE XIV

Les dernières années du F. Exupérien.

(*1900-1905*)

Il avait été donné au F. Exupérien de voir s'opérer la grande extension de l'Institut au dix-neuvième siècle ; associé aux Supérieurs généraux, il s'était dépensé pour conserver et accroître l'esprit surnaturel parmi les Frères ; avec un admirable zèle, il avait travaillé à rendre plus chrétienne l'éducation donnée aux enfants, et plus assurée la persévérance des jeunes gens ; et il lui fallait voir les premières secousses de la tourmente qui, en France, détruit aujourd'hui un édifice si laborieusement élevé. Quelle épreuve !

L'année 1900 fut pourtant calme, malgré les premiers grondements de l'orage qui se préparait. C'était la *trêve de l'exposition*. A cette exposition, le F. Assistant fut nommé membre du jury international, pour l'enseignement secondaire. Au milieu de ces inévitables distractions, il demeura l'ascète que nous savons. C'est aussi l'année de la canonisation de notre saint Fondateur. Le F. Exupérien multiplie les exhortations, pour exciter ses Frères à une plus complète régularité, « moyen le plus sûr, dit-il, d'honorer notre Père ». Lui-même, il s'anime à recueillir les fruits spirituels de ce grand événement, en progressant dans la pratique de l'abandon

13.

à Dieu, de l'humilité et du zèle surnaturel. En juin 1900, il écrit dans ses *Notes* spirituelles :

« 1º Ne pas vouloir tel ou tel bien déterminé, mais ce que Dieu veut, pour le temps, la manière, les circonstances. L'adhésion de foi et l'abandon total à toutes ses vues valent mieux que toutes les merveilles de l'activité personnelle.

« 2º Je ferai le bien par la prière apostolique. Le *Pater* en constitue le fond... Prières pleines, ardentes, mortifiées. La prière la plus efficace est celle qui se dégage de tout acte de vertu, de tout accomplissement des maximes évangéliques, en vue d'obtenir et de réparer.

« 3º Me réjouir de tout ce que Dieu permettra, et ne m'attrister de rien sinon de mon impuissance. Toutes les dispositions prises par l'obéissance me seront particulièrement chères, et je m'appliquerai à n'en éluder aucune... Les prescriptions plus gênantes seront reçues et observées avec une plus grande joie.

« ... 5º Je m'appliquerai à voir spécialement les bons côtés des choses désagréables : ainsi j'exploiterai cette mine si riche des épreuves. Me réjouir dans ma faiblesse, c'est le plus bel hommage que je puisse rendre à Dieu, et le moyen d'action le plus puissant.

« 6º Chercher les âmes blessées, souffrantes. Les traiter avec la bonté de Notre-Seigneur. Mériter que le bon Maître me prenne à son école, et me donne grâce pour faire du bien à ces âmes... Mon Dieu ! commencez votre œuvre en moi. Vous seul pouvez, malgré mon incurable misère, faire de moi le consolateur de mes Frères... »

La canonisation de saint Jean-Baptiste de la Salle

est la dernière des grandes joies du F. Exupérien ici-bas. En 1901, il suit avec angoisse les débats parlementaires sur la loi d'association, ou plutôt contre les congrégations enseignantes. Il en mesure les conséquences si graves, non toutefois sans se faire encore quelque illusion sur l'imminence des désastres qui devaient nous atteindre. Que de fois il fait prier ! Que d'expositions du très saint Sacrement il sollicite de l'Ordinaire ! Mais il veut que la réforme totale de la vie vienne appuyer ces supplications. Et il cite la parole de Bossuet : « Dieu se rit des prières que l'on fait pour détourner les malheurs publics, quand on ne s'oppose pas à ce qui les attire. »

Pour lui, il prie, il souffre, et s'humilie plus encore :

« *14 octobre 1901*. — Dieu me fait la grâce de mieux sentir ma pauvreté, ma nullité, ma misère, et de l'aimer. Qu'il soit béni de tout ! »

« *4 novembre 1901*. — M'anéantir à mes propres yeux. Creuser ma misère, ma pauvreté. Me mépriser, crier au secours, rester en rapports constants avec Dieu.

« Saint Jean-Baptiste de la Salle ! faites que je me pénètre de plus en plus de votre esprit, et que je contribue à le répandre parmi vos enfants. Que tous mes efforts tendent à devenir intérieur, et à multiplier parmi nous les hommes de grande foi. Mon Dieu ! sauvez la Congrégation de ses ennemis extérieurs ; mais surtout sanctifiez ses membres par l'esprit intérieur. »

A mesure que se perfectionne le F. Exupérien, son humilité grandit, et aussi sa confiance en Dieu. Certes il s'emploie, autant qu'il le peut, à toutes sor-

.tes de missions pour procurer le salut de l'Institut, s'il est possible encore. Mais c'est sur Dieu qu'il s'appuie : « Il faut tout attendre de Dieu, écrit-il, et non de l'agitation des hommes. » Et il exhorte les Frères à répondre aux projets de leurs adversaires, par un plus entier dévouement à leurs devoirs :

« C'en est peut-être fait de notre Institut en France, dit-il pendant une des retraites de 1902 : redoublons donc de ferveur. Soyons fidèles à notre vocation, malgré ou plutôt en raison même des temps malheureux où nous sommes. *Qui est comme Dieu ?* disait saint Michel. Ayons Jésus-Christ pour nous et ne craignons rien : *Qui est comme Jésus-Christ ?* »

Voici que s'approchent les catastrophes dont la certitude s'impose désormais aux plus optimistes. Le zèle du F. Exupérien semble se multiplier, et c'est un étonnement de voir son activité pour les retraites croître toujours, pendant que toujours croît aussi le péril de nos œuvres. En 1903, il se surpassa lui-même à Passy, à Athis, au Puy. Ne fallait-il pas fortifier les tempéraments, qu'allait assaillir l'épreuve ? Plus incertain était l'avenir, plus périlleuse la route, plus il devenait nécessaire de ranimer la confiance dans les âmes abattues.

Aux Frères réunis pour la retraite du Puy, le F. Assistant parla en ces termes :

« Une des grâces de la persécution, c'est le réveil de la foi. La persécution a deux effets, suivant les dispositions intérieures de chacun : elle est bonne à qui aime Dieu, nuisible à qui l'aime peu ou ne l'aime pas.

Mon Dieu ! devons-nous dire, *prenez sur moi toute la possession qui vous est due.*

« Nous avons un rôle de délicatesse à remplir envers Notre-Seigneur. Nous devons être des *réparateurs* : il est tant offensé, poursuivi avec tant de haine ! — des *consolateurs* : il est chassé de l'école et de l'âme des enfants ; — ses *imitateurs*, par notre générosité à supporter l'épreuve ; — des *intercesseurs*, pour obtenir le salut de la France, la conservation de notre Institut qui s'y trouve tant menacé, et pour conjurer nos dangers personnels. Il n'y a pas à douter du triomphe de Dieu. Après trois siècles de persécutions, la croix s'est assujetti l'univers ; le Sacré-Cœur dominera l'apostasie de notre temps. Mais les individus, que deviendront-ils ?... »

A la fin d'un document très intime, et qu'il intitule : *Ce que je ferai personnellement*, le F. Exupérien écrivait, en 1903 :

« .... Faire tout le possible, pour prévenir la destruction dont nous sommes menacés, et me considérer après comme un serviteur inutile.

« Donner carte blanche au bon Dieu. Ne tenir aucun compte de mes vues personnelles, de mes intérêts ; ne me préoccuper que du salut des âmes et de la gloire de Dieu.

« Me résigner à toutes les déceptions, à toutes les peines, à la ruine de tout ce qui m'est le plus cher, disant de tout mon cœur : *Je m'abandonne tout à vous ; faites de moi tout ce qu'il vous plaira.* »

Parce qu'il lui avait donné *carte blanche*, Dieu allait couronner par une très pénible épreuve la sainte carrière de son serviteur.

Toujours préoccupé d'attirer les bénédictions divines sur l'Institut, le F. Exupérien s'était rendu à Versailles le 13 octobre 1903, pour solliciter à l'évêché l'autorisation de faire exposer le très saint Sacrement dans la chapelle de notre maison de retraite de Fleury-Meudon, le premier vendredi de chaque mois. Fidèle à la pensée dominante de toute sa vie, il multipliait les intercessions à mesure que s'accroissaient nos épreuves. Vers six heures, il était de retour à Paris. En descendant du tramway, à cinquante mètres de la Maison-Mère, il est projeté sur le sol avec une extrême violence, par un fiacre dont les roues lui passent sur les deux jambes. On le relève, on l'asseoit sur un banc du boulevard, et, pendant qu'il se remet un peu d'une telle secousse, on vient prévenir la communauté. Le Frère portier accourt auprès du F. Assistant qui, appuyé sur le bras qu'on lui offre, rentre à la Maison-Mère. Il souffre ; mais il croit pouvoir dompter son corps auquel, depuis tant d'années et si durement, il commande. « Je vais, dit-il, monter à ma chambre. J'irai ensuite voir le Frère Infirmier. » On s'oppose à cette imprudence. A l'infirmerie, où on le conduit, on l'aide à se déshabiller. Autant qu'il le peut, il dissimule son cilice et les autres instruments de pénitence qu'il porte, à son ordinaire. Le chirurgien est appelé : il constate le broiement, le déchirement des chairs, au bas des deux jambes, ainsi qu'une forte contusion à la tête. Quelles en seront les suites ? Impossible de se prononcer encore.

L'émoi est grand dans la communauté, où l'on demande à Notre-Seigneur la prompte guérison du F. Exupérien. Le T. H. Frère Supérieur, alors à

Rome, est prévenu de l'accident, qu'on espère être sans gravité. D'ailleurs, on garda cet espoir pendant les premiers jours de la maladie. Le 15 et le 17 octobre, le F. Assistant écrivit lui-même à Rome des lettres dont nous extrayons ce qui suit :

15 octobre. — «... Une voiture m'a renversé, et ses deux roues ont passé sur mes jambes. La droite est peu sérieusement atteinte. La gauche est malade ; j'ai une forte contusion qui me fait souffrir, mais il n'y a aucune fracture... Je bénis le bon Dieu de cet accident. Je parle souvent de la mortification, et je la pratique peu. Le bon Dieu m'en a ménagé une qui compte sans offrir de danger. »

17 octobre. — « Le médecin de la compagnie des voitures est venu se rendre compte de la situation, et écouter mes déclarations. J'ai cru devoir refuser toute indemnité...

« Je parle quelquefois de la croix abstraite, et avec conviction ; mais c'est autre chose, quand la croix concrète nous touche. Cette preuve m'a fait connaître mon inconséquence et ma pauvreté, et j'en bénis le bon Dieu. »

Sept jours après l'accident, la gangrène traumatique apparut aux jambes, et des troubles cérébraux se manifestèrent. Pendant près de trois mois, le F. EXUPÉRIEN allait subir les crises d'un très pénible délire, contre lequel tout devait demeurer impuissant. En vain se dépensait jour et nuit le dévouement des Frères Infirmiers et de leurs aides, pour arracher aux ténèbres une intelligence si vive, pour disputer à la mort une vie si chère. Tandis que les forces physiques reparaissent peu à peu, l'état mental restait stationnaire dans le pire.

S'il est vrai que de telles crises révèlent comme le fond même de l'âme, d'où surgissent alors, sans le contrôle de la volonté consciente, les pensées, les impressions, les désirs habituels, on put admirer combien était profonde l'union du F. Assistant avec Dieu, et combien ardents son amour pour notre Institut et son zèle pour le salut des âmes. Rien n'apparut, pendant ces trois mois, que la continuelle préoccupation de Dieu et des choses divines. Pas un retour sur lui-même ; pas une plainte. Le malade priait, ou exhortait les Frères qu'il croyait voir autour de son lit. Chose merveilleuse, il put communier très fréquemment, avec une connaissance largement suffisante du grand acte qu'il accomplissait. Il se répandait en ardentes effusions envers Notre-Seigneur ; il lui recommandait l'Institut, les retraites, les Frères-soldats, les Œuvres de persévérance. Dans les moments d'angoisse aiguë, il suffisait de faire appel, soit à l'obéissance due par les malades à leurs Infirmiers, soit à la soumission au bon plaisir divin pour que le F. Assistant se rendît immédiatement à ce qu'on réclamait de lui.

Les semaines succédaient aux semaines, sans amener la guérison. Les médecins qui voyaient chaque jour le malade, les spécialistes appelés en consultation, ne gardaient aucun espoir de le tirer d'un état si pénible. On avait invoqué le vénérable Bénilde, et les prières n'avaient eu d'autre résultat que de conserver au F. Exupérien une admirable résignation à la volonté divine. Mais la charité allait, ce semble, obtenir une guérison qui se refusait à la science, au dévouement et à tant de supplications.

Le 27 novembre 1903, les Frères Visiteurs de France se réunissaient à Athis, pour y recevoir les instructions motivées par l'imminence des périls qui nous menaçaient. La veille, le F. Alban-Joseph, Provincial de Paris, s'étant trouvé très fatigué, le Frère Infirmier lui fit observer qu'il ferait peut-être bien de ne pas se rendre à la réunion. « Il est utile que j'y aille, répondit-il ; j'y serai. Je ne suis plus bon à grand'chose ; mais il faut accomplir le devoir jusqu'au bout... J'ai demandé au bon Dieu de me prendre, et de guérir le Frère Exupérien. » Le F. Alban-Joseph se rendit à Athis, et soudain son état s'y aggravait. Le 2 décembre, sans qu'on ait pu prévoir cette catastrophe, il mourait dans cette maison de Notre-Dame des Retraites où, depuis vingt ans, il avait déployé un admirable dévouement pour les Œuvres de jeunesse.

Contrairement à toute attente, la santé du F. Exupérien se rétablit dans les premiers jours de janvier 1904. Comme le soleil dissipe un brouillard qui couvrait la campagne, où il empêchait de rien voir avec netteté, ainsi disparaissaient rapidement les angoisses et le délire où se débattait le F. Assistant, depuis trois mois. De suite, il reprit l'entière possession de lui-même ; et de sa maladie, il gardait seulement le souvenir que l'on conserve d'un mauvais songe. De tout ce qui s'était passé depuis le 13 octobre 1903, il n'avait aucune idée ; tandis qu'il n'avait rien perdu de ses connaissances antérieures. Le 20 janvier, il écrivait à un Directeur :

« Vous apprendrez avec plaisir que ma santé se rétablit fort bien. J'ai commencé, depuis deux jours à

m'occuper d'administration. La jambe blessée se gué-
rit rapidement, et je m'essaie à marcher.

« Plus les temps sont mauvais, plus nous devons
nous montrer fervents. Dieu vous protégera, à proportion que vous serez généreux à son service. »

Six jours après, le F. Assistant écrivait une longue
lettre où il disait :

« J'ai recouvré la plénitude de mes forces, et je puis
reprendre la direction des affaires. Continuez à vous
intéresser à moi devant Dieu, afin qu'il me donne la
grâce de bien utiliser la santé qu'il me rend.

« Quelle douloureuse et difficile tâche les circonstances vont m'imposer ! Inspirer aux Frères les sentiments de foi, d'abandon à la Providence, de fidélité à
leurs devoirs, si la Congrégation est supprimée, comme
il y a lieu de le craindre ! Dans cette épreuve redou-
table, le bon Dieu aura soin des âmes généreuses. Rien
d'essentiel ne leur manquera. S'ils sont fidèles aux
grâces exceptionnelles qui leur seront prodiguées, les
Frères s'élèveront à une vertu plus haute.

« Une grande âme disait : « Nous sommes en trop
bonnes mains pour ne pas nous y abandonner sans inquiétude. » Une autre écrivait : « L'idée d'accomplir la
volonté de Dieu me console de tout. » — Notre-Seigneur
n'a pas dit : « Bienheureux ceux qui sont dans la prospérité », mais *ceux qui sont persécutés.* « Remplissons-
nous de ces vues de foi, et prions pour que tous nos
Frères y trouvent leur consolation et leur force. »

Comme si rien d'anormal n'était arrivé, le Frère
EXUPÉRIEN reprenait peu à peu sa vie ordinaire. Les
pieuses lectures, la prière, la correspondance, rem-
plissaient ses journées. « J'étais étonné de son acti-

vité, dit l'un des Frères Infirmiers, alors que la convalescence commençait seulement. Il priait, lisait, méditait. Obligé de garder souvent la position horizontale, à cause de sa jambe malade, il récitait le rosaire, ou faisait le chemin de la croix sur le crucifix de sa profession. » C'était bien toujours le même F. EXUPÉRIEN, mais avec quelque chose de plus attendri, de plus suave. Une longue souffrance l'avait, semblait-il, fait entrer en une participation plus intime de la bonté de Notre-Seigneur : « Je n'oublierai jamais, écrit un Frère, l'impression de pureté céleste qui, pour moi, se dégagea du F. Assistant, la première fois que je le vis, en 1905. »

Il ne pouvait encore visiter les autres malades de l'infirmerie ; mais il les faisait saluer affectueusement de sa part. « Apprenait-il, écrit le Frère Infirmier, que des malades souffraient beaucoup, il leur envoyait dire :

« Je prends bien part à votre état, et j'offre à Dieu ce que je souffre moi-même pour vous obtenir une parfaite résignation. Notre-Seigneur vous fait une grande grâce, en vous donnant l'occasion de pratiquer des actes très méritoires de vertu, auxquels vous n'auriez pas pensé en bonne santé.

« ... Dans votre état d'impuissance, vous pouvez vous rendre utiles à l'Institut, à la France, à l'Église... Souffrez donc avec amour, avec joie si vous en avez la grâce, et dans une grande union à Notre-Seigneur. Priez pour les pécheurs malades, qui blasphèment le saint nom de Dieu, au lieu de le remercier du temps qu'il leur accorde pour se convertir. »

Lorsque le F. EXUPÉRIEN connut la mort du F.

Alban-Joseph, il le pleura avec beaucoup d'attendrissement, et dit simplement à l'un des Infirmiers : « Je lui avais annoncé qu'il mourrait avant moi. »

A la fin de janvier, il descendit pour la réunion mensuelle des Frères Directeurs de Paris. Son émotion fut grande ; la leur ne parut pas moindre. Il leur fit l'éloge du F. Alban-Joseph et son affection se traduisit encore par des larmes. Puis il exprima sa joie de se retrouver au milieu d'eux : « Dieu m'a rendu la santé, dit-il, pour que je la consacre à son service. Je ferai le possible. »

En février, le tribunal ecclésiastique constitué à Paris pour le procès informatif sur le vénéré P. Paul Ginhac, de la Compagnie de Jésus, se transporta dans la chambre du F. EXUPÉRIEN pour recevoir sa déposition. Il avait connu ce saint homme à Paray-le-Monial, et avait échangé quelques lettres avec lui.

Dès que ses jambes lui permirent ce trajet, le F. Assistant alla saluer au Régime le T. H. F. Supérieur Général et les chers Frères Assistants. Il entra dans sa chambre. En raison des événements, on avait fait disparaître presque tous ses manuscrits... Un homme moins affermi dans le détachement se fût informé de ce qu'ils étaient devenus. « Mais, pense le F. EXUPÉRIEN, c'est par ordre du Très Cher Frère Supérieur que les bouleversements ont été faits : donc tout est bien. » Et pendant les douze mois qu'il vécut encore, il ne fit jamais aucune allusion à ce qui lui avait été enlevé. Combien d'hommes seraient capables d'une telle abnégation ?

Le 17 février, trente-quatre jeunes Frères du district du Puy arrivaient à la Maison-Mère. Ils allaient partir pour le Canada. Le F. EXUPÉRIEN les reçut dans sa chambre. Debout, appuyé sur une canne, il leur parla avec une grande tendresse de sentiment. Il les félicita de leur générosité, et du bonheur qu'ils avaient de mettre ainsi leur vocation à l'abri des périls. Puis il les bénit avec effusion.

Chaque année, le F. Assistant avait l'habitude de faire, pendant le mois de mars, un pèlerinage au sanctuaire de saint Joseph, dans notre pensionnat de Beauvais. Le 27 mars 1904, il s'y rendit pour remercier le glorieux Patriarche d'un rétablissement aussi inespéré, et pour lui recommander l'administration des deux districts de Paris et du Puy. Le F. Assistant avait grand besoin que le secours d'en haut le fortifiât en ces derniers mois de sa vie, qui lui furent un véritable calvaire. Les difficultés de la situation politique avaient excité de grandes inquiétudes parmi les Frères : beaucoup s'effrayaient ; plusieurs demandaient à partir au plus tôt pour l'étranger. Il s'efforça de calmer les angoisses des uns, et crut devoir modérer l'impatience des autres. Avant tout, il fallait sauvegarder l'esprit religieux et les observances régulières : il y pourvut avec vigueur. Mais certaines situations demeuraient tendues, et il en souffrit beaucoup. Comme toujours, son refuge fut en Dieu : on le vit multiplier les chemins de croix et les visites au très saint Sacrement.

Le présent était plein d'angoisses ; l'avenir était plus triste encore. Et cependant, jusqu'au dernier moment, le F. EXUPÉRIEN avait voulu espérer, malgré les menaces et les déceptions. Les désastres déjà consommés pour d'autres Congrégations, les plans bien connus de nos adversaires, les avertissements

de toute nature, n'avaient pas encore éteint sa dernière illusion. Notre Institut n'avait-il pas un décret
d'autorisation ? Oserait-on répondre à tant de services par tant d'ingratitude ? Ne pouvait-on compter
sur les bonnes dispositions de tels ou tels personnages haut placés ?... Que si l'on doutait de la valeur
de semblables arguments, il en présentait d'autres,
et d'ordre surnaturel.

Mais les débats parlementaires étaient commencés,
qui devaient aboutir à la loi du 7 juillet 1904. Le
courage et le talent des défenseurs de la liberté ne
purent prévaloir contre le parti pris et l'animosité
de ses ennemis. Pour ceux-ci d'ailleurs, il s'agissait,
non de peser des arguments, mais d'obéir à des in-
jonctions. La loi fut votée : la lente agonie de nos
communautés commençait.

Brisé de douleur, mais non découragé, le F. Assistant entreprit de sauver ce qui pouvait l'être encore.
Quelques sursis furent obtenus. Et comme certaines
personnes semblaient préférer une mort immédiate
à cette mort lente, il répondit :

« C'est faute de réfléchir et de se faire une juste idée
du prix des âmes, que l'on parle ainsi. Puisque la vie
religieuse est sauvegardée, que désire-t-on de plus ?...
Que d'enfants s'en iraient dans les écoles où ils n'enten-
draient plus parler de Dieu et de leurs devoirs de chrétiens ? Faisons le bien tant que nous pouvons, avec les
moyens que nous laisse la Providence. »

A propos d'un sursis, quelqu'un lui faisait remarquer que « un an, c'est peu de chose, pour une maison
condamnée ». Il s'anima d'une sainte indignation et
répondit :

« Vous osez appeler peu de chose, cette année que mille enfants passeront avec des religieux ! Peu de chose, mille enfants qui, pendant une année de plus, entendront parler du bon Dieu et de la religion ! Mille enfants que l'on détournera du péché mortel !... »

La pensée des dangers que ferait courir à l'âme des enfants le régime de la laïcité intégrale lui fendait le cœur : et plus encore la certitude que les attaques contre les Congrégations étaient, à jeu mal dissimulé, la préparation d'un assaut formidable contre l'Église elle-même. Ce qui importait le plus, dans une situation si triste, c'était d'affermir les courages. Le F. Exupérien s'y employa avec son ardeur ordinaire. Il n'arriva pas toujours, — et Dieu seul sait ce qu'il en souffrit — à replacer dans l'équilibre certaines vocations ébranlées.

« Notre-Seigneur, disait-il, ne permet le mal qui se produit que pour nous affermir dans le bien, et nous porter à réparer, par une fidélité héroïque, les défections qui blessent si vivement son cœur.

« Pauvre enfant ! gémissait-il encore : il a perdu le sens du surnaturel. Abandonner Notre-Seigneur au moment de la crise !... »

Et des larmes s'échappaient de ses yeux.

Le vendredi 7 mai 1904, vingt-deux jeunes Frères quittaient encore Paris, à destination du Canada. Le F. Exupérien les voyait partir avec une peine profonde, mêlée de joie surnaturelle. C'en était donc fait des maisons de formation, qui avaient été l'objet de sa sollicitude !... « La veille, écrit l'un de ces heureux missionnaires, le F. Assistant nous réunit dans l'une des salles du petit-noviciat. Il nous adressa, non une conférence, mais un adieu touchant où semblait passer toute son âme :

« Mes chers enfants, nous dit-il, vous êtes à la veille d'un grand jour. Je vous connais tous, et je sais que tous, c'est pour des motifs surnaturels que vous demandez à quitter la France, où l'on ne veut plus de vous. C'est une grande faveur que l'Institut vous accorde, en vous laissant partir. Que votre sacrifice soit généreux, et sans arrière-pensée...

« L'Institut place ses meilleures espérances dans les jeunes religieux qu'il envoie au loin. Et quand il se reformera dans notre pauvre France, il attendra d'eux la vigoureuse impulsion qui hâtera son développement. Mais pour entrer dans toutes les vues de Dieu, conservez intact l'esprit religieux que vous avez reçu au noviciat et au scolasticat. Fortifiez en vous l'esprit de l'Institut car seul cet esprit peut le maintenir dans les bouleversements.

« Vous faites bien des sacrifices en partant : mes chers enfants, je vous en félicite. Sachez que les sacrifices de ce genre pèsent d'un grand poids dans la balance de Dieu. Vos familles aussi se sont montrées généreusement chrétiennes, en vous donnant l'autorisation du départ : soyez-leur reconnaissants.

« Et maintenant, de tout cœur, mes chers enfants, je vais vous bénir. »

En août et en septembre 1904, le F. Exupérien présida six retraites à Athis, Passy, Beauvais, Le

Puy. L'imminence des dangers l'enflammait. Ses conférences sur la vocation, sur l'oraison, sur la fidélité envers Notre-Seigneur, furent moins des considérations que des supplications véhémentes, des appels énergiques à l'esprit religieux des Frères. Jamais il n'avait paru plus surnaturalisé en toute sa personne, en toutes ses paroles, en tous ses actes. C'était son dernier grand effort pour la sainte cause à laquelle il avait dévoué sa vie.

Le 17 octobre, un nouvel accident de voiture faillit être aussi funeste au F. EXUPÉRIEN que l'avait été celui de 1903. Une automobile heurta violemment le coupé où il se trouvait, avec l'un de ses secrétaires. Il fut projeté contre l'une des parois et reçut une contusion à la tête. Le propriétaire de l'automobile vint faire des excuses, un agent voulut commencer une enquête : le F. Assistant rassura tout le monde, et demanda que l'incident fût clos. La secousse ranima-t-elle certaines suites, encore incomplètement dissipées, de la première maladie? Toujours est-il qu'à partir de ce jour, la santé du F. EXUPÉRIEN commença à donner de sérieuses inquiétudes. Il continua toutefois son travail, sans apporter aucune modification à son régime, pas même à ses austérités. Une seule chose le préoccupait : le danger que l'affaiblissement de l'esprit chrétien fait courir aux âmes : « Il faut travailler de notre mieux, écrit-il le 17 novembre, à consoler Notre-Seigneur en entrant généreusement dans l'esprit de réparation. »

Le 24 du même mois, le docteur constata, chez le F. Assistant, une enflure considérable des jambes. Le cœur aussi fonctionnait mal. Une médication appropriée fit disparaître en partie l'enflure ; mais l'essoufflement persista ; l'appétit diminua beaucoup, et un affaiblissement général se produisit. Le malade dit alors : « Jusqu'ici j'ai suffi à ma besogne ; maintenant, je suis débordé. »

Le 10 décembre les Frères Visiteurs de France se réunirent à Lembecq-lez-Hal ; mais le F. Assistant dut rester à la Maison-Mère. Des lettres qu'il écrivit, pendant ce nouveau séjour à l'infirmerie, nous citerons ces quelques lignes :

10 décembre. — « Que rien ne vous trouble. Dieu aura soin de vous ; abandonnez-vous à lui avec confiance. La Providence vous indiquera ce que vous aurez à faire ; mais, selon votre demande, je ne permettrai pas que vous quittiez le saint habit. »

11 décembre. — « Les malheurs des temps exigent que nous ayons plus de régularité et de ferveur que jamais... Si l'Institut doit finir en France, que ce soit en témoignant à Notre-Seigneur un ardent amour et un grand désir de sauver des âmes. »

14 décembre. — « Dissipez toutes vos inquiétudes. Ne vous troublez de rien : tout va bien, c'est-à-dire comme Dieu veut. Priez beaucoup pour l'Institut ; demandez sa conservation en France, et la persévérance de ses membres dans leur sainte vocation. Faites quelques pénitences généreuses, pour tant de péchés qui se commettent. »

De tous ces péchés, pour lesquels le F. Exupérien demande des réparations, aucun ne l'afflige plus que la guerre faite à Dieu, par la destruction des Congrégations. « Ah ! dit-il en pleurant à l'un de ses secrétaires, *ils* me prennent mes Frères ! Quelles lois !... Mes pauvres Frères !... »

Le 23 décembre, une amélioration passagère se produisit dans l'état du malade. Il quitta l'infirmerie, et l'on se reprit à espérer. Tout joyeux, il assista, dans sa stalle, aux offices de la fête de Noël. Dans la soirée, il écrivait la lettre suivante :

« Mon bien cher Frère,

« Votre bonne lettre m'a fait un grand plaisir. Que Dieu soit béni pour tout ce qu'il lui plaît de vous accorder.

« L'essentiel, vous le savez, c'est d'aller droit à lui : « Ne *rien* faire naturellement, par coutume ou par motifs humains ; mais tout par la conduite de son Esprit, et en vue de lui plaire. »

« Ma santé s'est améliorée ; j'ai quitté l'infirmerie voici deux jours, et j'ai encore une fois repris ma vie ordinaire.

« Que la volonté de Dieu soit faite en tout. Je vous recommande surtout de prendre Notre-Seigneur pour votre confident et votre ami. Laissez-le régner sur vous et sur toute votre conduite ; servez-le avec un cœur dilaté.

« Tous mes vœux, toutes mes prières pour vous se résument dans ce mot : *Sanctifiez-vous.*

« Bien à vous en Notre-Seigneur,

25 décembre 1904. « F. Exupérien. »

Cette légère reprise de ses forces ne dura guère ; le 26 décembre, le F. Exupérien retombait dans le même état d'épuisement. Mais il luttait toujours.

Dans la matinée du 27, l'un des Frères Infirmiers vint le trouver à son bureau, où il travaillait encore, et il lui dit que le docteur désirait le voir. Immédiatement il pose sa plume, laisse inachevée une lettre commencée, et quitte sa cellule où il ne doit plus revenir. Il appelle son secrétaire et lui dit : « Le médecin va sans doute m'ordonner un repos complet à l'infirmerie. » Et il lui donne ses instructions pour divers travaux. Comme ce Frère lui fait espérer une prompte guérison des jambes et de la tête, qui, après l'avoir tant fait souffrir en 1903, n'ont cependant pas tardé à se trouver beaucoup mieux, le F. Assistant met la main sur la jambe droite, et répond : « Ce n'est pas là qu'est le mal ; ce n'est pas là ! » Puis, désignant son cœur, il ajoute, avec un accent d'indéfinissable tristesse : « *C'est là !...* » Et il part pour l'infirmerie. — C'était bien au cœur, en effet, qu'il était frappé, par la loi qui détruisait notre Institut en France.

CHAPITRE XV

Dernière maladie et mort du Frère Exupérien.

En arrivant dans sa chambre de l'infirmerie, le F. Assistant dit au Frère qui le reçut : « Cette fois, je viens pour me préparer à la mort. » Par obéissance, il prit le repos qu'on lui avait ordonné, et il se soumit avec simplicité à toutes les prescriptions des médecins. En cette fin d'année, les lettres parvenaient nombreuses, qui lui portaient des vœux pour 1905, et des promesses de prières pour le rétablissement de sa santé. Il ne répondit guère qu'à un Frère très souffrant, auquel il s'était beaucoup intéressé :

Mon bien cher Frère,

Votre lettre m'apprend que vous êtes dans la solitude de... et, ce qui me fait plaisir, c'est que vous vous y plaisez.

C'est une précieuse grâce que Dieu vous fait. Répondez-y pleinement et vous trouverez sûrement là le bonheur que vous n'avez pas goûté ailleurs. Que Dieu est bon pour ceux qui le cherchent véritablement ! Il est plus facile de le trouver dans la solitude où vous retient la maladie que partout ailleurs.

Je vous souhaite de tout mon cœur que Notre-Seigneur vous donne les lumières nécessaires pour apprécier uniquement au point de vue de la foi vos douleurs physiques et les épreuves morales par lesquelles passent actuellement les vrais enfants de l'Institut, les Supérieurs surtout.

Je vous donne à méditer, de temps en temps, les deux pensées suivantes, dont vous comprenez toute la portée:

« Donnez à Dieu tout ce qu'il vous demande et surtout recevez ce qu'il vous donne ; soyez content de Dieu et Dieu le sera de vous. » (P. de Ponlevoy.)

« Nous sommes en ce monde pour expier, souffrir et mourir. En ce moment, j'ai le bonheur d'entendre ce que Dieu veut de moi et de le vouloir. En souffrant, je remplis ma vocation de chrétien et je solde mon compte de pécheur. » (L. Veuillot.)

Voilà, en quelques mots remarquables, ce que nous avons à faire vous et moi. Je dis *moi*, parce que je traîne depuis quelque temps. Je suis sans force. Le docteur X... paraît avoir mauvaise opinion de moi. Les fonctions du cœur ne sont pas régulières. Je tousse beaucoup. La voix est faible. Ma vie active touche-t-elle à son terme? c'est possible, et j'en ai le pressentiment. Que la volonté de Dieu se fasse! Il sait mieux que nous ce qui nous est le plus avantageux. Nous avons tout à gagner à lui *donner carte blanche*: faisons-le de tout cœur.

Tout à vous en Notre-Seigneur.

F. Exupérien.

29 décembre 1904.

Le 31 décembre, quelques Frères de la Maison-Mère sollicitèrent la faveur de lui présenter leurs souhaits pour la nouvelle année. Il se montra fort aimable envers tous. L'un d'eux raconte ainsi sa rapide entrevue avec lui : « Je trouvai le F. Exupérien occupé à lire, dans l'ouvrage de saint Jean-Baptiste de la Salle, la méditation du 31 décembre.

— Vous voyez, me dit-il, je prépare ma méditation pour ce soir. J'en fais si peu!

— Cher Frère Assistant, vous avez au moins bonne volonté, puisque vous faites votre préparation.

— Oui, faire des efforts pour contenter Notre-Seigneur, puis sentir son impuissance et se soumettre à la volonté de Dieu, voilà qui est bon... Mon cher enfant, quelle belle méditation nous propose aujourd'hui le saint Fondateur ! *Ce à quoi on a manqué pendant l'année envers Dieu* : quelles considérations pour la fin d'une année ! quel examen, à la fin d'une vie !...

« Et comme je lui souhaitais, pour 1905, la réalisation de ses vœux, il me répondit : « Que la vie soit longue ou qu'elle soit courte, cela importe peu. Ce qu'il faut assurer, c'est l'emploi que nous en faisons. Pour moi, je m'en vais puisque Dieu semble m'appeler à lui. Puissiez-vous, mon cher enfant, vivre longtemps, aimer beaucoup Notre-Seigneur, le faire aimer, et voir l'Institut sortir de ses épreuves !

Dans la soirée de ce même jour, le F. Exupérien voulut se rendre au Régime, pour offrir au T. H. F. Supérieur les hommages de son conseil. Il était depuis si longtemps, en cette circonstance, l'interprète de ses collègues !... Sa fatigue était excessive ; une conjonctivite venait de se déclarer. Lorsqu'il entra, accompagné des autres Frères Assistants, chez le Frère Supérieur général, celui-ci dit au cher malade :

— Il est bien entendu, cher Frère Assistant, qu'il n'y aura pas de discours cette année. Votre état de souffrance m'oblige à vous recommander les plus grandes précautions.

— Permettez-moi quelques paroles seulement, reprit le F. Exupérien : ce sera si court !

« Très Honoré Frère Supérieur,

« Avec mes vénérés collègues, je vous souhaite :

« 1º Une heureuse et sainte année, et la consolation de voir l'esprit surnaturel s'accroître chez tous nos Frères ;

« 2º La joie d'assister à la prompte cessation de la terrible épreuve que nous subissons. Puisse cette épreuve être, pour tous, une occasion de mérites, par une entière soumission à la très sainte volonté de Dieu !

« J'ajouterai que je vous souhaite de voir bientôt guéri votre premier Assistant, dont la santé vous cause tant de soucis. »

A cinq heures et demie, le F. EXUPÉRIEN parut au milieu des Frères qui venaient offrir au T. H. F. Supérieur général l'expression de leurs respects et de leur filiale vénération. Ce fut la dernière fois qu'on le vit avec la communauté. Le matin du 1er janvier 1905, il était frappé de paralysie faciale. Il ne quittera plus sa chambre d'infirmerie, où seule la pensée de Dieu l'occupe, avec le désir de la sainte communion qu'on lui apporte presque tous les jours.

« Que le temps me paraîtrait long, dit-il au Frère Infirmier, si je ne pouvais plus méditer et prier ! Heureusement, je puis encore offrir au bon Dieu mon impuissance à tout travail, mes souffrances et mes prières pour tous nos Frères... Que Notre-Seigneur bénisse les travaux de ceux qui font la classe... Qu'il accorde aux malades de bien sanctifier leurs souffrances, par une parfaite résignation à sa sainte volonté...

« Puisque je ne puis plus être utile aux Frères, que le bon Dieu m'appelle en paradis, dans sa très grande miséricorde. Toutefois, que sa volonté soit faite, et non la mienne. »

Souvent le malade priait à haute voix :

« Seigneur, disait-il, je vous aime ! Je désire vous aimer encore davantage, soit en souffrant, soit en travaillant... Mon Dieu ! mon seul désir est d'accomplir votre sainte volonté... Ayez pitié de moi ! Faites-moi miséricorde ! Appelez-moi à vous, et, en attendant ce jour, accordez-moi de vous aimer toujours davantage. »

Parfois il s'entretenait avec les Frères Infirmiers, des œuvres auxquelles il avait consacré sa vie, et il exposait encore ses pensées favorites :

« Toute société, toute association ne devrait chercher que la gloire de Dieu et le salut des âmes. Dieu bénit ceux qui travaillent pour lui..., Prions pour qu'il augmente la foi et le saint amour, dans les hommes apostoliques, afin que les ruines qui se multiplient dans notre pauvre France soient bientôt réparées... Prions notre saint Fondateur de nous faire connaître, comme il l'a connu lui-même, le prix des âmes. Ah ! qu'il est fécond, l'apostolat d'un Frère animé de l'esprit de son Fondateur, qui imite ses exemples, qui se fait pénitent comme il l'a été lui-même !...

« Prions aujourd'hui pour les Frères chargés des Œuvres de persévérance. Que l'amour de Dieu et des âmes soit leur seul mobile. »

Par un dernier effort, le F. Assistant voulut écrire quelques courts billets à des Frères Directeurs : c'étaient ses adieux.

2 janvier 1905. — « Soyez le modèle de tous. Portez les vôtres à Notre-Seigneur par vos prières, vos exemples et vos sacrifices. Plus les temps sont mauvais, plus nous devons remplir nos devoirs personnels et professionnels avec exactitude et générosité. »

3 janvier 1905. — « Laissez Notre-Seigneur régner sur vous et sur toute votre conduite. Plus tout se disloque, plus nous devons tenir à la Règle et servir Dieu de tout notre cœur. »

Un petit nombre de Frères étaient admis auprès du saint malade, dont la fatigue devenait extrême. A l'un de ses secrétaires, il dit : « Priez bien Notre-Seigneur pour moi, afin qu'il m'accorde la contrition parfaite de mes péchés. » Il demandait aussi cette grâce par la très Sainte Vierge, en récitant le rosaire.

Le 5 janvier, son état s'étant aggravé, on fixa au lendemain matin, fête de l'Epiphanie de Notre-Seigneur, l'administration des derniers sacrements. Plusieurs fois pendant la nuit, le F. Assistant souhaita qu'on devançât l'heure de la cérémonie ; il craignait que sa mort ne fût imminente. Le 6 janvier, se trouvaient réunis autour de son lit, le T. H. F. Supérieur général, plusieurs Assistants et Visiteurs, les Frères Infirmiers et quelques-uns de ceux qui avaient été les auxiliaires du F. Exupérien pour les Œuvres de jeunesse. M. le premier Aumônier de la Maison-Mère rappela au malade l'exemple de saint Jean-Baptiste de la Salle qui, sur son lit de mort, disait : *J'adore en toutes choses la conduite de Dieu à mon égard.* Il l'exhorta à se conformer à la volonté divine, soit pour couronner par une sainte mort sa longue vie religieuse, soit pour travailler encore au salut des âmes. Le F. Exupérien, jusqu'alors très abattu, répondit énergiquement : « Oui, oui, de tout cœur ! » — M. l'Aumônier lui demanda ensuite de bénir tout l'Institut et ses œuvres d'apostolat : le F. Assistant opposa d'abord une humble résistance, puis céda. La main défaillante du malade dans la sienne, le prêtre prononça la formule de la bénédiction.

« Le 7 janvier, dit M. le second Aumônier, je revis le F. Assistant qui me parla en ces termes :

« On m'avait dit qu'il n'était pas encore nécessaire de recevoir l'Extrême-Onction ; j'ai demandé moi-même le sacrement des malades, et je suis très heureux de l'avoir reçu. Depuis quelques jours, je sens de la difficulté pour penser et parler, et j'ai voulu profiter du peu de forces qui me restent. Maintenant que tout est fait, je ne désire plus qu'une seule chose : recevoir souvent la sainte communion. »

« Effectivement, le F. Exupérien ne vécut plus que pour communier. Cette faim qu'il avait du pain eucharistique lui faisait trouver longues les journées. Plusieurs fois, ce fut par une faveur vraiment signalée qu'il retrouva assez de connaissance pour recevoir Notre-Seigneur. A mesure que ses forces baissaient, le délire s'emparait de lui ; mais lorsqu'on lui demandait s'il désirait communier, il sortait de ce pénible état, exprimait son acquiescement avec vivacité et se préparait avec ferveur.

« Cette présence d'esprit se dénotait souvent prodigieuse, dans les intentions formulées à chaque communion. Elles variaient souvent ; et les expressions employées pour les traduire manifestaient que le vénéré Frère Assistant demeurait, jusqu'à la mort, fidèle au programme de zèle et de sainteté qui avait rempli toute sa vie. Il disait un jour : « Je vais communier afin d'obtenir de Notre-Seigneur, pour nos Frères, ce que je ne puis plus leur recommander : *Qu'ils l'aiment beaucoup et qu'ils s'aiment bien entre eux.* »

Le 10 janvier, le pieux malade reçut la bénédiction de Sa Sainteté Pie X. Ses forces diminuaient toujours, sans qu'on pût toutefois prévoir quand un organisme aussi résistant serait à bout. Sa pensée, même dans son délire, n'était occupée que de Dieu et de l'Institut. Un jour il dit à M. l'Aumônier : « Je voudrais être victime de prière et de pénitence. » Parfois, l'angoisse s'emparait de son âme ; il craignait que son administration n'eût pas été assez surnaturelle. « C'étaient, écrit le même prêtre, les scrupules d'un saint. Au lieu de le tranquilliser de suite, en excusant sa conduite toujours si droite et si vertueuse, je préférai lui inspirer un redoublement de confiance, puisée dans la vue même de ses fautes : « Allons, lui dis-je, voici une bonne occasion de faire plaisir au bon Dieu. Vous vous voyez pauvre et misérable ; vous n'avez rien à lui offrir : offrez-lui votre misère et votre confiance, et faites appel à sa miséricorde. » Il se prit à pleurer, et, après quelques instants, je lui renouvelai l'absolution sacramentelle.

« Ses quinze derniers jours furent remplis par la pensée et le désir de la mort. Il la sentait venir, par l'affaiblissement de ses forces et l'abattement de son intelligence. Il désirait même sa visite, mais avec une parfaite conformité à la volonté de Dieu. « La volonté de Dieu, me dit-il, je n'ai jamais voulu que cela. »

Sa seule peine, en quittant cette terre, était de ne plus travailler pour notre Institut. Des larmes lui venaient aux yeux, quand il parlait de ses chères œuvres.

— Cher Frère Assistant, lui dit le T. H. F. Supérieur général, faites la prière de saint Martin.

— Oh! je l'ai faite.

— Êtes-vous bien résigné à la volonté divine?

— Oui, oui ; tout ce que Dieu veut.

C'est dans ces saintes dispositions qu'il s'acheminait vers son éternité. Quelques jours avant sa mort, un de ses secrétaires lui demandait :

— Comment allez-vous, cher Frère Assistant?

— Je vais au ciel, répondit-il.

— Je prie Dieu qu'il vous accorde un bon voyage.

— Je l'espère.

— Quand vous serez arrivé, vous penserez à moi ?

— Oui, tout particulièrement.

Plusieurs Frères reçurent aussi ses adieux, et il leur laissa une pensée, comme sa suprême recommandation. Et chacun d'eux a témoigné que c'était le mot qui rappelait les conseils que, pendant sa vie, il leur avait le plus souvent donnés.

« Mon enfant, dit-il à un frère, pour remercier Dieu de tant de grâces qu'il vous a faites, dites souvent : *Seigneur, un seul jour passé dans votre mai-*

son vaut mieux que mille partout ailleurs. N'oubliez pas de tout faire par la conduite de Dieu, par
le mouvement de son Esprit et avec intention de
lui plaire. Et comme ce Frère lui disait : « Volontiers, je ferais le sacrifice de ma vie pour obtenir
votre retour à la santé », le F. Assistant réfléchit un
instant : « Avant tout, dit-il, la sainte volonté de
Dieu. »

« Quelques jours avant sa mort, écrit un autre
Frère, il eut la délicatesse de me faire appeler. Pendant l'entretien, qu'il prolongeait de lui-même malgré mes résistances respectueuses, il s'informa assez
longuement, et avec une sorte d'attendrissement, de
quelques œuvres et de quelques âmes qui lui semblaient particulièrement chères. Il retenait obstiné-
ment ma main dans la sienne et marquait, par une
étreinte particulière, ce qu'il me disait ou ce que je
répondais... Comme j'insistais enfin pour me retirer :
« Eh bien ! dit-il, allez... et faites tout le bien que
vous pourrez. » Je sentis, à l'accent de sa voix et à
l'expression de recueillement de sa physionomie,
que, dans sa pensée, cette parole était pour ceux dont
il venait de me parler, autant que pour moi, son
mot d'adieu et comme son testament. »

Le mercredi soir, 25 janvier, on le crut à ses derniers moments. Les prières des agonisants furent
récitées par le T. H. F. Supérieur général, cinq
Frères Assistants et quelques autres Frères. Le malade entendait fort bien, mais demeurait sans mouvement.

« Le 27, écrit un Frère, j'entrai dans la chambre
de notre saint Frère EXUPÉRIEN. Dès qu'il me vit :

— Je pensais à vous, me dit-il.

— Nous prions beaucoup pour vous.

— Que la volonté de Dieu se fasse !

— Cher Frère Assistant, veuillez me donner votre bénédiction.

— Je suis un trop pauvre homme pour vous bénir.

— Cher Frère Assistant, je vous en prie, bénissez-moi.

— Si vous saviez quel pauvre homme je suis, vous ne me demanderiez pas cela... Pourquoi y tenez-vous tant ?

— Je vous demande votre bénédiction, parce que vous êtes mon supérieur et mon père.

— Alors, mon enfant, j'y consens.

« Après qu'il m'eut béni, j'ajoutai : « Quand vous verrez Notre-Seigneur, demandez-lui que nous l'aimions tous beaucoup. » Alors le F. EXUPÉRIEN tourna ses yeux vers le ciel, il sourit et dit : « Aimer Notre-Seigneur, tout est là ! Mais il faut l'aimer jusqu'au sacrifice total de soi-même. » Comme je lui baisais la main, il ajouta ces mots : « Ma mission est finie... »

Les quelques jours que le F. Assistant avait encore à vivre furent très pénibles. Il n'eut guère d'autre consolation que la sainte communion. MM. les Aumôniers le visitaient fréquemment, et lui renouvelaient souvent la sainte absolution. « Le matin du 31 janvier, jour de sa mort, écrit M. le second Aumônier, il donna à plusieurs reprises des signes d'intelligence. Il manifesta le calme parfait avec lequel il considérait le trépas, comme un passage à la vie éternelle. Vers midi, je lui suggérai quelques oraisons jaculatoires ; il ouvrit les yeux, dans l'effort qu'il fit pour s'unir à ma prière. Et comme je lui avais saisi la main, pour prendre congé de lui, je lui dis, sur un ton d'interrogation : « A bientôt, en paradis ? » Il ouvrit pleinement les yeux, releva la tête pour me regarder et murmura, dans un souffle : « Oui ! »

A cinq heures du soir, au Frère Infirmier qui lui demandait : « Désirez-vous aller en paradis ? » il répondit : « Oh oui ! » A neuf heures, il répondit encore par un fort serrement de main aux invocations qu'on lui suggérait. A onze heures trois quarts, après que les prières des agonisants furent récitées pour la seconde fois, il rendit le dernier soupir, avec un calme absolu. Le F. Exupérien était dans la soixante-seizième année de son âge, la cinquante-huitième de religion et la trente-deuxième de l'exercice de sa charge.

Ses jours ont été pleins, car il n'a jamais eu d'autre sollicitude que d'aimer Dieu et de le faire aimer. Il s'est épuisé à cette tâche, et voilà qu'il repose dans la paix !

C'est bien une impression de calme, de paix sereine, qui se dégage de sa dépouille, exposée durant deux jours dans le grand parloir de la Maison-Mère. Une croix, des lumières et des palmiers composent toute l'ornementation. Le F. Exupérien a fait triompher en lui-même la doctrine de la croix : quel accueil il a dû trouver auprès du divin crucifié ! Sur son visage d'ascète, sur ses mains jointes qui semblent égrener le chapelet, les cierges versent leur lumière, comme lui, vivant, a répandu sur nous l'éclat de ses enseignements et de ses vertus. Des

palmes conviennent aussi à ce lutteur, à ce victo-
rieux, qui si durement soutint la bataille qui l'a
conduit à la sainteté.

Autour de ses restes, des Frères prient pour lui.
Ils l'invoquent aussi, car la conviction de tous, c'est
que notre Institut vient de perdre un saint, ou plutôt
qu'il en compte un de plus dans la triomphante
phalange qui entoure saint Jean-Baptiste de la Salle.

« Je sais, écrit un Frère, tout ce que la Justice
divine exige de pureté ; je n'oublie pas les responsabilités d'un homme qui a passé sa vie dans l'administration d'un grand Institut, et cependant j'ai dû
faire effort, pour implorer la divine miséricorde en
faveur du F. Exupérien. Involontairement, j'oubliais
la fragilité humaine, pour ne voir que ses éminentes
vertus, et je le priais de nous être propice dans les
épreuves présentes. »

« J'avoue, dit un autre Frère, que j'ai moins prié
pour le F. Exupérien que je ne l'ai invoqué. Pendant vingt ans, je l'ai entendu qualifier de *saint ;*
pendant vingt ans, je l'ai vu agir comme un saint.
Comme un saint, il mena une vie très humble, très
pénitente, très unie à Dieu, très dévouée aux hommes.
Il s'est établi sur les sommets de la perfection, et de
là, avec une incessante et affectueuse ardeur, il nous
a conviés au renoncement, au sacrifice. Sa vie demeure pour moi un des plus beaux exemples du
triomphe de la grâce. »

Le saint est mort : tel fut donc, dans son élo-
quente simplicité, l'éloge funèbre du F. Exupérien.

Et ceux qui le prononcèrent n'étaient pas seulement des religieux ayant partagé sa vie, mais des prêtres et des hommes du monde. La réputation de sainteté, voilà ce qui restait de son passage en ce monde : quelle trace plus glorieuse peut y laisser un mortel?

Le vendredi 3 février, les obsèques du F. Assistant furent célébrées en l'église Saint-François-Xavier. Le T. H. F. Supérieur général et ses Assistants ; les Frères Visiteurs de Paris et plusieurs centaines de Frères ; MM. les Vicaires généraux, plusieurs Curés de Paris et un grand nombre de prêtres ; des notabilités appartenant aux Œuvres catholiques, aux deux Chambres et aux administrations publiques ; enfin des députations de plusieurs écoles et des Œuvres de jeunesse, composaient l'assistance.

Après l'office, durant lequel avait été gardé le recueillement le plus religieux, le corps fut placé dans les caveaux de l'église, pour être conduit, le lendemain, au cimetière d'Athis. C'est là qu'il repose, en attendant la résurrection.

Très nombreuses sont les condoléances reçues à l'occasion de la mort du F. EXUPÉRIEN. Plusieurs des lettres qui nous sont parvenues ont déjà trouvé place dans cette notice. En voici d'autres encore, où la sympathie et l'admiration pour le Frère Assistant se justifient par l'analyse de ses qualités et de son action.

De quelques pages consacrées au F. EXUPÉRIEN par M. le baron de Courcel, ancien ambassadeur à Londres, nous détachons ce qui suit :

« Je connaissais Frère EXUPÉRIEN depuis près d'un

quart de siècle. Je l'avais vu auprès du Très Honoré Frère Joseph, alors Supérieur Général de l'Institut des Frères des Écoles chrétiennes. Il était le confident de cette âme créatrice, idéalement pure et tendre,

« Frère Joseph, à l'exemple de son Patron, le maître charpentier de Nazareth, père adoptif du Christ, veillait avec une sollicitude de tous les instants sur le précieux dépôt confié par la Providence à ses soins. L'enfance chrétienne était l'objet de sa pensée constante. Afin de l'élever vers le bien, afin de la préserver du péril moral, il la voulait entourée de toutes les institutions propres à la défendre contre la contagion des doctrines pernicieuses et du vice : fortes études primaires et professionnelles, poussées sans cesse par des méthodes perfectionnées par de nouveaux progrès, cercles récréatifs aux heures de loisir, patronages, chambres pour les étudiants, comme dans la maison si complète des Francs-Bourgeois de la rue Saint-Antoine, dont il fut l'organisateur et le père, retraites édifiantes dans l'air salubre de la campagne, dans le recueillement de ce bel établissement d'Athis Mons, aménagé et agrandi d'après ses plans, son asile favori et le lieu de son dernier repos.

« De tous ces projets, de toutes ces bienfaisantes entreprises, F. Exupérien fut le collaborateur assidu, le conseillé avisé et pratique. Il avait les qualités les plus propres à soutenir ce que la force persuasive, la douce persistance de son Supérieur avait mis en bon train. Vigilant, attentif, toujours prêt à l'action extérieure, avec infiniment de prudence et de discrétion, il aidait à toutes les négociations, sans en compromettre aucune, et se montrait ainsi le plus précieux outil du gouvernement de cette grande association des Frères, répandue sur les territoires de tant de républiques et d'empires.

« A l'heure où les vicissitudes de la politique française ouvrirent pour les Frères une ère pleine de menaces, et où il sembla que l'éducation chrétienne fût incompatible avec ce que l'on était arrivé à considérer comme le véritable esprit républicain, la fermeté, l'activité du Frère Exupérien furent d'un grand secours à l'excellent Frère Joseph. L'esprit libéral et confiant de celui-ci avait reçu des événements la plus cruelle atteinte. Troublé de sombres pressentiments, il se croyait responsable des tristes destinées de sa chère communauté. L'épreuve fut trop forte pour cette nature délicate ; il finit par y succomber.

« Après la mort du Frère Joseph, le rôle du Frère Exupérien parut grandir encore. Le nouveau Supérieur Général l'avait, dès le premier moment, investi de toute sa confiance. Au Conseil supérieur de l'Instruction publique, dont il était membre, il défendit avec persévérance et courage, quoique toujours avec une parfaite simplicité, la cause de la liberté d'enseignement, la nécessité pour le pays d'une éducation religieuse et morale. Il dut se retirer à la fin, quand une loi votée par le Parlement déclara qu'aucun membre d'une Congrégation religieuse ne serait plus admis à donner l'instruction en France.

« Du moins, tant qu'il avait siégé dans ce Conseil, avait-il eu la satisfaction d'y voir son habit et son caractère entourés d'un respect unanime.

« Ses manières étaient éloignées de toute affectation, comme sa parole de toute emphase. Son langage dénué de recherche, parfois même un peu fruste, et d'où toute inutilité était bannie, exempt cependant de rudesse, mais empreint de la vivacité de ses convictions, donnait l'impression de la parfaite sincérité d'un homme de bien, doublée, à l'égard d'autrui, d'une bienveillance réelle. Sévère pour lui-même, sous les dehors les plus naturels, quelques intimes savaient seuls qu'il pratiquait à part soi les austérités d'un ascétisme rigoureux. Toujours prêt aux humbles besognes, il s'élevait sans peine aux discussions générales et savait soutenir avec finesse, devant de grands personnages, les intérêts de son ordre.

« Il aimait la jeunesse. Sa tâche de prédilection était de l'aider à se conduire, à travers les premières épreuves de la vie, jusqu'au labeur fécond de l'âge mûr. Dans les réunions d'enfants et les retraites de jeunes hommes, où il trouvait le délassement de ses graves soucis, il prenait volontiers la parole sur quelque sujet de morale ou de pratique religieuse. Ses enseignements étaient sérieux et ses conseils sévères, mais pénétrés d'une chaleur vivifiante. Il savait convaincre et édifier.

« Véritable enfant du peuple, comme la plupart de ses Frères, il restait à la portée du peuple, connaissant ses défaillances et ses vertus, s'efforçant de le protéger contre les unes et de le fortifier dans l'exercice des autres. Tous ses efforts tendaient à lui assurer l'inestimable bienfait d'un enseignement moral, donné en France, comme au delà de nos frontières, par des maîtres modestes, mais fidèles aux préceptes de l'Évangile. La défaveur des temps semble menacer aujourd'hui jusque dans ses fondements la philanthropique entreprise d'éducation populaire créée par saint Jean-Baptiste de la Salle. Frère Exupérien était parvenu au premier rang de la vaste administration à laquelle cette œuvre de dévouement était dévolue. Sa disparition laissera un grand vide. Mais combien funeste serait pour notre pays, pour sa consistance morale, pour le rayonnement de sa langue et de ses idées à l'étranger, l'écroulement de l'Institut même dont ce zélé serviteur a été, jusqu'à son heure dernière, l'un des meilleurs soutiens ! »

Pour aucune de ses œuvres d'apostolat, le F. Exu-
PÉRIEN ne s'est autant dépensé, et avec un plus parfait oubli de ses intérêts personnels, que pour les
retraites ; c'est dans la solitude bénie d'Athis qu'on
pouvait l'étudier à loisir. M. l'abbé Bainvel, professeur de théologie morale à l'Institut catholique de
Paris et M. le chanoine Dubois, missionnaire apostolique, ont souvent été conduits, par leur ministère,
à Notre-Dame des Retraites : de leur profonde estime
pour le F. Assistant, ils ont voulu nous faire part
dans les lettres suivantes :

Paris, 5 février 1905.

Mon très cher Frère,

Je n'ai eu avec le cher Frère Exupérien que des relations d'affaires courantes, et comme il ne parlait guère
de lui-même en tout cela, je ne puis que vous dire
l'impression qui survit chez moi, chez quelqu'un qui
n'a vu le cher Frère que du dehors et au dehors.

Avant tout, on le sentait surnaturel. Toutes ses
préoccupations étaient du bien des âmes. Son zèle était
inlassable, toujours en éveil, d'une industrie ingénieuse, inventive, pratique. Et ce n'était pas activité
naturelle, sans vie intérieure : cette vie, on le devinait,
était intense chez lui. L'homme occupé, surchargé
d'affaires, semblait se mouvoir dans une atmosphère de
recueillement intérieur ; il possédait son âme en Dieu,
et cela faisait, avec son activité qui, autrement, eût
paru peut-être un peu fébrile parfois, un contraste d'où
naissait aussitôt une impression d'harmonie surnaturelle : la grâce lui donnait quelque chose de recueilli
et d'apaisé.

On se rappelle le ton profond et pénétré dont il répondait aux prières, ou dont il les présidait : il était dans le monde de la foi. On se disait que cet homme avait dû beaucoup prier, et qu'il devait bien prier. Aussi trouvait-on tout naturel, quand on logeait à Athis, dans la grande chambre à côté de la chapelle, de l'entendre — car on devinait que ce devait être lui — une heure au moins avant le réveil de la communauté, qui se rendait à la chapelle pour faire oraison : il imitait ainsi son saint Fondateur. C'est surtout sous forme d'esprit de foi que suivant l'esprit de son Institut, se traduisait chez lui le surnaturel ; mais on le devinait pieux, sans que cette piété se traduisît, dans les relations courantes, par grands élans, ni grande expansion. C'était l'amour pratique, le don complet de soi. Cet homme ne vivait que pour Dieu et les âmes : il s'oubliait. On le savait très mortifié, et il ne prêchait, dit-on, rien tant que la mortification. Il la prêchait d'exemple autant ou plus que de parole : la vie surnaturelle, c'était pour lui la vie mortifiée : il avait compris à merveille que la vie des Frères doit être une vie de mortification.

Combien il était dur pour lui-même, on pouvait le soupçonner. Combien il oubliait ses aises et se dépensait sans compter avec la peine, c'était chose visible à tous. Que de fois, à Athis, après ses longues prières, après la messe et l'action de grâces, il réunissait les Frères, leur parlait et partait à la hâte, n'oubliant que le soin de sa santé. Il semblait de fer, ce petit corps nerveux, ramassé, tout au service d'une âme indomptable. C'est prodigieux, tout ce qu'il faisait, précis, ordonné, sans perdre une minute, toujours tendu, toujours sous pression.

Plus que son activité, j'ai admiré son souci de développer chez les Frères l'esprit surnaturel, la vie intérieure. Il avait vu qu'il n'y a ni vie religieuse, ni action apostolique sans cela. Et comme toute vue était, chez lui, une vue pratique, il a travaillé en ce sens avec toute sa ténacité, toute sa puissance d'ingénieuse combinaison et d'organisation inventive. Ce qu'il a fait, pour multiplier et organiser les retraites, est incomparable : il avait fait d'Athis un foyer toujours allumé de vie spirituelle et apostolique.

Que dire après cela de son zèle des âmes ? Une vocation perdue ou sauvée, c'était pour lui affaire capitale. Et lui, si sévère par nature, si exigeant par amour du devoir, devenait indulgent et bon pour pardonner, pour remonter, pour aider la bonne volonté. Là, on le sentait père. Ceux-là seuls qui en ont bénéficié pourraient dire ce qu'il a été pour eux.

Ce manieur d'hommes, qui eût semblé parfois ne voir dans les hommes que des valeurs à placer et à utiliser — toujours, je l'ai dit, pour un but surnaturel — il aimait les âmes, et rien ne serait touchant comme de voir cet esprit inventif et fertile en ressources, tout appliqué à en sauver quelqu'une. Ses finesses et sa diplomatie n'étaient donc pas celles de la politique, et c'étaient celles d'une politique dominée par les vues de la foi et du zèle.

Zèle ingénieux et inventif. Il avait toujours mille projets en tête, mille industries en réserve, et il excellait à utiliser les ressources de chacun, proposant tantôt ceci, tantôt cela, très tenace pour arriver au but, très souple pour les moyens.

Oui souple, quand il avait vu. Et quand il avait vu, rien ne lui coûtait pour l'exécution, et il savait faire de méritoires sacrifices d'idées personnelles, incarnées dans de longues séries de mesures pratiques.

L'homme fort, l'homme d'action, est d'ordinaire optimiste, souvent candide. Sans être ni un optimiste béat, ni un naïf, le vénéré Frère avait un fond d'optimisme et de candeur, et il en passait un rayon dans son sourire. C'était un de ses charmes ; et cela lui portait bonheur. Il voyait en beau ce monde officiel, avec qui il se trouvait en rapport. Il croyait aux bonnes paroles, et il gardait bon espoir devant les signes de la tempête. Il fallait bien se rendre à l'évidence ; et je l'entends encore me dire, comme un homme qui sort enfin d'illusion : « Ils n'ont égard ni à la popularité, ni aux services rendus ! » Cette découverte lui fendait le cœur.

Une chose charmante encore dans sa simplicité, c'était son attention délicate à faire plaisir. Athis est très loin de Paris, et les nouvelles n'y viennent pas toujours. Quand le cher Frère y faisait une apparition, il apportait d'ordinaire quelque journal, quelque brochure nouvelle, tout ce qu'il croyait de nature à vous intéresser. N'est-ce pas dans ces riens que se montre le cœur ?

Je vous prie, mon bien cher Frère, d'agréer ce peu que je vous donne, comme un signe de ma vénération pour le cher défunt et de mon religieux attachement en Notre-Seigneur.

J.-V. BAINVEL,
Professeur de Théologie
à l'Institut catholique de Paris.

Levallois, 22 février 1905.

Mon très cher Frère,

Les circonstances m'ont mis en rapport avec le Très Cher F. EXUPÉRIEN, et j'en ai béni maintes fois la Providence. J'ai eu la consolation d'assister à ses obsèques qui ont été pour le cher et vénéré défunt, un hommage cordial et magnifique. Il avait fait du bien à tant d'âmes !

Ce que j'admirais le plus en lui, c'était son esprit de foi qui lui donnait le sens surnaturel des choses et des événements. Que de fois j'ai vu son visage s'éclairer de lueurs émues quand, dans nos conversations, nous venions à nous occuper des plus hautes questions d'ascétisme. Il était avide d'entendre parler des mystères les plus profonds, que d'ailleurs il méditait sans cesse. J'admirais sa déférence pour la parole du prêtre, même dans les questions qu'il savait parfois mieux que son interlocuteur.

« Quand donc verrons-nous Dieu ! » m'a-t-il dit bien des fois, ajoutant aussi : « et les âmes que nous aurons sauvées ! » C'est que j'ai souvent été témoin de cette préoccupation qui le torturait à certains moments. Il aurait voulu assurer le ciel à tous ses Frères, et aux jeunes gens que ces derniers élevaient.

Les réunions d'Athis, les cercles, les patronages ne lui semblaient pas suffisants encore : « Nous ne touchons pas encore assez l'âme, me disait-il, et c'est l'âme qu'il faudrait prendre et qu'il faudrait garder pour Notre-Seigneur. »

Pour ses Frères, vous savez mieux que moi qu'ils étaient l'objet de sa sollicitude. Il en aimait les retraites. Il aurait voulu les voir sortir, de là, tous saints et fervents. Je me souviens particulièrement combien les retraites des Frères qui revenaient du régiment lui étaient à cœur. J'en ai prêché plusieurs, avec lui. Il restait alors en prières de longues heures. Il multipliait, ses veilles et ses mortifications, tellement que plusieurs fois j'ai constaté l'amaigrissement de sa figure et son regard fatigué, comme s'il avait pleuré longtemps.

Un jour, il me recommanda très spécialement un jeune Frère qui revenait du régiment et dont l'âme était agitée de douloureuses tentations. Pendant trois jours, nous l'avons entouré des soins les plus délicats. La victoire a-t-elle été remportée dans la suite ? je l'ignore, je n'avais pas à le chercher ; mais le Très Cher Frère Exupérien me disait le soir, comme nous nous rendions à la gare : « Ah ! une âme ! Je comprends que Notre-Seigneur soit mort pour la sauver, mais je voudrais que tous le comprissent. »

Je ne crois pas que le Très Cher Frère Exupérien ait
fait une action par un motif humain. Dieu sait combien
les épreuves que vous traversez l'ont fait souffrir, mais
le calme de son âme n'a pas été un instant troublé. Il
était plus fort que la croix, dont le fardeau lui était
imposé. Mais nous devons penser que sa sainteté était
bien grande, parce que le Seigneur mesure les croix à
notre force spirituelle, et la sienne était très pesante.
Certes, je n'ai pas à le juger ; mais j'ai confiance dans
son avenir éternel. Il était un caractère comme il en
existe peu à notre époque. Il tenait de ces généreuses
natures du dix-septième siècle, comme un véritable fils
de son bienheureux Fondateur.

...Voilà, mon Très Cher Frère, quelques souvenirs.
Je garde ceux qui me sont personnels. Je vous avoue
cependant que je ne confessais pas le Très Cher Frère
sans un sentiment de honte, et j'aurais été tenté de lui
demander une bénédiction après le pardon que je lui
donnais au nom de Notre-Seigneur. Ah ! qu'ils sont
bénis ceux qui répandent autour d'eux un tel parfum
de vertu !

Daignez agréer, mon Très Cher Frère, l'assurance de
mon dévouement le plus respectueux et le plus fidèle
en Notre-Seigneur.

L.-M. Dubois,
Chanoine Honoraire,
Missionnaire Apostolique.

On sait le désir ardent qu'avait le F. Exupérien
de voir l'esprit de saint Jean-Baptiste de la Salle animer tous ses disciples, et lui susciter de fidèles imitateurs. Afin que la vie et la spiritualité de notre
bienheureux Père fussent plus parfaitement connues
il se mit en rapport avec des prêtres connus pour la
sûreté de leur doctrine, leur connaissance de l'ascé-

tisme et leur talent d'écrivains. Il leur demanda la composition de divers ouvrages et opuscules, aujourd'hui dans les bibliothèques de toutes nos communautés. De ces ecclésiastiques, plusieurs ont rendu témoignage aux vertus de notre regretté défunt. Nous citons les lettres de M. l'abbé Guibert, supérieur du Séminaire de l'Institut catholique de Paris et de M. l'abbé Gaveau, collaborateur intime et ami du Frère Assistant.

Paris, le 2 février 1905.

Mon Très Honoré Frère,

Je suis uni à votre cher Institut par des liens trop étroits, pour n'être pas frappé moi-même par la perte qui vous afflige tous. Avec vous, je pleure le Cher Frère Exupérien, parce qu'avec vous, j'ai conscience du vide immense que son départ laisse dans votre Communauté. Si le bon Dieu consentait à se passer des hommes pour faire son œuvre de salut dans le monde, la disparition d'un homme serait sans conséquence. Mais la Providence n'opère que par les bras humains : aussi, quand des bras tombent, actifs et puissants comme ceux de votre cher défunt, on ne peut s'empêcher de regretter cette perte comme un dommage. Il est vrai que le bon Dieu, riche en bontés, sait, pour les pères qui s'en vont susciter des fils généreux qui se lèvent : néanmoins, ce nous est un devoir de payer un hommage de douloureuse reconnaissance aux bons travailleurs que perd la cause de Dieu.

J'avais le bonheur, depuis douze ans, de connaître assez intimement le F. Exupérien. C'était lui qui avait découvert ce que contenaient de vie les pages manuscrites de l'*Éducateur Apôtre*, et il avait voulu publier la première édition. C'est à lui, certainement, que je dois le grand bien qu'a fait ce livre. Depuis lors, il m'a demandé plusieurs travaux, entre autres la *Culture des Vocations*, qui répondait à l'une de ses plus chères préoccupations, et l'*Histoire de saint Jean-Baptiste de la Salle* qu'il voulait faire servir à la glorification de votre illustre et bien aimé Père.

J'ai été ainsi amené à des relations fréquentes et cordiales avec lui, et j'ai pu le juger suivant son grand mérite. Ce qui m'a toujours frappé en lui, c'était son profond esprit de foi, la pensée de Dieu toujours présente, le zèle de la gloire de Dieu très avant dans le cœur. Pour faire régner Dieu en lui, il ne s'épargnait point, et j'ai bien des fois saisi des marques d'une mortification peu commune. Il était dévoré du désir d'établir aussi le règne de Dieu dans vos Frères, dont il suivait la vie intérieure de si près; il voulait le règne de Dieu dans le monde, et c'est pourquoi il a tant travaillé à l'œuvre des écoles, tant contribué à la formation des œuvres modernes, tant peiné pour le recrutement de vos noviciats. J'ai surtout beaucoup admiré sa fidélité à sa vocation. Toute son âme était dans l'Institut; rien ne l'intéressait que le progrès et les travaux apostoliques de l'Institut. Il paraissait très répandu; mais c'était toujours pour Dieu, et pour Dieu comme on le sert dans l'Institut.

Et j'aimais son caractère : son esprit de discipline, toujours si exact, n'avait point éteint le cœur; son esprit, élevé et compréhensif, portait vers les larges horizons; il était délicat, prévenant, dévoué, fidèle, à la fois homme de distinction et religieux de rigoureuse observance. Pour moi, qui ai fait connaissance avec toutes les personnalités historiques de votre Institut, je n'hésite pas à mettre le F. EXUPÉRIEN au premier rang, à côté des plus éminents de vos Supérieurs Généraux. Il ne faut pas que son souvenir tombe chez vous. L'Institut lui doit trop pour qu'on l'oublie; et il a donné de trop beaux exemples de vertu, pour qu'on en laisse périr la mémoire.

Pardonnez-moi, mon Très Honoré Frère, de me laisser aller ainsi à vous dire ce que je pense de ce saint religieux. S'il a peu besoin de mes prières, parce qu'il a mérité d'aller sans retard à la récompense, j'entrerai dans ses intentions en demandant à Dieu, que votre Institut garde le parfum de sa vive piété, la force de sa discipline et l'impulsion de son esprit apostolique. Entré par lui dans l'estime et l'amour de votre Institut, je tiens à vous dire, mon Très Honoré Frère, combien je vous resterai encore respectueusement attaché et dévoué en Notre-Seigneur.

J. GUIBERT,
Supérieur du Séminaire
de l'Institut Catholique de Paris.

Mon bien cher Frère,

Je voudrais vous parler, comme il convient, du très cher Frère EXUPÉRIEN ; mon insuffisance, hélas ! ne me permettra de vous dire que peu de chose sur un tel homme.

Le F. EXUPÉRIEN avait une belle intelligence, une grande élévation de pensée, une haute raison et un jugement sûr, une remarquable profondeur et promptitude de coup d'œil. C'était un esprit cultivé, fin, délié. Il avait un sentiment du beau très développé, et sa fraîcheur d'imagination n'eut pas trop à souffrir du contact des affaires et des atteintes de l'âge. Jusqu'à la fin, il conserva intacte sa mémoire, ce précieux auxiliaire de quiconque est chargé de sollicitudes.

Doué d'une sensibilité vive, mais toujours contenue, il mettait dans ses rapports une grande aménité, des prévenances, une politesse délicate, une bonne grâce et aussi quelque chose de très simple, de réservé, de digne, qui charmait. Malgré sa merveilleuse facilité d'élocution, il était sobre dans ses paroles, disant beaucoup de choses en peu de mots, sous une forme d'ailleurs agréable. A cela s'ajoutait un caractère loyal, ferme et conciliant à la fois, pétri d'énergie, d'ardeur, de douce opiniâtreté à la poursuite patiente, habile d'un but.

Or, tous ces dons de Dieu, le F. EXUPÉRIEN, toujours maître de lui-même, les faisait converger, avec une pondération parfaite, vers les choses pratiques. C'est ainsi qu'il m'est apparu ; et j'ai eu maintes fois l'assurance qu'il était jugé de même par tous les personnages éminents, pensant ou ne pensant pas comme lui, avec lesquels sa charge le mit en relations.

Le F. EXUPÉRIEN surnaturalisa cette riche nature. Un instrument merveilleux le servait ici à souhait, je veux dire la direction que le Fondateur donne à ses fils. On y trouve tout ce qui est capable d'ennoblir la nature humaine, de la placer, de la maintenir dans le surnaturel avec une extraordinaire efficacité. Le F. EXUPÉRIEN puisa avec intelligence, ardeur, persévérance à cette grande source. Une étude approfondie des écrits de saint Jean-Baptiste de la Salle et de sa vie, par Blain, pourrait seule montrer d'une manière adéquate à quel degré le F. EXUPÉRIEN eut l'esprit du Fondateur et sut être son imitateur, le suivant pas à pas et de très près sur toute la ligne. Esprit de foi, abnégation, détachement de tout et de soi-même, humilité, pénitence, macérations, héroïque générosité, immolations volontaires pour le salut des âmes, toutes les mâles vertus de la vie spirituelle, le F. EXUPÉRIEN les pratiqua avec vigueur, comme son Père, saint Jean-Baptiste de la Salle.

Ainsi placé dans le monde surnaturel, il se rendit apte à conduire les Écoles chrétiennes selon les vues du Fondateur de l'Institut : instruire les enfants, but secondaire ; les mener à Dieu, but principal. Le Frère Exupérien incarnait cette incomparable pensée dans une gracieuse image : « Les connaissances humaines sont comme l'aiguille destinée à faire passer le fil d'or de la science divine. »

Qu'une grâce très puissante du Ciel, j'allais dire qu'une grâce exceptionnelle, soit absolument nécessaire pour réaliser un pareil dessein, cela ne peut faire de doute. Aussi saint Jean-Baptiste de la Salle établit la prière en permanence dans l'Institut ; et l'union à Dieu, l'esprit de prière, en est effectivement l'âme. Le F. Exupérien fait donc, de la prière, le tissu de sa vie tout absorbée par les travaux extérieurs.

Je dirai que, sur ce terrain, le saint Frère suit autant la lumière de l'esprit de foi que la pente de son cœur. Sa piété était grande. Ceci n'est bien connu que de quelques privilégiés qui le surprenaient, à certains moments, auprès du Saint-Sacrement, qui l'apercevaient allant chercher furtivement la sainte communion à des heures matinales dans quelque chapelle solitaire, ou prosterné devant la sainte Vierge quand il ne se croyait pas vu. En général, ce que l'on savait de son zèle pour la prière se bornait à la ponctualité de son assistance aux exercices pieux, et à son recueillement profond auprès de l'autel. Cependant, des mots échappés à ce tendre ami de Notre-Seigneur auraient pu faire deviner là-dessus bien des choses. « Jésus mérite bien, disait-il, que nous vivions cœur à cœur, tête à tête avec lui. » Et encore : « Plus notre vie est en quelque sorte dévorée par un travail fiévreux, plus nous devons rafraîchir notre âme par des retours fréquents vers Notre-Seigneur. »

Cependant le F. Exupérien sent de plus en plus que cet esprit du Fondateur, dont il est pénétré et qu'il pratique si énergiquement, doit régner en maître dans l'Institut, pour que la grande œuvre de l'éducation soit faite. Placé dans une haute situation, il s'emploie donc tout entier à promouvoir, parmi les Frères, un renouvellement de vie surnaturelle, à enflammer chacun de ce désir. C'est à cette tâche par excellence qu'on vit se déployer, d'une manière presque inouïe, l'activité du F. Exupérien. Par l'histoire qui en sera faite, on apprendra de merveilleuses choses sur cet apostolat providentiel, et on s'étonnera des résultats prodigieux obtenus.

Je tiens à dire qu'il s'est trouvé des esprits superficiels qui ont cru voir dans le F. Exupérien un impérieux besoin d'agir. C'est qu'ils n'ont pas connu sa pensée intime sur ce qu'il appelait « l'action à outrance et ses dangers ». Sa modération en tout, l'empire qu'il avait sur lui-même, son jugement sûr, et le secours de Dieu constamment imploré, le mettaient à l'abri de ce qui, je l'accorde, eût entraîné un homme de moindre envergure.

Je m'arrête. Vous avez mon humble jugement sur la valeur de cet homme qui sera certainement considéré comme une des grandes figures de l'Institut des Frères des Écoles chrétiennes. O cher et saint Frère Exupérien, vous qui m'appeliez votre « vénérable ami », comme vous m'en eussiez voulu, dans votre humilité, comme je fusse déchu de votre amitié, si vous aviez pu prévoir qu'un jour je parlerais ainsi de vous! Mais votre vie va être écrite, et l'éloquence de la vérité, — il faut vous y résigner, — vous donnera un relief autrement éclatant. N'est-ce pas pour moi, auprès de vous, une circonstance atténuante?

Veuillez agréer, mon bien cher Frère, l'hommage de mon dévouement en Notre-Seigneur.

A. Gaveau.

Ma mission est finie ! disait le F. Exupérien deux jours avant sa mort. Mais à ses serviteurs, Dieu accorde de se survivre, par leurs enseignements et leurs exemples. Les exemples du F. Assistant sont pour nous animer à une pratique courageuse de toutes les vertus, à une imitation fidèle de saint Jean-Baptiste de la Salle. Ses enseignements, écho direct de ceux de notre Fondateur et Père, ne perdront pas leur efficacité parce que se sont closes les lèvres qui les ont si libéralement donnés. Dans nos travaux, il nous redira comme jadis : *Faisons de l'éternel !* Dans nos peines, nous l'entendrons répéter encore une de ses maximes de prédilection : « Courage ! *Les afflictions si courtes et si légères de cette vie produisent en nous le poids immense d'une éternelle et incomparable gloire.* » (II Cor., iv, 47.)

TABLE DES MATIÈRES

Lettre du T. H. Frère Supérieur général . . .   4

Chapitre premier. — Enfance et adolescence du F. Exupérien   5

Chapitre ii. — Noviciat du F. Exupérien à Toulouse et professorat à Béziers.   14

Chapitre iii. — Le F. Exupérien, directeur du noviciat de Paris.   24

Chapitre iv. — Le F. Exupérien pendant la guerre franco-allemande.   46

Chapitre v. — Le F. Exupérien pendant la Commune, et jusqu'à sa nomination à la charge d'Assistant.   57

Chapitre vi. — Le F. Exupérien, Assistant : coup d'œil général sur l'exercice de sa charge. . .   84

Chapitre vii. — Le F. Exupérien et les Écoles. — Ses idées en éducation   101

Chapitre viii. — Le F. Exupérien et les Œuvres de Jeunesse   131

Chapitre ix. — Les conseils spirituels du F. Exupérien   151

Chapitre x. — Le F. Exupérien et les retraites .   178

Chapitre xi. — La vie spirituelle du F. Exupérien : moyens de rénovation intérieure   208

Chapitre xii. — La vie spirituelle du F. Exupérien : quelques-unes de ses vertus   225

Chapitre xii. — La vie spirituelle du F. Exupérien : quelques-unes de ses dévotions   270

Chapitre xiv. — Les dernières années du F. Exupérien   297

Chapitre xv. — La dernière maladie et la mort du F. Exupérien   347

DIJON, IMPRIMERIE DARANTIERE.

9 782329 489841